中国著名帝王

唐明皇传

夏红梅◎编著

煤炭工业出版社
·北京·

图书在版编目（CIP）数据

唐明皇传／夏红梅编著.--北京：煤炭工业出版
社，2018

（中国著名帝王）

ISBN 978-7-5020-6791-5

Ⅰ.①唐… Ⅱ.①夏… Ⅲ.①唐玄宗（685-762）—

传记 Ⅳ.①K827=423

中国版本图书馆CIP数据核字（2018）第164245号

唐明皇传（中国著名帝王）

编　　著	夏红梅
责任编辑	马明仁
编　　辑	郭浩亮
封面设计	盛世博悦

出版发行　煤炭工业出版社（北京市朝阳区芍药居35号　100029）
电　　话　010-84657898（总编室）　010-84657880（读者服务部）
网　　址　www.cciph.com.cn
印　　刷　永清县晔盛亚胶印有限公司
经　　销　全国新华书店

开　　本　710mm×1000mm^1/$_{16}$　印张　20　字数　300千字
版　　次　2018年9月第1版　2018年9月第1次印刷
社内编号　9671　　　　　　　定价　39.80元

目录

第一章　风云突变展才识

明争暗斗

唐睿宗垂拱元年（685）秋，八月五日，这一天，天空蔚蓝，阳光明媚，金风瑟瑟吹着，一阵阵婴儿的哭声从睿宗皇帝巍峨的寝宫里飘出来，宫里宫外一片喜庆气氛，一个不平凡的婴儿降生了，他就是唐明皇李隆基，庙号玄宗，是唐朝第七代皇帝。

唐明皇出生之时正值多事之秋，他的祖母武则天不但天生丽质，有倾城之貌，而且足智多谋，处事果断，经过十几年的内辅国政之后，渐渐地抓牢了朝政大权。

武则天的家乡在并州文水（今山西文水），其父武士彟相传以经营木材为业，且拥有很多资产，是个多才多艺的商人，曾助高祖李渊太原起兵，授任工部尚书，晋封应国公，后来又出任利州（治今四川广元）和荆州（治今湖北江陵）都督。

武则天十四岁的时候，以风姿绰约动人被选入皇宫，做了唐太宗的才人，赐号武媚。她聪慧过人，又富有铁血思想。武则天得受唐太宗恩宠是源于这样一个真实的故事：太宗有一匹烈马，叫狮子骢，体态高大，性情暴烈，多人不能驯服，而武才人却声称能制伏它。

唐太宗对这样一个纤弱的女子竟能制伏这样的烈马，难以置信。但武才人却坚持说：我能制伏它，只需要三件东西：一是铁鞭，二是铁棍，三是匕首。用铁鞭打不服它，就用铁棍击它的脑袋；再不驯服，即用匕首刺断它的喉咙。

唐太宗虽然喜欢她的妩媚和过人的胆识，却不喜欢她那阴狠刚烈的一

面，武则天在宫中做了十二三年的才人，极少能得到唐太宗的宠幸，尽管太宗一生有三十五个子女，却无一是她所生。

武才人虽未得到唐太宗的恩宠，其动人的美貌、刚强的性格却打动了太子李治的心弦。难守寂寞的武才人也对年轻的太子温情脉脉，传递秋波，二人心有灵犀。太宗去世后，太子李治即位，是为高宗。不久，高宗忆起旧情，把出居感业寺做了尼姑的武则天再次召入宫中，拜为昭仪，位于九嫔之首，地位仅次于后妃。

当时，王皇后与萧淑妃争风吃醋，正在进行着激烈的明争暗斗。善观时变的武昭仪先是站在王皇后一边，合力诋毁萧淑妃；当萧淑妃败下阵去，失去恩宠后，她又转身攻击王皇后。为了战胜情敌，不惜使用最阴狠的手段。

有一次，王皇后来到她的住室，哄着她襁褓中的天真女儿。在王皇后离开后，武则天立即动手扼死了亲生的幼女，栽赃陷害，使王皇后百口莫辩，无以自明，因而含冤失宠。高宗要废王皇后，立武昭仪为皇后。

高宗废立皇后之事遭到了朝中许多元老重臣的激烈反对。德高望重的太尉长孙无忌是高宗的元舅，与总揽朝政的宰相褚遂良都是太宗临终时的顾命大臣，他们一致认为，王皇后出身名门望族，武昭仪出身寒微，又曾服侍过太宗，恐留下恶名，表示坚决反对。这样，使得高宗在废立皇后的问题上一时犹豫不决。

为得长孙无忌的支持，武昭仪与高宗亲自登门拜访，并赠送给他

武则天

十车金银缯帛。在宴席上，高宗还特意拜长孙无忌的三个儿子为朝散大夫。虽是如此，倔强的长孙无忌仍是固执不从，高宗与武昭仪只得悻悻而归。但是，武昭仪还是心意未冷，又让其生母杨氏三番五次去长孙无忌家里求情，依然遭到了拒绝。

宫闱的废立之事在外廷掀起了一场轩然大波，大臣意见也不一致。侍中韩瑗、中书令来济反对立武昭仪，赞同长孙无忌与褚遂良的意见；左仆射于志宁首鼠两端，模棱两可；元老大臣李勣见其势不可逆转，便对高宗表示说："废立皇后是皇帝家的私事，何必动问外人！"实际是赞同高宗废王皇后，立武昭仪为皇后。

此外，有些政治上失意的人，如中书舍人李义府则利用朝堂值宿的机会叩阁上表，打着为民请命的旗号，请求立武昭仪为后以安天下之心。卫尉卿许敬宗也欲借机邀功，摇唇鼓舌，四处煽风点火，还公然在朝堂上散布什么庄稼汉多收十几石麦子还想换个老婆，天子身为一国之主，富有四海，立一个皇后有何不可？

永徽六年（655）九月，高宗置长孙无忌等朝臣的反对于不顾，将褚遂良罢免相职，贬为潭州（治今湖南长沙）都督。十月，下诏把王皇后、萧淑妃废为庶民百姓，立武昭仪为皇后。这年十一月，武昭仪身穿皇后礼服，春风得意地登上了肃义门楼，接受玺绶及百官的朝拜。

武则天得志之后，又利用枕席之便，不时进言高宗，着手打击朝中的反对派。她以耸人听闻的谋反案，促使高宗将褚遂良一贬再贬，他很快死于贬所。侍中韩瑗、中书令来济也相继被贬逐。接着又贬逐了元老重臣长孙无忌，把他流放于黔州（治今四川彭水），最后又逼其自缢而死。左仆射于志宁被寇以"党附无忌"的罪名，贬为荣州（治今四川荣县）刺史。朝内公卿大臣中的反对派都先后被排斥了，"自是政归武氏"。

武则天做了皇后，身为国母，位及至尊。但她野心勃勃，所追求的是一个更高的目标，她要做一个堂堂正正的真龙天子。这时，高宗多病，欲传位给儿孙，以保李氏皇统。于是，围绕着皇位问题，她同自己的丈夫及儿子们展开了惊心动魄的角逐。

随着地位的改变和权势的增强，武后一反过去那种"屈身忍辱，奉顺上意"的谦恭姿态，而是作威作福，连高宗的行动偶尔也受其掣肘，甚至到了不堪容忍的地步。麟德元年（664）十月，高宗借武后私引道士入宫行厌胜之术一事，与宰相上官仪商议废掉武皇后。上官仪也说："皇后专恣，海内失望，宜废之以顺人心。"

但在上官仪刚把起草的诏书送给高宗的时候，武后得知此事，立即上诉，极力分辩。懦弱的高宗在武后面前却一时感到"羞缩不忍"，把废皇后的事推到了宰相的身上，致使上官仪忍辱负重，后又以与流放的太子李忠谋反为名含冤下狱，后处以死刑。不少朝臣也受到了株连。从此，高宗每次上朝听政，武后则垂帘于后，"政无大小，皆与闻之。天下大权，悉归中宫，黜陟、杀生，决于其口，天子拱手而已，中外谓之二圣"。

武后制伏了高宗以后，厄运便很快降临到子嗣们的头上。

首遭横祸的是高宗长子李忠。李忠本后宫刘氏所生，先封为陈王。王皇后无子，因请求高宗被立为太子。王皇后政争失败，武后长子李弘被立为太子，于是李忠被废，改封为梁王，不久被流放到黔州。武后以上官仪早年曾任陈王咨议为借口，唆使许敬宗诬告上官仪与李忠谋反，被赐死于贬所。

高宗次子原王李孝因早死，没受迫害。继而遭祸殃的是高宗三子李上金与四子李素节。李上金是后宫杨氏所生，先封为杞王，后转任寿州刺史。武后嫉恶其生母，乾封元年（666）有人迎合她的旨意，诬奏李上金罪状，被罢免了官职，削掉了封邑，禁锢于澧州（治今湖南澧县）。

李素节本萧淑妃所生，先封为雍王。从小聪颖过人，每日能背诵古诗赋五百余言，颇受高宗喜欢。萧淑妃在宫闱斗争中失败，自然也给李素节带来了不幸。他先被贬为申州刺史，后被武后诬告犯有赃贿罪，降封为鄱阳郡王，软禁于袁州（治今江西宜春）。仪凤二年（677），被禁锢终身。以后又被周兴诬告谋反，与李上金同时遇害。

在武后整掉了高宗的三个皇子之后，旋即又把矛头对准自己的亲生儿子了。如果说武后整垮李忠等三人是为了彻底战胜情敌，以斩草除根，防止其东山再起的话，那么她最终向自己的亲生儿子开刀则是为了争夺皇位的继承权了。

武后与高宗共生了四子一女，另起行第。长子李弘，次子李贤，三子唐中宗李显，四子唐睿宗李旦，一女即太平公主。虽说母子至亲，为了争夺皇位，二者之间的斗争也是一片刀光剑影，时时隐藏着杀机。

李弘开始时被封代王，显庆元年（656）代李忠为皇太子。皇太子为人仁孝谦恭，颇得高宗的欢心；他又礼尊士大夫，内外人心所向。咸亨二年（671），高宗出幸东都，留下太子于京师监国。当时正遇饥荒，太子发现廊庑下兵士的食物中有树皮与蓬草子，心中怜悯，即命太子家令把宫中的米分给他们吃。

唐太宗

武后怨恨萧淑妃，将其女儿义阳、宣城二公主长年幽闭在掖庭，这时已是三四十岁的老公主了，还没有出嫁。太子见了于心不忍，遂奏请高宗，准予出嫁，这使得武后非常生气。太子又娶右卫将军裴居道女为妃。裴氏出自名门望族，很有妇礼，高宗十分高兴，说："东宫内政，吾无忧矣。"高宗觉得自己的身体每况愈下，遂有禅位于太子之意。

高宗对太子作为皇位的继承人是称心如意的，但却使武后忧心忡忡，焦虑不安。她原是期待着高宗百年之后自己能一帆风顺地登上大宝，如今她看到皇位将要转移给太子，多年的苦心将要变成南柯一梦，她的怨恨自然集中

唐明皇传

唐代大红罗地蹙金绣半臂

到太子身上。特别是她看到太子竟敢违背自己的旨意，奏请义阳公主姊妹下嫁，是如此不顺从，一旦他即位后，那就更难以驾驭了。激烈的权力竞争恶化了母子感情。

上元二年（675）四月，太子随从父皇、母后幸洛州合璧宫时，突然死于宫中的绮云殿。当时，人们都以为是被武后鸩杀而死的。

高宗原以为会顺利地传位于太子李弘，确保李氏皇统。岂料太子突然死去，这对多病的高宗来说打击不小，他只得急忙册立二十二岁的次子李贤为皇太子。

李贤也是很受高宗喜爱的皇子之一。他举止端雅，能读得《尚书》《礼记》《论语》等儒家经典著作，又能背诵古诗赋十余篇。他天性聪敏，书读过一遍，常常过目不忘，高宗十分欣赏。李贤继为储君后，深受父皇的信任，不久即开始监国，代理国家大事。

李贤初次监国时，处事明察，深得舆论的赞誉。他又雅好坟典，召集了一批学者为《后汉书》作注。高宗对皇太子在监国期间的政治风度与治国才能十分满意心中甚是欣慰，觉得他是比较理想的皇位继承人。

调露元年（679）五月，高宗的病情恶化，即命太子再次监国。在这一关键时刻，太子与母后的关系骤然恶化了。

太子李贤听到宫人私下议论，说他是皇后姊韩国夫人所生，心中忐忑不安。正议大夫明崇俨善厌胜之术，特准令入阁供奉，很受高宗与武后的恩宠。他曾秘密上奏说："太子不堪承继，英王（李显）貌类太宗"；又说："相王（李旦）最贵。"这些流言蜚语更增加了太子的疑惧不安。

继而，武后又让北门学士撰写《少阳正范》和《孝子传》，送给太子读，并一再以书信责备太子，太子更不自安。这时，又发生了一件意外的事，即明崇俨突然被刺客杀死，凶手又逃之夭夭，武后怀疑是太子指使人干的，母子间的矛盾更加激化了。

武后从内心深处想搞垮皇太子。永隆元年（680）八月，她找了一些微不足道的小事，即太子"颇好声色"，与户奴赵道生亲昵，使人告发。高宗命宰相薛元超、裴炎等人审理此事，还兴师动众搜查了东宫，在东宫马坊查获皂甲数百件，被认作是谋反的罪证；赵道生也被迫承认受太子指使，刺杀了明崇俨。

本来东宫有左、右率做侍卫，有些甲胄也并不值得大惊小怪，而且高宗素爱太子，欲宥免他。但武后却执意要依法从事，她说："为人子怀异谋，天地所不容；大义灭亲，何可赦也！"高宗迫不得已，即宣布废除了太子，把他押回长安幽禁起来，并把皂甲运到洛阳天津桥南当众焚毁，以暴露太子的罪恶。

这时，高宗已年逾半百，又染病在身，重立太子自然是刻不容缓。在废掉太子李贤的第二天，即匆忙立英王李显为太子。李显已经二十五岁，也是一个风华正茂的青年人。

高宗的病情更加恶化了。他患的风眩症，时常感到头痛，目不能视。御医用了针刺术，病情曾一度好转，但终因病入膏肓，已是不治之症。弘道元年（683）十一月诏令太子监国，十二月召黄门侍郎、同中书门下平章事裴炎入宫，嘱为顾命大臣，受遗诏辅政。之后，即于东都贞观殿溘然逝去。遗诏规定："皇太子于灵柩前即位，军国大事不能决定者，由武后处理。"

太子李显即位，是为中宗。他尊母后为皇太后，政事由太后裁决。裴炎晋为中书令。

光宅元年（684）正月，原太子妃韦氏被立为皇后，韦后父韦玄贞由普州参军一跃提拔为豫州刺史。继而，未经太后恩准，中宗又提拔韦玄贞为侍中，还想给乳母的儿子授任一个五品官。这种任人唯亲的做法遭到了顾命大臣裴炎的反对，他据理力争，中宗仍不听从。

这位青春鼎盛的皇帝哪里肯受宰相的制约？他愤然不平地说："我以天

下与韦玄贞又有何不可！而惜侍中邪！"裴炎对这位新即位的刚愎自用的皇帝忧惧不安，遂将此事禀报了皇太后，密谋废立。二月的一天，太后把百官召集到乾元殿，命裴炎与中书侍郎刘祎之、羽林将军程务挺、张虔勖勒兵入宫，宣告皇太后之命：废中宗为庐陵王。之后，便扶下殿去，随即又被幽闭起来。

看来这位年轻的皇帝对母后的为人并不十分清楚，更没有从他前几个皇兄的不幸遭遇中吸取教训；或许因他"貌类太宗"，血气方刚，不甘心受制于母后，似乎自以为身为一国之主，权位至高无上，没有谁会妨碍他行使自己的权力。

但是，他做梦也不曾想到，竟因为这样一件小事，只做了五十五天的皇帝就被灰溜溜地赶下了台。他真有点莫明其妙，心中更是不服，于是反问："我何罪？"太后回答说："汝欲以天下与韦玄贞，何得无罪！"谁又能想到，他说的一句气话却成了他下台的罪状呢？

中宗被轻而易举地废掉了，这时太后完全可以左右朝政了，她处处制约着皇帝的言行。

武则天在宫闱斗争中手腕高明，她击败了萧淑妃，搞垮了王皇后，进而由昭仪拜为皇后，可谓春风得意。后来，她又控制了高宗，把立为太子的儿子一个又一个地赶下台去，并不费吹灰之力废掉了中宗皇帝，从而掌握了朝中大权。

阴云笼罩

在废掉中宗皇帝的第二天，李隆基的父亲豫王李旦就被立为皇帝，是为睿宗。睿宗时年二十三岁，是太后最小的儿子。龙朔二年（662）六月生于长安，当年封为殷王，遥领冀州大都督、单于大都护等职。待其长大，为人谦恭孝友，喜好读书，擅长草隶，特别酷爱文字训诂之书。乾封元年（666），改封为豫王。

睿宗虽然继了帝位，且年富力强，但只能居于别殿，不许过问政事。武太后虽然是年逾花甲的老太婆，却精神矍铄地临朝称制，一切政事全由她大包大揽，独断专行。

对于这样的怪事，睿宗心里有说不出的凄苦。他已经意识到了母后拥有至高权力的欲望，他从兄弟的不幸遭遇中得到了深刻的教训。这年三月，太后又派左金吾将军丘神勣前往巴州李贤幽闭之所，名为加强保卫，实际上却是去暗害他。李贤被逼自杀，太后却归罪于丘神勣。

为了怕别人看出真相，她还大声哀哭，假惺惺地在洛阳显福门隆重地举办丧事。四月，把庐陵王李显迁往均州，不久又迁往房州（治今湖北房县），被长年幽闭起来。

这些事件，不能不使这位新即位的皇帝不寒而栗，也迫使他处事圆滑，与世无争，甘心受母后的摆布，安分守己而又惴惴不安地做傀儡皇帝。史称："自则天初临朝及革命之际，王室屡有变故，帝每恭俭退让，竟免于祸。"

睿宗，逆来顺受，对太后最终登上大宝之位不会构成什么威胁，但是唐宗室诸王公及倾心于李唐皇室的将相大臣却无法坐视不理。太后专擅朝政，觊觎皇位，引起了唐宗室与一些大臣的不满。这年九月，李勣之孙徐敬业于扬州起兵。

徐敬业打着匡复皇室的旗号，兴勤王之师，还是颇有号召力的。因此在几天之内，就很快地聚集了十余万人。武后急忙命左玉钤卫大将军李孝逸率三十万大军前去镇压，并下诏剥夺徐敬业祖父官爵，复本姓徐氏。李孝逸用了一个来月的时间才镇压了这次起兵。

裴炎是极力主张还政于睿宗的，因而首先成为太后开刀问罪的朝中大臣。裴炎身为宰相，又受高宗顾托辅政，他虽曾参与了废掉中宗的活动，但他的本意还完全是以维护李唐皇室的利益为基点的。

所以当太后侄儿武承嗣提出请立武氏七庙及追王其先祖时，他极力劝止，太后很不高兴；后来武三思等人请求诛杀韩王李元嘉等有影响的宗室诸王公，"以绝宗室之望"时，裴炎再次出面竭力劝阻，太后有些恼怒；这次徐敬业起兵，他不积极镇压，反而对太后说："皇帝年长，未俾亲政，乃至

9

猾竖有词。若太后返政，则此贼不讨而解矣。"太后听了怒不可遏。请太后返政于皇帝虽然是朝廷内外的共同呼声，但她却绝不会答应，不然，她惨淡经营了几十年，岂不是一朝付之东流？因此，太后决心杀一儆百。

这时，监察御史崔詧诬奏裴炎有"异图"，太后立刻借机将裴炎下狱治罪。对这莫须有的罪名，大臣们无人相信，都说裴炎是"社稷忠臣，有功于国，悉心于上"，还一致出证裴炎不反。太后不顾大臣们的激烈反对，不由分说，很快便将裴炎于洛阳都亭驿前处以死刑。

同时，还将救援裴炎的大臣凤阁侍郎胡元范、右卫大将军程务挺、讷言刘齐贤、吏部侍郎郭待举等人一概贬逐出朝廷。

垂拱二年（686）正月，扬州起兵早已裁定。不知是出于欺骗朝野舆论，还是试探睿宗的心意，太后突然颁下制书，扬言要返政于皇帝。睿宗十分明白太后的心意，他"知太后非诚心，奉表固让"，于是太后再次临朝称制。

事情果然不出睿宗所料。没过多久，凤阁侍郎、同凤阁鸾台三品刘祎之私下对凤阁舍人贾大隐议论说："太后既能废昏立明，何用临朝称制？不如返政，以安天下之心。"不料这话传到了太后的耳朵里，顿时恼怒异常，口口声声说刘祎之背叛了自己，遂借口有人告发他接受了归诚州都督孙万荣的贿金，将他下狱治罪。

唐三彩马

这时，睿宗明知刘祎之受人诬告陷害，又是为了自己的返政之事，不忍心坐视不救，于是他大着胆子，上疏申理。刘祎之的亲友都以为皇帝出面，必然获救，而他却不以为然，反而说："吾必死矣。太后临朝

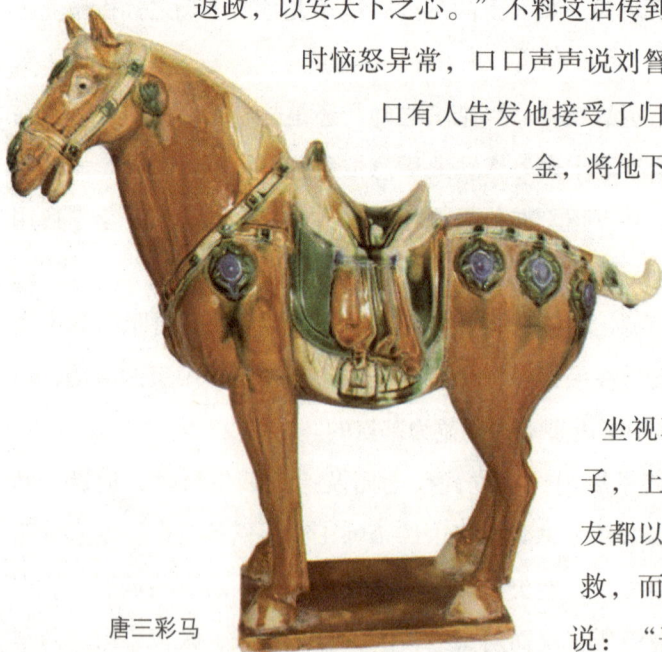

独断，威福任己，皇帝上表，徒使速吾祸也。"亲友们一时都困惑不解。

原来睿宗上表为他申冤，正好被认为皇帝是他的后台，会引起太后的更大猜忌，因此刘祎之很快被赐死于家中。从此，睿宗遇事再也不敢多言了。

睿宗虽然服服帖帖，但唐宗室诸王公在地方却拥有强大的势力。其时，宗室诸王公多任外州刺史，专任方面。如高祖第十一子韩王李元嘉任绛州刺史，其子李谡第十四子霍王李元轨任青州刺史，其子李绪封为江都王，任金州刺史；第十五子虢王李凤之子李融封为东莞公，任申州刺史；第十九子鲁王李灵夔任邢州刺史；太宗第八子越王李贞任豫州刺史，其子李冲封为琅琊王，任博州刺史。

这些州大都分布在洛阳的周围，即今河南、陕西、山西、河北、山东安徽境内。这些王公较有才干，在宗室中有较高的声望，因此被太后视为眼中钉、肉中刺，必欲拔之而后快。宗室王公不愿把李氏的天下拱手让于武氏家族，也不甘心束手待毙，为了自救，密有匡复王室之意。

垂拱四年（688）七月，太后决定将召宗室诸王公赴东都明堂朝会。当时，盛传太后"潜谋革命"，铲除宗室，欲借朝会之机，"使人告密，尽收宗室，诛之无遗"。于是，宗室王公惶惶不安，私下频相来往，密谋起兵。

首先发难的是琅琊王李冲。八月，他募兵五千人，欲渡黄河南下，攻取济州（治今山东东阿西北）。李冲的起兵似有点草率，他并未与诸王约定好起兵日期，故当他起兵后，只有其父越王李贞匆匆响应，其他诸王尚未来得及发兵，势单力薄，不堪一击，很快被太后派去的左金吾将军丘神劫率领的军队打败，传首东都。这次宗室诸王起兵也就土崩瓦解了。

琅琊王李冲起兵的失败，更给太后诛杀宗室王公造成了口实，从而也更增加了宗室的灾难。太后命嗜杀成性的酷吏周兴等人穷治宗室诸王，周兴迎合太后旨意，滥用刑法，凡参与其事的，如韩王李元嘉、鲁王李灵夔、黄公李谡等无一幸免，全都收捕关押在东都，逼迫自杀；即使本来没有参与起兵的，如纪王贝州刺史李慎也被捕下狱，后流放于巴州。受株连冤死者不计其数，"自是宗室诸王相继诛死者，殆将尽矣。其子孙年幼者咸配流岭外，诛其亲党数百余家。"身为皇帝的睿宗却坐视不敢救，只能眼睁睁地看着宗室

长幼一个又一个地惨遭屠戮。

太后重用酷吏，奖励告密，迭兴冤狱，肆行杀戮，残酷地镇压唐宗室及朝官中的反对派，终于扫清了障碍，通往皇帝宝座的道路已畅通无阻。于是，武氏宗族及好利无行之徒大造舆论，为武周代唐而摇旗呐喊。

率先登台表演的是东魏国寺僧人法明等人，他们精心炮制了《大云经》四卷，扬言"太后乃弥勒佛下生，当代唐为阎浮提（佛教以人世间为阎佛提）主"。太后喜出望外，马上以诏制的形式颁告天下。

载初二年（690）九月，侍御史傅游艺鼓动关中百姓九千余人到宫门前上表，"请改国号为周，赐皇帝姓武氏"。太后表面上不答应，却立即把傅游艺从一个从六品下的侍御史破格提拔为正五品的给事中。

傅游艺的骤然升迁，一些人立刻心领神会，于是文武百官、帝王宗亲、远近百姓、沙门道士、四夷酋长等六万多人，他们步傅游艺的后尘，纷纷上表，请太后称皇帝。一向恭俭退让的睿宗更是深知太后心意，亦大势所趋，上表请求改姓武氏。更有一些善拍马屁的大臣还编造了瑞象，有的说看见一只凤凰从明堂飞入了上阳宫，还有的说看见几万只赤色鸟雀飞集到明堂。

天命人意，万事俱备，太后感到水到渠成，她称帝似乎是上应天命，下合民意，遂于载初二年九月九日，春风满面地登上了洛阳宫则天楼（应天门），正式宣告改唐为周，改元天授。从此，武周政权诞生了。

这位年近古稀（时武则天67岁）的太后终于实现了梦寐以求的夙愿，黄袍加身，称为"圣神皇帝"，成为彪炳史册的前无古人、后无来者的中国唯一的女皇帝。接着，在东都建立了武氏七庙，其先世被追加了各种名号的皇帝。

天无二日，国无二主。武则天做了皇帝，睿宗这位傀儡皇帝的桂冠也保不住了，他被降格为皇嗣，犹如皇太子。这时，利欲熏心的武承嗣、武三思见姑母做了女皇帝，无不垂涎三尺，个个都觊觎皇太子地位。凤阁舍人张嘉福投其所好，唆使洛阳人王庆之等数百人纷纷上表，请立武承嗣为皇太子。

女皇征求宰相意见，岑长倩认为皇嗣已备位储宫，不能再立皇太子；格辅元也一再声称不可。武承嗣大为不满，暗中使人诬陷，岑长倩、格辅元二相先后下狱身死。王庆之又屡次求见，引起了女皇的反感，命凤阁侍郎李昭德罚以杖刑。李昭德立即命武士将王庆之拉出光政门外，向群臣宣告说："此贼欲废我皇嗣，立武承嗣。"说完，把他扑翻在地，打得耳目出血，遂一命呜呼。树倒猢狲散，其余党徒见王庆之如此下场，也都一哄而散。

唐代开元货币

一波未平，一波又起。长寿二年（693）正月，睿宗的两个妃子刘妃与窦妃同时被女皇秘密杀害了。刘妃出身于官宦人家，祖父刘德威官至刑部尚书，其父刘延景任陕州刺史。

睿宗在藩邸时，与她结为恩爱夫妻，生下长子宁王李宪和寿昌、代国二公主。睿宗即位后，被册立为皇后。窦妃则是李隆基的生母。当睿宗降为皇嗣后，有个户婢叫韦团儿，深受女皇恩宠。韦团儿有点忘乎所以，又有点异想天开，故意对皇嗣卖弄风情，欲得恩幸，遭到拒绝。韦团儿恼羞成怒，遂诬陷刘妃和窦妃做厌胜，诅咒女皇。

武则天信以为真，正月初二，刘妃与窦妃去嘉豫殿朝拜，退朝后将二妃杀死，把尸体埋于宫中。宫闱秘事，谁也不知道埋在什么地方。睿宗闻知二妃受谗遇害，也不敢声张，把悲痛强压在心底，在女皇面前还装成与平常一样，以免引起她的猜忌。韦团儿的目的是欲借二妃之事株连皇嗣，幸亏有人将实情告诉了女皇，杀了韦团儿，睿宗才幸免于难。凤凰落魄不如鸡，在那时候，一个小小的奴婢，也竟敢陷害皇嗣。

在那皇室多灾多难的岁月里，皇嗣真有点泥菩萨过河，自身难保。只过了一个来月，又发生了一次危及皇嗣的事件。尚方监裴匪躬、内常侍范云仙私自谒见皇嗣，引起了女皇的猜忌，二人随即被腰斩示众，从此不许皇嗣接见公卿以下任何官员。

江帆楼阁图

事后不久，又有人诬告皇嗣怀有"异谋"，女皇立刻命来俊臣鞠审皇嗣的侍从，一定要查个水落石出。来俊臣是个有名的酷吏，惯于罗织罪状，又有"喘不得""突地吼""死猪愁"等令人闻之丧胆的十大刑具。在审讯中，皇嗣的侍从皆不胜其苦毒，想自诬认罪。这时，皇嗣的太常寺乐工安金藏大义凛然，挺身而出，大声呼喊来俊臣说："公不信金藏之言，请剖心以明皇嗣不反。"说完，即抽佩刀自刺其胸，心肝五藏立刻露出体外，血流遍地。

女皇闻知后，急命人送入宫中叫御医抢救，纳入五藏，用桑皮线缝合，敷些药粉，过了一宿终于苏醒过来。女皇又亲临探视，并叹息说："吾子不能自明，不如尔之忠也。"安金藏的见义勇为终于打动了女皇的铁石心肠，同时也使她有所悔悟，马上命来俊臣停止审讯，"睿宗由是得免"。

气度不凡

洛阳位于黄河河畔，洛水之滨，是纵贯南北大运河的中枢。这里四通八达，经济繁荣，是几代帝王的都城，又是唐的东都。武则天执政以后，即常驻这里，一时成为当时的政治中心。李隆基的少年时光就是在这里度过的。

李隆基出生时，其父睿宗已做了一年零六个月的皇帝。他的母亲窦氏出身于胡姓贵族，自唐初以来，已两次为外戚，家族贵显，一品官三人，三品以上官竟有三十多人，子弟娶公主、女儿选为王妃的有十四人。

这样高贵的家族在唐代是不多见的，故史称："唐世贵盛，莫与为比。"母亲窦氏长得姿容美丽，性情婉顺，言谈举止皆遵循礼仪。睿宗为相王时，与她结为夫妻，是一对恩爱佳偶。时为孺人，睿宗即位称帝后，她被立为德妃。

李隆基在睿宗诸子中排行第三，他的大哥成器（后改名为宪），二哥成义（后改名为扨），四弟隆范（后改名为范），五弟隆业（后改名为业），六弟隆悌。在他们诸兄弟中，窦氏却只生他一人，其他都是同父异母兄弟。

李隆基虽为皇子，却是很不幸的。其父睿宗名为皇帝，却有职无权，实际上不过是一个傀儡。祖母武则天临朝称制，武氏家族成员都居显官要职，专擅朝政。因此，当他刚一降生人间时，睁眼看到的不是李唐江山，而是武氏的天下，李氏皇室处于风雨飘摇之中。

垂拱三年（687）闰七月，当李隆基刚好三岁的时候，就被封为楚王。他从小天性聪颖，气质不凡，荦荦有大志，不同于凡夫俗子。幼年时的李隆基与他的诸兄弟大不相同，他的爱好并不在于美玉金宝，在心目中还有更大的追求。武太后敏锐地洞察出他的宏大志向，称赞他是未来的"太平天子"。

天授元年（690），李隆基刚刚六岁的时候，祖母武则天废唐为周，正式做了大周女皇，父皇睿宗被降格为皇嗣，回到了东宫。

第二年初，年仅七岁的李隆基离开了宫廷（当时称为出阁），女皇为这位小小的楚王开建府署，征用了一些官僚，作为他的僚佐。李隆基虽然年纪很小，却很有才干，善于整治队伍。在例行朔望日入朝参拜女皇时，他的车骑严整，仪仗威严。

金吾将军武懿宗见此情景，心里嫉妒，遂对其随从大声吆喝，横加阻挠。武懿宗是武则天女皇的堂侄，姑母做了皇帝，他也狐假虎威，为所欲为。不料小小的李隆基并不把他放在眼里，随即厉声斥责他说："吾家朝

堂，干汝何事？敢迫吾骑从！"话虽不多，却句句很有分量。

趾高气扬的武懿宗遭到了当头棒喝，心里虽然很窝火，但也没敢发作。这件事传到了武则天的耳朵里，并没有责怪他，对他更是"特加宠异之"。

李隆基虽然年纪很小，似很明白政事。当时诸武用事，把持朝政，一个个飞扬跋扈，对此他心中十分不满，有时还针锋相对。武攸暨也是武则天女皇的堂侄，时任右卫大将军，又娶太平公主为妻，是他的姑父。他对姑父在朝堂上指手画脚，举止放肆，也很不客气。

李隆基小小的年纪，竟敢一再呵斥武氏家族的人，不许武氏家族的人在他面前颐指气使。

在李隆基的心目中，虽然当时武氏做了皇帝，而朝堂终是李氏的天下，尽管其中有几分儿童的天真，但也表现了他不安于现状，勇于进取的精神。

武则天虽然啧啧赞叹李隆基的气度不凡，但从她自身皇位的安危考虑，对包括他在内的诸皇孙还是很不放心的。691年农历八月，命李隆基兄弟与前太子李贤诸子再次入阁，"皆幽闭宫中"，多年不出门庭。

长寿二年（693），李隆基九岁的时候，被降封为临淄郡王。就在这一年，他的母亲窦氏被武则天秘密杀害了。李隆基幼小的年纪，即失去了母爱，由生母的妹妹窦姨来抚养。

他的外祖父被贬了官，外祖母与三个舅父被流放到偏远的岭南。父亲的遭遇，母亲的不幸，外祖父家的祸殃，对于这些，小小的李隆基虽然还不能完全理解宫廷斗争的残酷无情，却在他那幼小的心灵里打上了深深的烙印。

李隆基与诸兄弟在宫中一直幽闭了七年多的时间，到了圣历元年（698），他十四岁的时候，才再次出阁，重见天日。

这时的政治气氛有了很大的改变，则天皇帝年逾八旬，先被废为庐陵王的中宗李显被从房州接回到洛阳，由于皇嗣李旦的主动退让，他再次被立为皇太子，李旦则离开了东宫，仍被封为相王。

武则天迫害宗室与大臣的做法也逐渐收敛，周兴、来俊臣等酷吏先后被处以极刑，李唐宗室的境遇也有了转机。因此，当李隆基兄弟五人（此时六弟隆悌已死）出阁后，分别在洛阳积善坊赐予宅第。积善坊位于皇城之南，洛水之滨。五人分院同居，号称五王子宅。

大足元年（701）十月，久居东都洛阳的武则天终于携带文武百官返回西京，并改元长安。李隆基兄弟也随同迁回长安，并于兴庆坊赐予宅第。

长安年间（701—704），在李隆基十七八岁时，即正式授了官职。他先在十六卫中担任右卫郎将，官阶为正五品上，是宿卫皇帝的要职。后来又改任尚辇奉御，是殿中省尚辇局的长官，掌管皇帝的车驾及仪仗，也是武则天女皇的近从。

在这期间，一场宫廷政变的风云正笼罩着京师，政治气氛一时颇为紧张。

庐陵王李显从房州接回，再次被立为皇太子，时间又过去七八年了。他虽然是一个年近半百的老太子了，却迟迟不得即位亲政；而年逾八旬的武则天女皇尽管是风烛残年，但还是照旧坐在皇帝宝座上，丝毫没有禅位的意思。她的男宠张易之、张昌宗兄弟又恃宠弄权，把朝政搞得乌烟瘴气。

有识之士苏安恒曾上疏武则天，指出政局不稳，恐怕逐鹿之党，叩关而至，乱阶之徒，从中响应，长安城内，大明宫中，将面临一场灾难。对于苏安恒的上疏，她根本置之不理。张易之对他恨之入骨，暗中派遣刺客欲加行刺，赖正谏大夫朱敬则等人保护，才幸免于难。

长安四年（704），李隆基刚好年满二十岁，是弱冠之年。这年年底，武则天病重，宰相一个多月也不能见皇帝一面，唯有张易之兄弟日夜侍候，形势更加

唐代金丝掐成花纹

紧张起来。张易之兄弟恐武则天百年后没有靠山，于是借此机会"引用党援，阴为之备。"不时有人写无头告示，张贴于长安城通衢之处，风言风雨地传说"易之兄弟谋反"。武则天也不闻不问。

神龙元年（705）正月，以宰臣张柬之、崔玄晖为首，与中台（尚书）右丞敬晖、司刑少卿桓彦范、相王府司马袁恕己，并联合右羽林大将军李多祚发动了宫廷政变。他们先率左右羽林兵五百多人到了玄武门，去东宫迎回太子，然后斩将夺关而入。太子与张柬之率兵闯进了武则天居住的迎仙宫，在廊庑下杀死了张易之、张昌宗等人，进而包围了武则天的寝宫长生殿。

正在卧床养病的武则天突然听到外面人声嘈杂，知道发生了变乱。一时惊惧而起，当她知道是太子率兵诛杀了张易之兄弟后，心中的石头才算落了地。贪恋宝位的武则天似对张柬之等人发起的宫廷政变的真实意图还不太清楚，以为杀了张易之兄弟就万事大吉了，因此她劝太子仍回东宫去，还是没有传位之意。后来在桓彦范的劝说下，武则天迫于各方面的压力，在四面楚歌中不得不拖着病体，怏怏不乐地迁居上阳宫，被迫交出了国柄。接着，中宗复位，满朝文武无不欢呼雀跃。武则天专擅朝政长达二十年之

武则天墓

18

久，在朝臣的支持下，皇权又重新回到了李氏手中。

李隆基的父亲相王也积极参加了这次宫廷政变。太子与宰臣张柬之率左、右羽林兵进入了皇宫，相王也紧密配合行动，他与相王府司马袁恕已统率南衙兵"以备非常"，并逮捕了张易之死党凤阁侍郎、同平章事韦承庆、房融及司礼卿崔神庆等人，把他们拘押在狱中。

因此，中宗复位后因相王有诛杀张易之昆弟之功，晋号安国相王，迁任太尉，并增加了实封户。中宗还立他为皇太弟，定为中宗百年后的皇位继承人，但他婉言谢绝而未接受。

弱冠之年的李隆基是否参加了这次宫廷政变，史籍不见记载。若从他平素的言谈举止来看，他面折过武懿宗，痛斥过武攸暨，对武氏专擅朝政愤愤不平，至少他是积极支持这一政变，拥戴伯父中宗复位的。

李隆基是在皇室处于多灾多难之时降临人世的，他的少年时代也是在逆境中度过的。在这样险恶的环境中，他没有悲观厌世，自暴自弃，而是胸怀大志，自强不息，在宫中常自称"阿瞒"，他豪爽乐观，多才多艺，兴趣广博。既崇尚儒家学说，对佛道也有所涉猎；他喜欢习武，也爱好音乐歌舞，充满了生活情趣。

在那艰难的岁月里，少年李隆基既经受了磨难，又经受了锻炼，这为后来登上皇位都是大有裨益的。

中宗复位

立庐陵王李显为皇太子后，武则天已老迈，但仍无禅让之意，并继续为加强统治力量而全力支撑着。可是令武则天始料未及的是以宰相张柬之为首的朝臣成功地发动了宫廷政变，拥戴中宗复位，使中断了十五年的李氏皇统至此又恢复了。

然而，张柬之等人只看重了张氏兄弟的危害，却忽略了武氏宗族的潜在祸患。洛州长史薛季昶发现了他们的这一疏忽，及时提醒敬晖说："二凶虽然除掉，吕产、吕禄犹在，请因兵乘势诛灭武三思之流，匡正王室，以安定

十八学士图

天下。"而张柬之、敬晖却以为大功已经告成，武三思之辈不过是几上一块肉，势必难逃，没有听从他的劝告。

事态的发展果然被薛季昶料中。善于投机钻营的武三思和韦皇后等人朋比勾结，很快形成了一个危及皇室的韦武集团。这个韦武集团是宫闱与外廷相勾结的产物，是以韦皇后与武三思为轴心的。

韦皇后出自京兆望族韦氏，但其父祖官位并不算高。祖父韦弘表，贞观年间只是一个曹王府典军，官才五品。其父韦玄贞任普州参军，官阶不过八品。中宗在储位时，她被纳为太子妃。中宗即位后，被册立为皇后。中宗被太后赶下了台，降为庐陵王，他们一起被迁往房州，又被幽闭起来。

当时，武则天大肆诛杀宗室诸王，中宗终日惶惶不安，每逢听到有朝廷使臣到来，则吓得要命，多次欲自杀。在这危难的关头，韦后倒显得很有见识，常常劝慰并开导他说："祸福倚伏，何常之有，岂失一死，何遽如是也！"他俩患难与共，情意笃厚，生下一子四女。

中宗结束漫长的幽闭岁月，终于复位了，韦后仍居中宫。她还铭记着中宗在房州的许诺，现在已重见天日，自己可以不受禁忌，为所欲为，以逞其志了。大概武则天由临朝称制到最终夺取了国柄，正式做了女皇，这一历史演变给她以很大的诱惑，做女皇也可能是她梦寐以求的事，因此政治野心日渐膨胀。

中宗坐朝，她常常坐于殿上帷幔之中，开始介入政事了。侍中桓彦范援引"牝鸡之晨，惟家之索"的古训，上表劝谏中宗说："伏见陛下每临朝，皇后必施帷幔坐殿上，预闻政事。臣窃观自古帝王，未有与妇人共政而不破国亡身者也。"他提请中宗"览古今之戒，以社稷苍生为念，令皇后专居中宫，治阴教，勿出外朝干国政。"中宗看了桓彦范的上表，却熟视无睹。

韦皇后政治野心的恶性膨胀，上官昭容也起了推波助澜的作用。上官昭容原名婉儿，西台（中书）侍郎上官仪的孙女。父廷芝，与上官仪同时遇害。婉儿刚一降生，正赶上祖父遇难，她与母亲郑氏同时被没入掖庭。

相传郑氏在怀孕时，曾梦见一巨人送给她一杆大秤，并对她说："持此称量天下。"占相者曾说，当生一贵子，可秉国权衡。不料却生下一女，不禁引起人们的一阵哄然大笑。可当婉儿满月后，郑氏曾逗她说："称量者岂尔耶？"她听后却哑然相应。

上官昭容长大后，天性机警，善写文章，娴熟吏事，深得武则天赏识，让她内掌诏命，其辞藻华丽，文笔生动，令人叹为观止。曾因违忤女皇旨意，应当杀头，但武则天惜其有才，只在其额上刺了字，处以黥刑，依然受到重用，百司奏表，多让她参与裁决。中宗复位后，她受到了宠爱，先立为婕妤，后晋为昭容。

大概上官昭容觉察到韦后的难言之隐，常以武则天故事打动她的心扉。中宗复位没几个月，她劝韦后仿效则天，上表请天下士庶为出母服丧三年，又请让百姓二十三岁为丁，五十九岁免役。

当时规定不为出母服丧，男二十一岁成丁，即要服役；六十为老，不再服徭役。上官昭容所以劝韦后这样做，是为了沽名钓誉，通过改易制度以收揽人心。由于她居于中枢地位，又善于出谋划策，遂成为韦后的心腹。

上官昭容还是为韦后与武三思牵线搭桥的关键人物。武三思略懂些文史，诡计多端，善于察颜观色，阿谀奉迎，故特蒙武则天垂青，赏赐极多。薛怀义得势，他低三下四；张易之兄弟受宠，他又溜须拍马，盛称张易之兄

弟才貌盖世，颇得其好感。因此他官运亨通。神功元年（697），以春官（礼部）尚书、同凤阁鸾台三品，迈步宰辅行列。

武三思善观时变，他见武则天年迈多病，出于自身安危的考虑，又转而倾心交结中宗。时中宗尚为太子，他特为其子崇训娶中宗爱女安乐公主为妻。成婚之日，又行亲迎礼，大张声势，以联姻为纽带，加强了与太子的关系。狡兔三窟，武三思给自己留下了一条出路。

中宗复位后，武崇训拜为驸马都尉、太常卿兼左卫将军；武三思则晋位司空、同中书门下三品。中宗还宣布武三思、武攸暨与张柬之等十六人为立功之人，分别"赐予铁券，自非反逆，各恕十死。"这位昔日张氏兄弟的大红人，如今摇身一变，却又成为诛灭张氏死党的有功之臣，真令人啼笑皆非。

武三思知道，自己虽然得到了中宗的宠信，官位也很高，但他的政治地位是很不稳固的。昔日他与张易之兄弟的关系已引起了朝臣的嫉恨，在诛灭张氏朋党时，他险些送了命。为了摆脱眼前的困境，又开始交结后宫。

上官昭容过去曾是武三思的情人，现在又居宫中掌管制命，很受中宗与韦后的宠信，于是经过她的牵线，武三思得以面见韦后。

由于武三思善于奉迎，很快赢得了韦后的宠幸。有时武三思在宫中坐在御座上与韦后做双陆游戏，中宗则在一旁亲自为他们点棋子，外面流传着不少丑闻。

武三思还利用裙带关系在朝臣中不断纠集与发展私人势力。宗楚客原是武则天堂妹的儿子，兄弟三人惯于见风转舵，奴颜婢膝。其兄宗秦客曾投靠武则天，劝她革唐命称帝，因而迁为内史。

宗楚客时任太仆卿，他见武三思势大，遂阿附于他，因擢任为兵部尚书、同中书门下三品。其弟宗晋卿也迁升为将做大匠。

纪处讷原娶武三思姊为妻，因为这姻亲关系，他被提拔为太仆卿。当时谷价飞涨，中宗召纪处讷入宫，询问缘故。

武三思趁机讽劝太史令傅孝忠等上奏，说当夜有摄提星进入太微宫，到达太帝星座，是大臣向天子进忠。昏愚的中宗信以为真，纪处讷一到，则极力称赞他忠诚无二，当即赐衣一件，彩帛六十段。不久，即进拜侍中。

韦巨源出自京兆名族，时任中书令，封为舒国公。韦后与他叙长幼，因而附入韦氏族谱，列为三等亲。贝州有武三思实封

唐代舞伎棱金杯

数千户，时遇水灾，刺史宋璟请免除贝州农民及封户租庸，韦巨源怕减少武三思收入，声称庄稼虽然淹没，而蚕桑犹在，可以交纳庸调，致使河北人民流亡外地。

韦巨源既依附韦武集团，他见中宗昏庸，迷信符瑞，朝政不理，于是暗中怂恿韦后效法武则天称帝，并与宗楚客、郑愔、赵延禧等"推处祥妖，阴导韦氏行武后故事"。

韦氏与武三思或利用姻亲关系，或进行政治拉拢，培植了一批私人势力，组成了一个政治集团，但他们还未能完全掌握朝政大权。当时政变的功臣张柬之等人还身居要职，如张柬之时为中书令、同中书门下三品，敬晖与桓彦范二人同时为侍中，崔玄暐为特进、检校益州大都督府长史，袁恕己为守中书令，皆位居宰辅要职，掌握着中枢部门的实权。韦武集团极为强烈的权欲，使张柬之这些掌握朝政大权的功臣便自然成为所要打击的主要对象了。

张柬之等人屡次劝谏中宗诛灭诸武势力，中宗不听，反而更加信用武三思。这时，武氏位居王公者尚有十四人，武三思由梁王降为德静王（由郡王降为县王），定王武攸暨为乐寿王，武懿宗等十二人为公。武氏的受宠与其

23

显要地位使得张柬之等人越来越焦虑不安了。

敬晖担心受武三思的谗害与中伤，遂以考功员外郎崔湜为耳目，监视他的行动。不料由于用非其人，崔湜见中宗疏远功臣，亲昵武三思，他也转身投靠了武三思，把敬晖的计谋泄露无遗，因被提拔为中书舍人。

原张易之的党羽郑愔被贬为宣州司士参军，因犯贪赃罪逃回东都，受到武三思的庇护，向他献计说："大王虽有做天子之意，但张柬之五人皆据有将相之权，胆略过人，废掉武太后尚易如反掌。他们五人日夜欲噬大王之肉，决心灭掉武氏，大王不除去此五人，真是危如朝露。"

武三思听了深以为然，经他推荐，一个逃亡犯却擢升为中书舍人。从此，郑愔与崔湜成为武三思摇羽毛扇的人物。

韦后与武三思日夜诋毁张柬之等五人，还危言耸听地说他们"恃功专权，将不利于社稷"。武三思还为中宗出主意说：封敬晖等五人为王，给予尊宠的称号，罢免他们的政事，外不失为尊宠功臣，内则夺取了他们的大权，是两全其美之策。

中宗采纳了他的奸计，于神龙元年（705）五月颁下诏令，封侍中敬晖为平阳王，桓彦范为扶阳王，中书令张柬之为汉阳王，袁恕己为南阳王，特进、同中书门下三品崔玄暐为博陵王，皆罢知政事，赐予金帛鞍马，只令每朔望日参加朝见。

从此，武三思"令百官复修则天之政，不附武氏者斥之，为五王所逐

唐代兵器

者复之，大权尽归三思矣"。武三思倒行逆施，欲使历史再倒退到武则天末年。

武三思为了进一步控制朝臣，对一些不屈服自己的骨鲠大臣，采用了又拉又打软硬兼施的手段。

魏元忠素以耿介忠直闻名，过去颇受武则天所器重，这时他任中书令，是满朝文武所推重的宰相，即使武三思也怕他三分。这年十一月，武则天于上阳宫晏驾，在中宗守丧期间，魏元忠摄冢宰。

武三思则假称太后遗诏，好言安慰魏元忠，并赐实封一百户。魏元忠手捧制书，感激涕零。武三思企图用小恩小惠以收买这位以耿直著称的宰臣，使其以后不再论奏武氏之事。

以谔谔之言闻名于则天朝的宋璟，是中宗肯中心能臣。中宗嘉奖他的刚正，由吏部侍郎擢为黄门侍郎。武三思屡次请托，均遭其拒绝。宋璟还明言警告武三思说："今复子明辟，王宜以侯就第，安得尚干朝政，独不见（吕）产、（吕）禄事乎？"

后来韦月将告发武三思淫乱宫掖，中宗又羞又恼，十分狼狈。武三思也对其恨之入骨，命马上处以极刑。宋璟以为不加追查即处斩，不合法令，始终不奉行中宗的诏令。武三思嫉恨宋璟，遂将他贬为检校贝州刺史。

在武三思排除异己、结党营私的过程中，发生了王同皎欲谋刺他的事件。王同皎曾参与了五王政变，因功授任右千牛将军，封琅琊郡公。后又尚安定公主，拜驸马都尉，迁任光禄卿。神龙二年（706）三月，他以武三思"专权任势，谋为逆乱"，遂暗中召集壮士，预定在武则天安葬之日，灵驾移动之时，劫持武三思而杀之。

不料同谋人冉祖雍泄了密，武三思马上使人告发"同皎潜谋杀三思，将拥兵诣阙，废黜皇后"。中宗也不察问，遂将王同皎斩于都亭驿前，籍没其家，同谋人也被诛杀。

政敌被处死了，狡黠的武三思还不肯就此罢手，他又借题发挥，大做文章。这时张柬之等五王虽已被贬到地方，怕他们东山再起，还是寝食不安，于是又唆使其亲信郑愔诬告张柬之等五人与王同皎通谋，中宗分别将他们贬

为崖州、泷州、新州、窦州、白州司马。

张柬之等五人被贬为偏远的州司马后，武三思唯恐其死灰复燃，又用卑劣的手法，暗中使人书写韦后的淫秽行为，并张贴于洛阳天津桥，请求废黜皇后。中宗得知受如此奇耻大辱不禁怒如雷霆，立命御史大夫李承嘉追究此事。

李承嘉诬告是张柬之等人干的，并添枝加叶地说：他们"虽云废后，实谋大逆，请族诛之。"武三思又使儿媳安乐公主在宫内活动，使郑愔在外廷相呼应，最后终于将张柬之、敬晖等五人都处以极刑。

发动政变

韦武集团控制朝政，他们把最终目标锁定在夺取皇帝宝座上。这样，中宗自然成了韦武集团的攻击目标，其帝位也就岌岌可危了。皇太子是传统的皇位继承人，太子李重俊也必然成为他们的消灭对象。

在韦武集团谋夺皇位的过程中，安乐公主是一个主要人物。安乐公主是韦后最小的女儿，是中宗皇帝被废为庐陵王时迁往房州的途中生下的。当她降生时，正值四月，气候温暖，中宗随即脱下衣服把她包起来，故名叫裹儿。

安乐公主长得姝丽俊俏，又能说会道，成为父母爱如心肝的骄子。安乐公主长大后，下嫁于武三思的儿子武崇训，在沟通公公与母后的联系中起了媒介作用，因此说她是韦武集团中的一个重要人物。

安乐公主深受父皇与母后的宠爱，被视为掌上明珠因而骄横不法，卖官鬻爵，也无人敢于过问。更为荒唐的是她自做制敕，做成后又把敕文遮掩起来，即要父皇署名。中宗笑着答应了她的请求，最终也不看文本。至于制敕究竟是什么内容，连中宗本人也不得而知。

中宗的溺宠助长了安乐公主的骄横气焰，使她更加为所欲为。安乐公主的欲壑像个无底洞，是永远也填不满的。她的权势已如此之大，尚不满足，还幻想有朝一日能像太子那样，登上高贵的皇帝宝座。

神龙二年（706）十二月，安乐公主向中宗提出了要做皇太女的请求。宰相魏元忠认为，皇太女会危及太子地位，皇太子是国家储君，今又无罪，岂能动摇？不可再立皇太女。安乐公主知道后十分不满，破口大骂道："元忠，山东木强田舍汉，岂足与论国家权宜盛事、仪注好恶！阿武子尚自为天子，况儿是公主，做皇太女，有何不可！""阿武子"系宫中对武则天的称呼。在安乐公主看来，皇后尚能做天子，皇帝女儿又有何不可呢？

韦后一心要效颦于武则天，武三思对皇位也垂涎三尺，安乐公主也是梦寐以求地要做皇太女，于是皇太子李重俊与韦武集团的矛盾逐渐表面化了。李重俊是中宗第三子，后宫人所生。曾封为卫王，任右卫大将军、遥领扬州大都督。

神龙二年（706）七月，被立为皇太子。他虽然生得聪明果敢，但缺乏贤师良傅的辅佐，太子宾客杨璬、武崇训素无学术，只知道以狗马蹴踘相戏嬉。因此，太子少法度，并非是一个很理想的皇位继承人。

太子李重俊对韦武集团的篡权活动不胜愤慨，他不能忍受安乐公主的凌辱，更不甘心坐失皇位继承人的身份，他决定先发制人。景龙元年（707）七月，太子率左羽林大将军李多祚，右羽林将军李思冲、李承况、独孤祎之、沙吒忠义等人，矫诏调动羽林兵及千骑三百余人，首先包围了武三思的住宅，杀死了武三思及其子武崇训，又杀死其党羽十几人。

然后又令左金吾大将军、成王李千里分兵守卫宫城诸门，自己率兵直奔肃章门，斩关而入，敲着内宫门要父皇交出韦皇后、上官昭容及安乐公主。

中宗与皇后、上官昭容、安乐公主急忙登上玄武门楼以避兵锋，并马上命右羽林大将军刘景仁率飞骑百余人在楼下守卫，宰相杨再思等人也率两千多人守卫在太极殿前。后由于千骑兵反戈，李多祚被杀。太子见难以取胜，于是率部分侍从逃到户县的树林里，后被侍从杀死。成王李千里攻太极宫右延明门，欲杀宗楚客、纪处讷等人，但事与愿违，反被乱军所杀。

这次兵变就这样失败了。

太子李重俊因政变失败而死，为韦后篡夺皇位清除了一大障碍，给安乐公主谋做皇太女也带来了新的希望，因此韦后与安乐公主加快了篡权的

27

步伐。

景龙二年（708）二月，韦后声称衣箱裙子上飘起了五色云气，久而方散。其党羽中书令韦巨源立即随声附和，扬言是非常佳瑞，请中宗诏告天下。又令画工绘其形状，宣示百官，并特为此事而大赦天下。

接着，其党羽又利用中宗好符瑞及当时人们迷信谶语的心理制造舆论。右骁卫将军、知太史事迦叶志忠上表说：过去高祖未受命时，天下人歌唱《桃李子》曲；太宗未受命时，天下又歌唱《秦王破阵乐》，天后未受命时，天下又歌唱《武媚娘》曲，顺天皇后（韦后）未受命时，天下人又歌唱《桑条韦也》《女时韦也》，这都是受命之符。"伏惟皇后降帝女之精，合为国母，主蚕桑以安天下，后妃之德，于斯为盛。"

他还把当时的民谣加以穿凿附会，把《桑条韦》说成是韦后当做国母的符命，主持桑蚕之事是天意，为韦后的篡权活动而大造舆论。醉翁之意不在酒。昏庸的中宗对迦叶志忠的别有用心毫无警觉，反乐的心花怒放，特赐予他庄田一区，杂采七百段。

韦武集团的党羽更加活跃起来。在迦叶志忠上进《桑条歌》十二篇后，太常少卿郑愔又加以引申，编成舞咏，大肆传播。宗楚客又讽劝补阙赵延禧上表陈述符命，把《桑条》解释为"十八代之符"，并请求颁示天下，编于史册。中宗又十分高兴，给予重赏。

韦武集团阴谋篡权已是欲盖弥彰。景龙四年（710）四月，定州人郎岌上奏，说："韦后、宗楚客将为逆乱。"韦后要挟中宗，把他活活打死。五月，许州司兵参军燕钦融又上奏说："皇后淫乱，干预国政，宗族强盛；安乐公主、武延秀、宗楚客图危社稷。"

中宗召来燕钦融当面诘问，他顿首陈词，侃侃而谈，毫无惧色；中宗似有所悟，默然不语。而宗楚客却矫称制令，不由分说，命武士当着中宗的面把燕钦融摔倒碰于殿庭石柱上，折断了颈椎，当即死于非命，宗楚客看了，高兴地拍手叫好。中宗见宗楚客如此肆无忌惮，目无君主，虽不追究此事，心中很是郁郁不乐，这使得韦后及其党羽忧惧不安。

六月二日，韦后、安乐公主与经常出入宫掖的散骑常侍马秦客、光禄少卿杨均密谋，在糕饼中掺进了剧毒，中宗食后，药性发作，很快死于神龙殿。韦后先是严密封锁中宗身死的消息，自己总揽朝政。

第二天，韦后把诸宰相召入禁中，谋划自安之策。为了预防不测，她调来了五万府兵镇守京师，分别由韦氏宗族子侄与附马都尉韦捷、韦灌，卫尉卿韦璿、左千牛中郎将韦绮、长安令韦播、郎将高嵩等统率，严密控制着左右屯营、左右羽林军及飞骑、万骑；又令中书舍人韦元率兵在长安城中左、右六街分道巡守，加强警备。

在皇宫里，太平公主与上官昭容合谋草拟遗诏，立中宗最小的皇子温王重茂为皇太子，韦后知政事，相王李旦参谋政事。相王辅政是韦武集团的最大心病，宰臣宗楚客认为"相王辅政，于理非通"，以"叔嫂不通问"、听朝礼仪不便为由，率诸宰相上表，请皇后临朝称制，罢免了相王的政事，改任太子太师。

在这一切安排就绪后，才将梓宫迁至御太极殿，召集百官隆重发表，韦皇后临朝摄政。

过了几天，年仅十六岁的温王重茂即皇帝位，是为少帝。尊韦皇后为皇太后。

韦武集团的宫廷政变似乎进行的很顺利，韦皇后已临朝摄政，但他们所追求的目标还没有实现。于是，宗楚客与太常卿武延秀、司农卿赵履温、国子祭酒叶静能及韦氏宗族的人共同劝书皇后遵照武则天故事。宗楚客还秘密上书，假称图谶，宣称韦氏宜革唐命。还欲谋害少帝，又与韦温、安乐公主合谋，除掉相王与太平公主。

正当韦武集团在一片紧锣密鼓声中加紧策划，匆匆做最后准备的时候，不料临淄王李隆基成功地发动了一场宫廷政变，打破了韦武集团的黄粱美梦。

此时的临淄王李隆基"性英断多艺，尤知音律，善八分书。仪范伟丽，有非常之表"。他已经是一个风流倜傥、英姿勃勃的青年人了。

神龙元年（705）春天，中宗恢复帝位时，父亲相王因参与政变有功，加号安国相王，拜太尉、同凤阁鸾台三品，做了宰相，皇族子孙也"量叙官

爵"。就在这时候,李隆基迁升为卫尉少卿。卫尉寺掌管器械文物,总管武库、兵器及守卫宫门三署。少卿是卫尉寺的副长官,官阶为从四品上。

李隆基在京城做了三年的卫尉少卿。至景龙二年(708)四月,在他二十四岁的时候,出离了京城,兼任潞州别驾。潞州属于上等州府,治所在上党(今山西长治)。中宗在位时,上州设刺史一人,别驾一人,别驾都由诸王子担任,职任如同长史,主管一州的兵马事。由于职务关系,使他有较多的机会接触军事,也增长了军事才干。同年十二月,加授银青光禄大夫。银青光禄大夫属于文散官,官阶为从三品。

上党地连太行山脉,临淄王李隆基在兼任潞州别驾期间,常登太行山游猎,因而也较多地接触了社会下层,了解人民的疾苦。

他作为一个地方官,看到农民住的是茅草搭成的破陋房屋,樵夫穿着用山麻连缀而成的衣裳,感到问心有愧。他立志宣化风俗,劝课农桑,发展生产。

李隆基的才识溢于言表,本州铜鞮令张暐"潜识英姿",见他才貌非凡,遂"倾身事之",与他结下了深厚的友谊。这时,正巧从山东来了一个乐人,名叫赵元礼,带来一个女儿,长的风韵标致,又能歌善舞。李隆基风流多情,一见钟情,张暐见机行事,从中斡旋,遂纳赵氏为妃。赵氏深受宠爱,在潞州生下一子,叫嗣谦(后改名李瑛)。李隆基即位后,赵氏晋为丽妃,嗣谦也一度被立为太子。

传说在此期间,潞州境内曾出现过一条黄龙,白天腾空而起。临淄王李隆基外出游猎时,常有紫色云气飘浮在他的上空,那些来不及从游的人只要远远望到云气,即能寻见他。

在他兼任潞州别驾的一年零七个月里,前后出现的吉祥瑞兆就有十九起。黄龙的升天,紫云的出现,都是旧时真龙天子的象征。这些美好的传说,尽管是些无稽之谈,但说明李隆基青年时代,在人们的心目中不同于凡夫俗子,最后终于成为盛唐时期的皇帝。

景龙三年(709)十一月,中宗皇帝将在京城南举行盛大的郊祀大典。郊祀在古代是最大的祭祀天地的活动,自中宗复位三年以来这还是第一次,朝中的文臣武将、皇族成员、分封外地的诸王一般都要参加。在郊祀的前几日，临淄王李隆基离开了潞州，赶赴京师前来参加郊祀。

当时政局跌宕，王室多次发生变乱，李隆基又一向喜武，好结交豪俊之士。早年他曾收留了机灵且有武功的奴隶王毛仲，作为自己的侍卫。他在潞州时，见苍头李宜德行动矫健，善于骑射，他不惜用五万钱的代价把他买下。这次回长安，二人常挟持弓矢扈从侍卫。

李隆基性格开朗，为人豪爽。《唐语林》曾记载了这样故事：临淄王朝觐回到了京师，"尤自卑损"。在暮春季节，豪门子弟数人携带酒馔，泛舟昆明湖游春。正当他们兴致勃勃，举杯欲饮之际，李隆基身着戎服，臂上携着鹰，疾驱而至。众豪门子弟对这素不相识的不速之客的到来，很不高兴。

这时有一个少年出了个主意，他举着酒杯对大家说："今日宜以门族官品自言。"唐人崇尚门第，他以为来者出身寒贱，一提及门族官品，自然会不好意思地走开。不料当酒传到他的面前，李隆基不但没有走开，反而大声说："曾祖天子，祖天子，父相王，临淄王李某。"

李隆基高门大嗓，声音洪亮。豪门子弟听后不禁大惊失色，遂惊走四散，不敢复视。李隆基却不慌不忙，接连到三条船上饮了酒，然后乘马而去。

李隆基对韦武集团阴谋篡夺皇位的活动已有所察觉。他曾目睹了堂兄太子李重俊发动的兵变，这些往事还记忆犹新。

这次郊祀，又亲自看到了韦后助祭的反常现象。特别是中宗的暴死，使他意识到时局的发展已十分严峻了，说不定哪一天再来个天翻地覆，李氏的江山就要变成韦氏的天下。他在思索着，怎样应付这风云突变的政局。

当时，左右羽林军都驻守在玄武门。玄武门是宫城的正北门，门外则是禁苑，它是由禁苑进入内宫的要冲之地。能否控制驻守在玄武门的禁军，往往是宫廷政变成败的关键所在。临淄王李隆基十分明白这一点。他利用卫尉少卿的身份常与左右羽林军将领来往，结识有勇有谋之士。

在玄武门还驻守着一支强悍的卫军，就是万骑。最初，唐太宗从官户及蕃人中选拔一些骁勇善战者，身穿虎纹战袍，骑豹纹马，常随从游猎，在太

31

幸蜀图

宗马前射杀百兽，称作百骑。武则天时增加为千骑，隶属左右羽林军。中宗时称为万骑，设置果毅，由葛福顺、陈玄礼等人担任，以统率这支军马。

李隆基经常和万骑果毅葛福顺、陈玄礼等人相来往，设宴款待，并赠送一些金银缯帛，以博得他们的好感。机警的王毛仲深知临淄王的本意，亦推心置腹，与他们交往很深。韦后临朝摄政后，命其侄韦播、外甥高嵩为羽林将军，掌管万骑。韦、高二人为了树立权威，立法冷酷严峻，万骑兵士动辄得咎，横遭捶楚，兵士怨声载道，果毅葛福顺、陈玄礼常来向李隆基诉苦。

李隆基遂因势利导，劝诱万骑举兵消灭韦氏，他俩欣然表示从命。另一果毅李仙凫也参与了谋划。临淄王李隆基得到了左右羽林军及万骑的全力支持，在他同韦氏斗争中投下了一个决胜的砝码。

景云元年（710）六月十二日，兵部侍郎兼修文馆学士崔日用向临淄王李隆基透露了韦后与宗楚客等人欲谋杀少帝并加害相王、太平公主的消息。崔日用原先曾趋附于韦武集团，中宗暴死后，他知道李隆基密举大事，感到依附韦武，犹如背靠冰山，最终是靠不住的。

于是他回心转意，把自己窃取的韦武集团阴谋活动的情报通过宝昌寺的和尚普润、道士王晔悄悄地送到临淄王府邸，告诉了李隆基，并规劝他说："望速发，出其不意，若少迟延，或恐生变。"

临淄王这时二十六岁，政治上也趋于成熟了，他决计发动宫廷政变，诛灭韦武集团。当有人建议把这一举动告诉相王时，他认为这是"拯社稷之危，赴君父之急"的大事，事情成功了，是社稷之福；事败则杀身以尽忠孝。如事前请求得允，是父王参与了此危险之事；若请求而不从，也就难以行动了。

李隆基对父王暂且隐瞒了此事，但为了慎重起见，却将此事告诉了姑母太平公主。太平公主是个老谋深算的女子，听到李隆基这一行动计划十分高兴，并让她的儿子薛崇简助战。

参与这次谋划的没有朝中大臣，大都是中下层人物。其中，刘幽求是个重要的参与者，他以前曾任朝邑尉，制举出身，看问题往往能入木三分，很有见识。早在五王政变时，对只杀张易之兄弟而不杀武三思，认为这是养虎遗患，并及时提醒桓彦范说：公将无葬身之地，不早除武三思，恐怕会噬脐莫及。后来果然不出他所料。李隆基很欣赏他的才干，遂让他参谋决定。

此外，尚衣奉御王崇晔、雍州利仁府折冲麻嗣宗、苑总监钟绍京也参与了此事，其中钟绍京也是一个较重要的人物。钟绍京时任西京苑总监，官阶为从五品下，具体掌管宫苑内馆、园池、禽鱼果木之事，他管下的禁苑是进入玄武门的必经之地。

经过一番精心策划之后，临淄王李隆基决定破釜沉舟，大干一场了。

六月二十日黄昏的时候，临淄王李隆基隐瞒自己的身份，身穿便服，与刘幽求、薛崇简、麻嗣宗等人进入苑中，秘密会合于钟绍京住所。这时钟绍京有点反复，后悔参与此事，欲拒绝不从。

他的妻子许氏倒深明大体，她认为忘身殉国，必有神灵相助；而且既已参与此谋，今虽不去，又岂能免祸？在她的说服下，钟绍京才把临淄王李隆基等人迎入舍内。

入夜，万籁俱寂。万骑果毅葛福顺、李仙凫悄悄来会临淄王，请求号

令。将近二更时分，天空流星划破夜空，纷纷坠落，刘幽求说："天意如此，时不可失！"

于是，葛福顺等人受命之后，挺身直入羽林营，挥剑杀死韦璿、韦播、高嵩，然后高举着三颗血淋淋的人头号令部下说："韦后鸩杀先帝，谋危社稷，今夕当共诛诸韦，马鞭以上（指身长及马鞭以上）皆斩之；立相王以安天下。敢有怀两端助逆党者，罪及三族。"

韦氏一向作恶多端，早已天怨人怒。羽林将士听到号令，个个都踊跃从命。葛福顺稳定了羽林将士后，火速将韦璿等三个首级送往临淄王处。李隆基在火光下一看，果然是韦璿等人首级，知葛福顺已经成功，遂与刘幽求等人由苑南门向玄武门进发。钟绍京也率苑中丁匠二百余人，手执斧锯，尾随而行。

李隆基决定兵分两路：一路由葛福顺率左万骑攻玄德门，从东路杀入宫内；另一路由李仙凫率右万骑攻白兽门，从西路杀入宫内。然后在凌烟阁会师，以鼓噪为号。葛福顺与李仙凫率领左右万骑将士如猛虎下山，杀死守门兵士，夺关而入，一路势如破竹。

三更鼓敲过，夜风习习，旌旗猎猎。临淄王李隆基在玄武门外号令队伍，整装待发。忽然宫内噪声大起，知道二路兵马已胜利会师，随即指挥苑总监及羽林兵杀奔太极殿。太极殿是宫内正殿，此时正陈放着中宗的梓宫，由南衙卫兵守护。李隆基率兵鼓噪而入，南衙兵听到噪声，皆披盔戴甲，一起响应。

韦皇后忽然听到外面人声嘈杂，知道大事不妙，吓得六神无主，慌慌张张地逃入太极殿前的飞骑营避难，当她刚进入飞骑营，即被飞骑兵士杀死，并提着她的首级来献给临淄王。安乐公主正对着镜子画眉抹粉，被军士杀死。朝夕向往着做皇太女的安乐公主，遂成南柯一梦。她的丈夫武延秀，"黑衣神孙披天裳"的美梦还没做完，即被兵士杀死于肃章门外。

临淄王李隆基率兵进入宫中时，上官昭容高举着红烛，亲自率宫人前来迎接。上官氏原是韦武集团的女杰，干了不少坏事，但自太子李重俊杀死武三思后，她才有些后怕，并转而归心于皇室。

中宗中毒身亡，上官昭容拟草制立温王李重茂为帝，以相王辅弼朝政，但被韦皇后、宗楚客所篡改。这时她举着遗制草稿出示给刘幽求看，以表明自己忠诚于皇室，希望免除一死，刘幽求也给她说了几句好话。李隆基斩草除根务尽，不留隐患，仍将她斩于旗下。这位"称量天下"的人物就这样命归西天了。

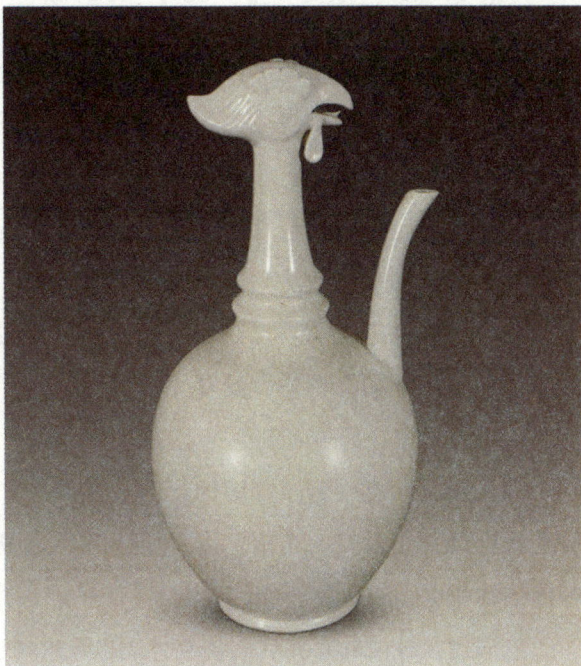

唐代定窑白瓷

此时，少帝李重茂也在太极殿。刘幽求建议说："众约今夕共立相王，何不早定！"大概李隆基认为时机尚不成熟，韦氏及其死党还未斩尽杀绝，当即制止，而是全力捕杀在宫中的韦氏宗族的人及韦后的亲信人物。

黑夜已经过去，东方透出了黎明的曙光。这时，宫城内的韦氏宗族及其亲信已捕杀殆尽，动荡了一夜的宫城渐渐平静下来。临淄王李隆基见大事已定，这才出见相王，叩头以谢不先启请之罪。相王李旦见了李隆基，立时跑过来抱着他，激动得老泪纵横，说："宗社祸难，由汝安定，神祇万姓，赖汝之力也！"大家簇拥着相王入辅少帝。

六月二十一日，朝阳冉冉升起，长安城四门仍然紧紧关闭着，城内戒备森严，一队队兵马手执刀枪，来来往往，临淄王李隆基仍在指挥收捕韦氏及其亲党。

韦后之兄韦温时为宰相，并总知中外兵马事，被万骑兵士杀死于东市的北边。中书令宗楚客为了躲过灭顶之灾，乔装打扮一番，头戴布帽，遮住脸，穿着丧服，骑着青驴仓皇出逃。

当逃到城东北的通化门时，仍被守门兵士识破，扯下了布帽，当即与其弟宗晋卿一同被杀。宰相韦巨源听说事变，家人都劝说他躲避一下，而他却顽固不化，摆出一副杀身成仁的架势，说："吾位大臣，岂可闻难不赴！"刚走到街上，即被乱兵杀死。

为尽快稳定城内社会秩序，相王挟少帝登上了安福门楼，慰谕百姓。司农卿赵履温曾劝韦后效法武则天，又不惜破费巨大的民力和财力为安乐公主营造第舍与修造定昆池。现在公主已死，他却到安福门楼下舞蹈欢庆，呼喊万岁。相王见他朝秦暮楚，反复无常，立即命万骑兵士把他杀死。百姓一向怨恨他徭役繁重，都争着割他身上的肉吃。

韦氏及其亲党受到了严厉的惩治。韦后、安乐公主及马秦客、杨均、叶静能等都枭首于长安的东市。崔日用还率兵到城南杜曲诛杀韦氏宗族，连襁褓内的幼儿也无一幸免。

连居住在杜曲的京兆名门望族杜氏也难逃株连。

当天，下诏赦天下，"逆贼魁首已诛，自余支党一无所问。"临淄王李隆基以平定内乱、安定社稷之功封为平王，兼管内外闲厩，统领左右万骑。以钟绍京为中书侍郎，刘幽求为中书舍人，并参知机务，职任同宰相；麻嗣宗行右金吾卫中郎将。武氏宗属，或被诛杀而死，或被流放到外地。

事后，平王李隆基率领着这批新功臣，有的穿着紫袍（三品以上官服），有的穿着绯袍（五品以上官服），手持枪刀剑戟，乘着铁骑，威武雄壮地走出宫城，市民聚观欢呼。

临淄王李隆基初出茅庐，便大显身手，他运筹帷幄，指挥若定，成功地发动了这次政变，粉碎了韦武集团的篡权活动。韦武集团是一个倒行逆施，极端腐朽的政治集团。李隆基粉碎了韦武集团的篡权夺位，不仅安定了皇室，而且也防止历史再走回头路。

禅让帝位

平王李隆基通过发动政变诛灭了韦武集团，暂时保留了少帝李重茂的皇位，但很快又一件意想不到的事发生了。

六月二十二日，守中书舍人，参知机务的刘幽求正在太极殿处理政事，突然有几个宫人和宦官闯了进来，命他起草诏书，要立皇太后。刘幽求当即拒绝，并义正词严地说："国有大难，人情不安，山陵未毕，遽立太后，不可。"来的宫人和宦官被他顶回去了。

事后，刘幽求将此事告诉了平王李隆基，李隆基也感事出突然，感到事情并不简单，于是告诫他说："此勿轻言。"

据推测，宫人大概就是少帝重茂的生母。她见自己年少的儿子做了皇帝，韦武党羽也已除掉，天下似已太平，现在应该由她来做皇太后，像韦后那样临朝摄政，号令天下了。

从这件事来看，后宫中在皇位问题上的斗争还没有结束。宫人和宦官要刘幽求作制书立皇太后之事的出现，使得这一场斗争表面化了。

相王李旦以前曾做过六年多的傀儡皇帝，又做了八年多的皇嗣，参加过五王政变，恢复了李唐的天下，声望很高，这次政变又是以"共立相王"为口号的。

平王李隆基冒死发动了这次宫廷政变，粉碎了韦武集团的篡位阴谋，安定了社稷，他也绝不会再容忍类似韦后擅政事件的重演。在这种情况下，年幼无知的少帝重茂既无声望，又没有任何政治势力的支持，他的帝位自然难以坐稳了。

王公百僚纷纷呈上表奏，都认为"国家多难，宜立长君"，相王是众望所归，"请即尊位"的呼声越来越高。

六月二十三日，太平公主向百官传达了少帝的诏命，请让位于相王，表面上看，少帝传位是姑母太平公传达的诏命，颁下诏书的内容也都符合事实，要说少帝是出于心甘情愿，似也合情合理。其实这不过是为了掩人耳目，实际上是在平王李隆基、太平公主与王公大臣的逼迫下，少帝才不得不这样做的。

少帝要把皇位让给叔父，相王却坚决推辞。尽管这并非真心实意，但过去历朝禅让帝位时，继任者大都如此，不过是表示自己谦虚，没有篡位的野

心而已。

就在同一天，朝廷发生了大的人事变动：平王李隆基被任命为殿中监、同中书门下三品，其兄宋王成器为左卫大将军，衡阳王成义为右卫大将军，其弟巴陵王隆范为左羽林大将军，彭城王隆业为右羽林大将军。黄门侍郎李日知、中书侍郎钟绍京并同中书门下三品。太平公主之子薛崇训为右千牛卫将军。

同时，中书令萧至忠贬为许州刺史，兵部尚书、同中书门下三品韦嗣立贬为宋州刺史，中书侍郎、同平章事赵彦昭贬为绛州刺史，吏部侍郎、同平章事崔湜贬为华州刺史。

这一人事变动，使得李隆基兄弟、参与政变的功臣位居将相之职，进而控制了军国大政。

刘幽求极力促使相王复位，他规劝平王李隆基、宋王李成器说："相王畴昔已居宸极，群望所属。今人心未安，家国事重，相王岂得尚守小节，不

圉人调马图

38

早即位以镇天下乎！"平王与宋王听后，觉得他说的很有道理，于是入见相王，极言其事，相王这才答应。

六月二十三日，少帝在太极殿东隅，面向西而坐，相王伫立于梓宫旁。太平公主再次抛头露面，对大臣们说："皇帝欲以此位让叔父，可乎？"刘幽求首先响应，他跪下说："国家多难，皇帝仁孝，追踪尧、舜，诚合至公；相王代之任重，慈爱尤厚矣。"太平公主随即发布了少帝传位于相王的制书。

这时，少帝还不明白是怎么回事，仍傻呵呵地坐在御座上。太平公主走近他，说："天下之心已归相王，此非儿座。"很不客气地一把将他从皇帝宝座上拉下来。

就这样，在平王李隆基、太平公主及朝臣的拥戴下，睿宗终于复位了。即日，他登上了太极宫的正门承天门楼，举行了即位仪式，然后大赦天下。少帝再次被降封为温王，几天之后，被幽闭于内宅。

睿宗复位后，开始封赏有功之臣。太平公主是睿宗之妹，参与了诛灭韦武，又有翊戴之功，加实封五千户，累封总数为一万户。立功者王承晔以下一千余人，也根据不同情况分别赐予爵位和加授秩禄。

睿宗还新擢升了一些著名的政治家。任命许州刺史姚崇为兵部尚书，同中书门下三品，拜洛州长史宋璟检校吏部尚书、同中书门下三品。姚崇明于吏治，富有远见卓识；宋璟则刚正不阿，坚持原则，都是才德声望俱全的政治家。

他们悉心辅政，革除了中宗朝的许多弊政，坚持任人唯贤，进用忠良，黜退不肖，赏罚严明，杜绝了私人请托的歪风邪气，整肃了纲纪，俨然一时恢复了贞观、永徽之风。

睿宗还进一步肃清韦武集团的残余势力。越州长史宋之问先是阿附张易之，后又趋附于武三思门下，饶州刺史冉祖望也曾是韦武集团的爪牙，睿宗将他们罢去官职，流放于岭南。

黄门侍郎、参知机务的崔日用与中书侍郎、参知机务的薛稷争执不休，薛稷说崔日用过去依附于武三思，后又卖友邀功，非忠义之士；崔日用则说

薛稷过去投靠张易之、宗楚客，也非正人君子。睿宗将他们一律罢免宰相职务，然后把崔日用贬为雍州长史，薛稷则贬为左散骑常侍。

同时，睿宗还下诏追夺了武三思、武崇训的爵位和谥号，并剖棺暴尸，平其坟墓，还废除了武氏崇恩庙及昊陵、顺陵等武氏陵庙，追废韦皇后为庶人，安乐公主为悖逆庶人。

另外，对过去凡受韦武集团迫害致死的官员、宗族，也分别追赠官爵。赠燕钦融、郎岌为谏议大夫，韦月将为宣州刺史。追复故太子李重俊位号，并为敬晖、桓彦范，崔玄暐、张柬之、袁恕己等五王及成王李千里、羽林将军李多祚等人平反昭雪，并一律恢复昔日的官爵。

平王李隆基与太平公主成为朝廷中举足轻重的人物，睿宗在与朝臣议决军国大政时，特别尊重他俩的意见。每次宰相上朝奏事，都要事先征求太平公主的意见，同时也必须与平王李隆基商议，然后才能向睿宗皇帝奏议。

树欲静而风不止，在李隆基发动政变，诛灭了韦武势力，拥戴父王复位，朝政刚刚纳入正常轨道时，又发生了谯王李重福的兵乱。

经过密谋策划之后，李重福以为稳操胜券，即派家奴王道先赴东都，招募勇士，暗中做好起兵的准备。接着，谯王李重福与张灵均诡称奉诏，乘驿马向东都进发。

王道进入东都不久，即有人走漏了风声，洛州司马崔日知捕获其党徒数十人。八月十一日，谯王李重福赶到，王道率众随从李重福直奔左右屯营调兵。洛阳官吏听说谯王将兴兵作乱，吓得一时四散逃离，唯有崔日知镇定自如，积极调兵遣将，准备讨伐。

当谯王李重福一伙行至皇城南面洛水之上的天津桥时，随从其作乱者已达数百人，个个弄枪舞棒，前呼后拥，气势汹汹。正巧留台侍御史李邕在天津桥上与谯王相遇，见他来意不善，先拍马驰入左、右屯营，告诫守将说："谯王得罪先帝，今无故入都，此必为乱；君等宜立功取富贵。"接着又回头告诉皇城守卫，立即关闭诸门据守。

当谯王李重福数百人叫喊着走近左、右屯营大门时，忽然营内万箭齐发，如雨点般射来，他进不了营门，又反身奔皇城左掖门，欲夺取留守兵马，不料大门早已关闭，叫门又不应。李重福气急败坏，命随从放火烧门。

火还没有点着，左、右屯营的兵马突然出现在身后，步步逼近。李重福窘迫万状，遂骑马向东逃去，经过上东门进入了山谷。第二天，东都留守裴谈发兵搜山。李重福走投无路，遂投漕渠自溺身死。

谯王李重福的死党郑愔见起兵失败，遂男扮女装，头上梳了个髻子，穿上女人服装，藏在车里企图溜掉。但由于他相貌丑陋，又满脸胡须，兵士一眼识破，当场擒获，吓得浑身直哆嗦。张灵均也被兵士擒住，与郑愔在东都市上斩首示众。

唐三彩陶扁壶

其时，李隆基父子已牢牢地控制着朝政，而且经过了几次变乱，人心思定，得到了社会各阶层的支持。

越次储位

唐睿宗复位时，已年近半百了，册立储君的问题很快就迫在眉睫了。

谁是合适的人选呢？睿宗绞尽脑汁，整日苦思冥想，一时间犹豫不决。这的确是一个很棘手的问题。

睿宗除第六子隆悌已离开人世之外，现有五个儿子：长子宋王成器，次子申王成义，三子平王隆基，四子歧王隆范，五子薛王隆业。在这五子中，最有希望得到太子地位的当属宋王成器与平王隆基了。

宋王李成器是睿宗嫡长子，最初封为永平郡王。睿宗即位后，曾被册立为皇太子；武则天做了女皇，睿宗降为皇嗣，他又被册为皇太孙。皇太孙仍

然是继皇嗣之后法定的继承人。

后来中宗复位做了皇帝，睿宗又降封为相王，他也被降格为寿春郡王了。诛灭韦氏后，又晋封为宋王。而平王李隆基虽然不是嫡长子，但是由于他诛灭了韦武集团，拯救了社稷，又拥戴睿宗复位，为李唐皇室建立了殊功，而且在朝臣中又拥有着强大的势力。

这种情况使睿宗进退两难。立宋王为皇太子，平王又功高盖世；立平王为太子，而宋王又居嫡长，而且以前曾一度被立为太子。因此，睿宗举棋不定。

乖觉的宋王成器见睿宗迟迟不立皇太子，知道父皇的苦衷，于是他便主动推辞说："储副者，天下之公器，时平则嫡长，国难则归有功。若失其宜，海内失望，非社稷之福。臣敢以死请。"并连日哭泣，恳求立平王为皇太子。

宋王李成器的谦让并不是没有道理。按照宗法制的传统，是嫡长子继承父位，这在风平浪静的政治时期是比较容易做到的，但在动乱时期就行之不易了。大概睿宗还不会忘记，他的伯祖李建成以嫡长居储位，祖父秦王李世民以不世之功武力夺宗，结果喋血玄武门，踏着兄弟的鲜血而登上了大宝之位。他担心立长子宋王为太子，会导致玄武门喋血事件的重演。

由于睿宗拿不定主意，就召集侍臣商议此事。大臣们一致认为，平王有安定社稷之功，功劳最大，应该立为皇太子。参知机务的刘幽求更是直言不讳，他说："臣听说消除天下之祸害的，就应当享受天下之福。平王拯救了社稷，又解除了君亲的大难，功高盖世，德高望重，要立平王为太子，都口服心服，不应再迟疑了。"睿宗见宋王成器诚心推辞，平王隆基力挽狂澜，功流社稷，又有大臣们的支持，这才拿定主意，决心越次立平王李隆基为皇太子。

景云元年（710）六月二十六日，睿宗颁下了册立平王为皇太子诏。与此同时，睿宗又下一道制书，褒奖宋王李成器的友睦谦让。制书说："左卫大将军宋王成器，朕之元子，当践副君。以隆基有社稷大功，人神金属，由是朕前恳让，言在必行。天下至公，诚不可夺。"制书加封成器为雍州牧，扬州大都督、太子太师，增加实封二千户。还赐物五千段，细马二十匹、奴婢十房、甲第一区、良田三十顷。

七月二十日，睿宗摆驾到太极宫的承天门，为李隆基举行传统的隆重册封皇太子仪式。满朝文武百官穿着艳丽的朝服，依次而坐，诸卫率各部手执兵器，威严地排列于大庭之中，整个大庭肃穆庄严。皇太子李隆基头戴远游冠，身着绛色纱袍，前有太子三师引导，后有太子三少（少师、少傅、少保）紧紧相簇拥，击打着铙器，缓步而进，立于门东侧，面朝西。睿宗身穿衮冕，从西房走出，就位御座。皇太子就位，拜见睿宗皇帝，群臣也随之而拜。拜毕，中书令跪着宣读册书，皇太子再拜接册书。

李隆基越次储位后，很快形成了一个较强的辅弼班子。兵部尚书、同中书门下平章事姚崇兼太子左庶子，吏部尚书、同中书门下三品宋璟兼太子右庶子，郇国公、侍中韦安石为太子少保，许国公、尚书右仆射、同中书门下三品苏瓌为太子少傅。兼任太子侍读的是中书侍郎、同中书门下三品的张说与国子司业褚无量。再加上与他共同举事的中书舍人、参知机务的刘幽求等，这样，太子身边荟萃了各方面的知名人士，成为他的一个智囊团，并控制着朝廷的中枢部门。

皇太子李隆基势力的增长在皇室内又引起了一场轩然大波，宋王李成器兄弟虽没有说三道四，却引起了太平公主的忌恨与不安。太平公主与其母武则天颇相类似，富有政治野心，又多权谋，本非等闲之辈，昔日的韦皇后与安乐公主也都怕她三分。

安乐公主曾参与了诛灭韦武集团的密谋活动，又积极拥戴睿宗复位，对皇室也是有功之臣，因此她享受的实封户已多达万户，她的三个儿子薛崇行、薛崇敏、薛崇简也被封为异姓王。

这些使得太平公主似乎有点忘乎所以，政治野心也开始膨胀起来，从此，她插手政事。太平公主每次上朝奏事，事务繁多，往往超过上朝时间。凡是她所举荐的人，或者自白丁越次升迁至侍从，不久即升迁为宰相。朝政军国大事，她不参与就决定不了。

刚开始，太平公主以李隆基年少，又是自己的晚辈，并不把他放在眼

观无量寿经变乐舞（局部图）

里。但自立为皇太子之后，见他英武果断，身边又聚集了一批有真知灼见的政治家，睿宗凡决定军国大事，又常问宰相："与三郎议否？"现在竟然与自己一样参决朝政，平分秋色了，这自然引起了她的嫉妒与不安。

太平公主一心要用一个昏暗软弱的人来取代李隆基的太子地位，故一再散布流言蜚语，扬言"太子非长，不当立。"借以挑拨离间皇太子与宋王成器的兄弟关系，企图动摇太子地位，结果闹得满城风雨，朝廷内外议论纷纷。

这年十月，睿宗特意颁发了一道制书，戒谕中外，以平息这场风波。

然而，太平公主仍不死心，她常常暗中监视太子的一言一行，哪怕是一点儿小事也要向睿宗秘密报告。同时，还在太子身边安插亲信，以作为自己的耳目。因此，往往闹得太子一时手足无措，心神不宁。皇太子李隆基处在困难的境地中，时时事事小心在意，唯恐被太平公主抓住把柄。

太平公主千方百计地动摇太子地位，搞了不少阴谋活动。她欲拉拢中书令兼太子少保韦安石，数次让她的女婿唐峻于半道邀请韦安石去她的私邸，遭到了拒绝，她又气又恼。

景云二年（711）正月，一天，太平公主亲自乘车把诸宰相邀截到宣政殿西南角的光范门内，讽劝宰相要更易太子。更易太子非同小可，是有关社稷安危的大事，岂敢背着皇帝由宰臣私下决议呢？

宰臣们听到了这突如其来的话语，个个大惊失色。唯独宰相宋璟却毫无惧色，挺身而出，质问她说："东宫有大功于天下，真宗庙社稷之主，公主奈何忽有此议！"太平公主没想到会遭受宋璟的顶撞，心里十分憋气，又无法发作，只好满心不悦地离去。

睿宗对皇太子李隆基也并非没有戒惧之心。作为一国之主，最忌惮的是臣下功高震主，当然也包括皇太子在内，这是封建皇帝的通病，睿宗自然也不会例外，因为这样会危及皇帝本人的统治地位。因此，睿宗也疑虑不安地注视着事态的发展。

有一天，睿宗曾秘密召来宰相韦安石，责备他说："闻朝廷倾心东宫，卿何不察也？"韦安石马上意识到有人在诋毁皇太子，以离间其父子关系，遂直言不讳地说："陛下何得亡国之言，此必太平之计。太子有大功于社稷，仁明孝友，天下所称，愿陛下无信谗言以致惑也。"睿宗听后，似有所悟，便严肃地说："朕知之矣，卿勿言也。"

睿宗与韦安石的谈话被躲在帘内的太平公主偷听到了，她对韦安石恨得咬牙切齿，就制造流言蜚语以中伤陷害他。睿宗一时误信为真，欲收捕审查，幸亏宰相郭元振从中营救，才使韦安石免除了这一场灾难。

太平公主与皇太子李隆基的矛盾斗争，引起了朝臣的不安与关切，她所散布的"太子非长，不当立"的流言也颇能蛊惑人心，有很大的煽动力。当

时，太子李隆基的兄弟们掌握着禁军大权，万一有个风吹草动，不可避免地要发生一次宫廷流血事件。

为了将祸乱消灭于未萌之中，宰相姚崇与宋璟联合秘密地向睿宗提出了三条建议：一是将宋王成器、邠王守礼皆出为州刺史；二是罢免岐王隆范、薛王隆业的左、右羽林军职务，分别改任太子左、右率，以侍奉太子；三是把太平公主及其婿武攸暨迁往东都安置。

姚崇、宋璟之所以提这样的建议，因为宋王成器是睿宗嫡长子，邠王守礼是高宗的长孙、章怀太子李贤之长子，即使他们自己未必就有觊觎皇位的野心，但是由于他们在皇室中的特殊身份，很容易被阴谋家所利用，作为发动政争的借口。太平公主散布的太子"并非嫡长，不当立"的流言，其用意正在于此。

其次，唐代宫廷政变成败的关键往往在于是否能掌握北门的禁军，岐王隆范、薛王隆业分别担任左、右羽林大将军，罢免二人的兵权，对于稳定皇室是至关重要的。另外，太平公主是睿宗仅存的同胞妹妹，权势煊赫，她在京城朋比勾结，屡次动摇东宫太子的地位，只有让她远离京师，减少和大臣接触的机会，她的阴谋才难以得逞。

对于姚、宋二相这一建议睿宗勉强接受了，但做起来态度却很不坚定。虽然颁发了将宋王成器出为同州刺史，邠王出为邠州刺史的诏令，几天之后就收回了；太平公主暂时到蒲州（今山西永济西）安置，但几个月后，她的蒲州之行也就结束了。

围绕着皇位问题的矛盾与斗争并未结束，这仍是政局不稳的重要因素。太子李隆基与太平公主的明争暗斗，仍将对政局的发展产生微妙的影响。

唐代青铜酒勺

羽翼渐丰辅国政

景云二年（711）二月二日，唐睿宗做出了一件令所有人意想不到的事，命太子李隆基监国。李隆基由平王立为皇太子，至此只有半年多的时间，这么短时间就代理国政，为很多人所不解。

唐代太子监国通常是出于以下几种情况：一是皇帝外出征伐，远离京师；二是皇帝巡幸东都或出巡地方，一时回不了京城；三是皇帝病情恶化，不能理政。类似上述三种情况在唐朝初年是司空见惯的。

可是睿宗出于什么原因命太子监国的呢？睿宗这年才五十岁，算不上高龄，史书又不见记载他患有什么疾病，并不是出于健康不佳的原因；同时，睿宗既未率兵出征，又未巡幸外地，可见他并未曾离开京师。显然，这都不成为睿宗命太子监国的原因。

然而，毕竟事出有因，仔细分析，仍可寻出一些蛛丝马迹来揭示其中的奥秘。原来，在唐睿宗在让太子监国之前，曾接见过一位术士，术士上奏说五日内宫廷将要遭遇一场兵祸，若使太子监国，可"灾难不生"，这便是睿宗命太子监国的原因。

现在看来，术士所言固然不足为信，但当时迷信星象，一些搞阴谋诡计的人又常常通过术士之口向皇帝发出一些信号。术士所说的"有急兵入宫"，显然是指太子李隆基将发动宫廷政变，这也正是谗人设计陷害太子，用于动摇东宫的阴谋。

这里的谗人显而易见就是指太平公主或者其党羽。术士对睿宗所说的"五日内有急兵入宫"一事，虽然是太平公主之党着意挑拨睿宗与太子的关系，但也并非绝对不可能发生。

李隆基一再受到太平公主的挑战，其太子地位自然不能固若金汤，这也不能不引起李隆基的严重关切。他会担心夜长梦多，时间久了，说不定会政变。唐初以来的太子更易不常，有时是刀光剑影，充满了杀机。

当李隆基回顾这些往事时自然会不寒而栗。而现在的李隆基英武果断，有魄力、有韬略，他已经独自成功地发动了一次宫廷政变，诛灭了韦武集团。而且，他又得到了朝中大臣如姚崇、宋璟等有声望的政治家的全力支持。

所以如果太平公主逼他过甚，其太子地位受到严重威胁时，他就会毅然挺身而出，毫不迟疑地再次发动宫廷政变。这在当时政变迭起，政局尚不十分稳定的情况下更是轻而易举的。

睿宗对事态的发展也甚为焦虑不安。太平公主与皇太子姑侄之间的矛盾与斗争愈演愈烈，他对此绝不会熟视无睹或泰然处之。他看到太子李隆基的羽翼渐渐丰满，在弑夺风云不时涌现之时，只要他振臂一呼，一场大的宫廷政变是随时可以发生的。

当他听术士说"五日内有急兵入宫"，似更加预感到局势的严峻，因此他很容易地听从了宰相张说的建议，决定让太子监国，并颁发了由张说起草的制书。所谓命太子监国，并不是让李隆基全面代理国政，只是"俾尔为政"，就是说只让太子帮助处理政事，他的权限只是六品以下官的除授及判决犯徒罪的囚犯。六品以下官属于品秩较低的官员。

唐制规定：五品以上官的除授，由吏部呈送中书、门下省审查，由皇帝下制书任命；六品以下官则可由吏部直接任命，不必上报。可见太子负责六品以下官的除授，其权力是有限的，负责徒罪以下的刑法也无足轻重。

虽然如此，李隆基从立为太子到监国这一事实本身就说明他向全面执政的道路上迈出了新的一步，在同太平公主之党的斗争中取得了一个新的进展。显然，这也是睿宗为了稳定太子地位，对李隆基做出了某些让步。

现在，皇太子李隆基所面临的问题是如何君临天下，总理大政。而太平公主又竭尽全力，欲将皇太子拉下马，另立储君。因此，皇太子虽然监国，帮助父皇处理朝政，但他们姑侄之间紧张气氛并未缓和，双方围绕着皇位问题的激烈角逐仍在紧锣密鼓地持续着。

踏上帝位灭姑党

太平公主虽身在蒲州，但她的触角伸得很长，时时不忘插手朝中政事。睿宗曾采纳宰相姚崇等人的建议，一度罢免了斜封官等冗职。殿中侍御史崔莅等人提出，罢免斜封官是彰示中宗用人的过失，又要招致罢免人员的怨恨，恐怕要发生非常之变。太平公主也出面为罢免的斜封官鸣不平，劝睿宗收回成命。

睿宗对太平公主向来都言听计从，遂颁下制书，凡已停任的斜封官并可量才叙用。对此持有异议的右率府铠曹参军柳泽上疏，指责朝令夕改，反复无常，还直言不讳批评太平公主干扰朝政，并劝谏睿宗改弦更张，否则祸害就会更大。对于柳泽的谔谔之言，睿宗却如东风吹马耳，不理不睬。

尤其荒唐的是睿宗还把姚、宋二相密奏出宋王成器为州刺史等事和盘托出，告诉了太平公主，太平公主这才明白自己出离京师是姚、宋安定太子地位的谋略，立刻大发雷霆，极其严厉地责怪太子。李隆基见机行事，即上疏说姚崇、宋璟二人"离间"姑、兄关系，"请从极法"。于是，姚崇被贬为申州刺史，宋璟贬为楚州刺史。

姚崇与宋璟是太子的羽翼，太子虽然上奏"请从极法"，也并非诚心将二人推上断头台，只不过是一种策略。因为睿宗绝不会对他二人轻易施法，只能贬出京师，以示惩罚，这也似为太子预料之中的。暂时将姚、宋二人贬出京师，能缓和一下太子与太平公主的关系，对姚、宋二人的安全也似有利。

景云二年（711）四月里的一天，睿宗召集了三品以上官员，对他们说："朕素怀淡泊，不以万乘为贵，曩为皇嗣，又为皇太弟，皆辞不处。今欲传位太子，何如？"当时群臣面面相觑，皆感事出突然，无所适从。太子李隆基见此情景，即使太子右庶子李景伯出面坚决推辞，睿宗不答应。这时殿中侍御史和逢尧上奏说："陛下春秋未高，方为四海所依仰，岂得遽尔！"此

话改变了睿宗传位的想法。

睿宗初次即位称帝是在中宗被废除帝位之后，当时武则天专擅朝政，他名为皇帝，却被软禁而不得亲政，他怎能领略万乘之贵呢？武则天称帝后，他被降为皇嗣。

武则天重用酷吏，残酷地打击唐宗室，诸王公几乎被斩尽杀绝，连他本人也是泥菩萨过河自身难保，在这种情况下，他逆来顺受，委曲求全。

在中宗被迎回东都后，以宰臣张柬之为首的朝臣大都倾心于中宗，极力赞助他复位，这时睿宗主动辞让皇嗣之位也是大势所趋。

中宗复位后，韦武集团又专擅朝政，他的处境并不太好，时常担心遭到迫害。而且中宗尚有三个皇子，次子重福，三子重俊已长大成人，习惯上还是传子制，这样，他推辞皇太弟也是很自然的。

但是，在中宗饮鸩而死，李隆基成功地发动了宫廷政变，诛灭了韦武集团，他的境遇才有了根本的转变。所以当平王李隆基及大臣拥戴他复位时，却一反常态，当仁不让了。

睿宗亲眼看着太平公主把少帝拉下御座，他没有制止，更没说半句推辞的话，就心安理得地登上了皇位。后来，他虽然诏命太子监国，却舍不得交出军国大权，只让他处理无足轻重的事宜。

这些事实都说明，睿宗自称"素怀淡泊，不以万乘为贵"，并不是他的真情实意，他似乎是在皇太子与太平公主的矛盾斗争中作了一个姿态。所以当太平公主的党徒和逢尧出面劝他不要传位时，他则很痛快地接受了规谏，立刻改变了传位的做法。

这次唐睿宗虽未能传位，却又下了一道制书："凡政事皆取太子处理。其军旅死刑及五品以上除授，皆先与太子议之，然后以闻。"这道制书的颁行，扩大了太子监国的权限，使他向全面总理朝政的道路上又前进了一步。

同年五月，皇太子李隆基也做了两个姿态：一是请求把太子位让给长兄宋王成器，睿宗没有同意。过去太平公主曾散布流言蜚语，说太子非嫡长，不当立，这时李隆基表示愿意让出皇太子之位，大概是为了封住太平公主之口吧。二是请求把太平公主召回京师，睿宗同意了。

皇太子李隆基之所以这样做，大概认为，他的监国已得以处理政事，而且有权过问军旅死刑及五品以上官的除授问题了。在朝臣中，他的支持者也占据着中枢部门。似乎认为他的政治地位已经巩固，即使把太平公主召回京师，她也是洗脚盆里翻不了大浪。

事实证明，太子李隆基低估了太平公主的活动能量。她一回到京师，即变本加厉，活跃异常，朝廷所发生的一系列事件，都和她的干政有关。

这年五月，太平公主刚刚回到京师，睿宗则颁下了制书，恢复武则天皇后父母坟仍旧为昊陵、顺陵，并量置官属。而武氏二陵之废是去年七月李隆基诛灭韦武集团之后，历时还不足一年，为什么废而又复呢？因为太平公主亲自出面，为武攸暨所请求的。

接着，私侍太平公主的僧人慧范依仗着她的权势胡作非为，横行不法，"逼夺民产"，御史大夫薛谦光、殿中侍御史慕容珣弹劾他的罪行。太平公主闻知后向睿宗申诉，结果作恶多端的慧范无罪，而弹劾其罪的御史大夫薛谦光反被贬为岐州刺史。

七月，中书令韦安石改任左仆射兼太子宾客、同中书门下三品。其改任的原因是"太平公主以韦安石不附己"，故只给他一个很高的虚名，"实去其权"。

九月，御史大夫、同中书门下平章事窦怀贞晋为侍中。窦怀贞善结权贵，趋附太平公主，每次退朝，必定先登公主家

唐代虎头瓦当

门；公主所求，无所不应，深受太平公主赏识。

十月的一天，睿宗率诸宰相韦安石、郭元振、窦怀贞、李日知、张说一起登上了承天门，宣读了制书。

在宣布罢免韦安石等五名宰相的同时，又任命吏部尚书刘幽求为侍中，右散骑常侍魏知古为左散骑常侍，太子詹事崔湜为中书侍郎，并同中书门下三品；中书侍郎陆象先同平章事。"皆太平公主之志也"。

这是一次重大的宰相班子的大改组。睿宗以"政教多阙，水旱为灾"作为理由，戏剧性地将宰相全部罢免，另换新人，这在平常时期是极为罕见的。韦安石等宰相五人，除了窦怀贞外，有的为官正直，不趋附太平公主；有的是皇太子的有力支持者，不合太平公主心意，所以她在背后鼓动，由睿宗出面全部罢免。窦怀贞虽是她的心腹，也不好独留他一人。

新任宰相刘幽求曾参与了太子政变，魏知古、陆象先还是比较公正的人，而崔湜却是太平公主的死党，他私侍太平公主，故被引荐任命为宰相。其实，陆象先虽是清静寡欲，善高谈阔论，为时人所重，太平公主并没有因此而举荐他任宰相的意思，只是崔湜请求与他同时升为宰相，以免引起朝臣的非议。

起初太平公主不同意，崔湜表示，如果不与他同时任相，自己也将拒不就任。这样，太平公主只得向皇兄提出要以他二人同时为相。但是，睿宗只同意任用陆象先，不同意崔湜任相，太平公主又哭天抹泪，一再央求，睿宗只好同意了。

先天元年（712）正月，以左御史大夫窦怀贞、户部尚书岑羲并同中书门下三品，窦怀贞趋附于太平公主，罢相仅三个月，如今又升任宰辅了；岑羲也成为太平公主的羽翼了。

二月，蒲州刺史萧至忠私自向太平公主请托，公主引荐他为刑部尚书。从此，萧至忠经常出入太平公主家门，成为她的一名死党。他的妹夫蒋钦绪时任华州刺史，较有见识，他见萧至忠与太平公主打的火热，预感到事情不妙，曾劝说他不要请托太平公主，萧至忠执意不从，于是他退后叹息说："九代卿族，一举灭之，可哀也哉！"萧至忠出自累世冠冕的名门望族，蒋

钦绪已预料到他的可悲下场。

从景云二年（711）五月太平公主由蒲州迁回京师，至先天元年（712）二月，仅有九个月的时间，朝廷中所发生的这些大事几乎都与太平公主有关。

太平公主以睿宗为强大的后盾，为所欲为，排除异己，安插亲信，朋比为奸。睿宗虽然下诏说"政事皆取太子处分，"军旅死刑及五品以上官的任免先与太子商议，然后奏闻，但不过是一纸空文，实际上并没有这样做，而是把监国的皇太子抛在一边，由太平公主暗中密谋策划，睿宗点头同意的。

锐意进取的皇太子李隆基对于太平公主的一意孤行绝不会善罢甘休，更不能容忍为太平公主所掣肘。一些有识之士也暗中劝太子诛灭太平公主之党。王琚被选任诸暨主簿，入东宫辞谢太子。

进入殿中，王琚故意走得很慢，眼睛望着高处。宦官告诉他说：殿下在帘内。王琚听后却大声说："在外只闻有太平公主，不闻有太子。太子有大功于社稷，大孝于君亲，何得有此声？"故意激发皇太子。

李隆基马上召见他，王琚说："过去韦皇后智识浅短，亲行弑逆，人心动摇，天下思念李氏，殿下举兵诛之，易如反掌。如今社稷安定，太平公主又是武则天之女，凶狡无比，屡有大功，朝中的大臣多与她一个鼻孔出气，深为殿下担忧！"太子拉着他的手，与他同榻而坐，说："父皇同胞只有太平公主一妹，杀她怕有伤父皇之心。"王琚又开导皇太子说："天子之孝，贵于安宗庙，定万人。"他又援引西汉故事，说盖主是汉昭帝之妹，有罪还处死，"况殿下功格天地，位尊储式。太平虽姑，臣妾也，何敢议之！"极力促使太子赶快动手，除去太平公主这一祸患。

这年七月，彗星出现在西方，经轩辕入太微，至于大角。在封建时代彗星的出没常被人们视作政局危机的信号。继而，占相者警告宰臣窦怀贞说："公有刑厄。"窦怀贞吓得坐立不安，请求解除官爵，做安国寺奴，以避灾厄。窦怀贞一向是太平公主的死党，占相者说他将有刑厄，那么刑厄来自何方呢？不言而喻，当然要来自太子李隆基一方了。

太平公主对此也似有所察觉，她极力挑拨离间皇太子与睿宗的父子关

系，唆使术士对睿宗说："彗所以除旧布新，又帝座及心前星皆有变，皇太子当为天子。"

当时的天象家认为，帝座星在太微垣之中，心有三星：中星为明堂，是天子之位；前星为太子，彗星流入太微，危及帝座星；心前星有变，象征着太子将有兵变，谋做天子。

太平公主用这套神秘的说教仍是恶意中伤太子，以动摇太子地位。不料弄巧成拙，事与愿违，反倒促使睿宗下定传位的决心，他果断地说："传德避灾，吾志决矣。"

睿宗一向支持太平公主，对她的奏请几乎是无所不从，但是他对皇太子也特别小心。他十分明白，自己之所以能复位，李氏宗嗣获安，完全是依赖李隆基的力量。他的大胆果毅足以令人畏惧，他在朝臣中已得到了强有力的支持，形成了一派咄咄逼人的势力。因此，在太子李隆基与太平公主两派势力角逐的关键时刻，他最终采取了回避态度，决定传位于太子。

唐睿宗的禅位，对太平公主之党来说，无疑是丧失了一个强大的后盾，因此，太平公主及党羽竭力劝阻。但是，睿宗似乎是坚定不移，他说："中宗之时，群奸用事，天变屡臻。朕时请中宗择贤子立之以应灾异，中宗不悦，朕忧恐数日不食。难道在那时能劝他，自己则不能吗？"睿宗的这番话似也表明，中宗不听劝告，贪恋大宝，不能立贤子以应异变，结果命归九泉，这是何等深刻的教训呵！

所以当太子李隆基辞让时，睿宗又说："社稷所以再安，吾之所以得天下，皆汝力也。今帝座有灾，故以授汝，转祸为福，汝何疑邪！"睿宗不愿再重蹈中宗的覆辙，在他看来，只要能传位太子，就能转祸为福。可见他在着意稳住皇太子，以免发生意外。就此而言，他比中宗要略高一筹了。七月二十六日，睿宗颁下制书，正式宣布传位于太子李隆基。

制书颁下以后，皇太子李隆基犹上表辞让。太平公主不甘心皇兄就这样轻易传位于太子，更不愿由此而失去权势，因此她极力劝谏睿宗虽然传位，仍要总理大政。

于是，睿宗便乘着太子谦让之机，顺水推舟，说："汝以天下事重，欲朕兼理之邪？昔舜禅禹犹亲巡狩，朕虽传位，岂忘家国！其军国大事，当兼省之。"

太平公主从来就不同意皇兄传位，这是自不待言的事。大概睿宗也不甘心放弃全部权力，故当太平公主劝他即使传位以后仍要总理大政时，一拍即合，于是假借太子"以天下事重，欲朕兼理"为口实，又援引舜虽禅位于禹，犹亲自去南方巡视而崩于苍梧的故事，提出了仍兼理军国大政的要求。对于这一点，皇太子当然不好谢绝。

先天元年（712）八月三日，天空晴朗，秋风送爽，又是一个大好的金秋日子。这一天，在巍巍的皇宫内，正在举行隆重的传位仪式。时年二十八岁的皇太子李隆基身着衮冕，英姿勃勃，接受了册书，在文武百官的簇拥下，迈步登上了皇帝宝座，成为彪炳史册的大唐皇帝唐玄宗。

李隆基即位后，尊睿宗为太上皇。睿宗虽然传了位，做了太上皇，但仍然自称"朕"，命称作"诰"，每隔五日则在太极殿朝见百官，议决军国大政。玄宗则自称"予"，命称作"制""敕"，每日于武德殿朝见百官。当时约定：三品以上官的除授及重大的刑政由太上皇裁决，而其余诸事则由皇帝本人处理。

可以看出，朝廷似有两个班子：一是以太上皇为首，虽然不是天天上朝，但却主宰着军国大政；另一个是以唐玄宗为首，虽然天天上朝，却只能处理军国大政以外的庶事。也就是说，唐玄宗虽然名义上即了皇帝位，但仍然受着太上皇的制约，还不能算是一个名副其实的大唐天子。睿宗虽退为太上皇，但仍兼理军国大政，这对作为御妹的太平公主来说，还是一个有力的后盾。玄宗虽贵为一朝天子，还不能全面总理大政，但做了皇帝，行动当然就有了更大的主动权。这一局势的转变，对于玄宗与太平公主之党的斗争不能不产生微妙的影响。

玄宗登上皇位后，擢拜刘幽求为尚书右仆射、同中书门下三品，窦怀贞为尚书左仆射、同中书门下三品，仍兼任御史大夫；魏知古为侍中，崔湜检校中书令，并监修国史。这次宰相的任命都是出自睿宗的旨意，因为三品以上除授权掌握在太上皇手里。

　　王琚也由中书舍人迁升为中书侍郎。中书侍郎为正四品官，玄宗有权任命。王琚曾竭力劝太子诛杀太平党羽，深受玄宗的倚重。

　　其时，身居宰弼之位的有岑羲、窦怀贞、崔湜、魏知古、陆象先及再次提为宰相的刘幽求，共有六人。从这六人的政治倾向来看，岑羲、窦怀贞、崔湜三人是太平公主的党羽，对她是死心塌地；陆象先、魏知古政治上持重，略为倾向玄宗，而真正对玄宗忠诚无二的却只有刘幽求一人。

　　宰相位总百揆素来引人关注，在党派之争时期，位居宰相的人数往往被视为各派政治势力消长的寒暑表。这样的一个宰相班子不能不引起玄宗的高度警觉，将拭目以待。

　　宰相刘幽求也敏锐地察觉了这种情况，他见宰相中多半是太平公主的党羽，遂与右羽林将军张暐密谋，欲以羽林兵诛之，让张暐密奏玄宗。玄宗早年兼任潞州别驾时，即结识了张暐，是他所信用的一个人。

　　张暐把刘幽求和自己的意思密奏与玄宗，不料与玄宗所想不谋而合。在行动之前，此事应该绝对保密，但由于张暐不够缜密，却将密谋泄露给侍御史邓光宾，这使事态更加复杂了。

　　玄宗也为之不安，谋诛太平公主及宰相自然要遭杀身之祸。在这种情况下，玄宗为了掩饰自己的真实意图，迷惑政敌，不得不采取丢卒保帅的策略，立即列举刘幽求、张暐二人的罪状，上奏给睿宗，以取得主动权。因为此事属于国家大事，要由太上皇处分。

　　睿宗下达诏令，很不宽容地把刘、张二人逮捕下狱，命法官审讯。经过审讯，法官上奏说：刘幽求等人离间骨肉，当判死罪。为了保全他二人的性命，玄宗不得不移动御驾，亲自出面营救，他上奏睿宗，认为刘幽求对社稷有大功，不能处死刑。

　　既然皇帝为他俩说了话，睿宗自然要予以慎重地考虑，结果从轻发落，将刘幽求流放于封州（治今广西梧州东），张暐流放于峰州（今云南南部）。玄宗忍痛割爱，要尽快地平息这场风波。

　　尽管刘幽求、张暐已流放于岭南荒僻之地，但是太平公主之党仍不肯就此罢休。崔湜依附太平公主，他虽罢相降为尚书左丞，又将他逐出京师，以尚书左丞的身份任东都留守。

同时又密令广州都督周利贞，在刘幽求途经广州时将他杀死。幸亏桂州都督王晙获悉了这一消息，又知刘幽求因国事而获罪，当他到了桂州时即逗留不放，将他保护起来。周利贞几次下牒索取，王晙始终不放行。周利贞无可奈何，遂将此事上报朝廷。崔湜一再向王晙施加压力，王晙都拒不从命。这样，刘幽求才未遭太平之党杀害。

张暐的泄密不仅导致了他本人与刘幽求被贬流放，也引起了太平公主之党的密切注意。这一事件的出现，似乎表明玄宗与太平公主之党已处于生死搏斗的前夜了。因此，太平公主之党也加快了阴谋活动的步伐。

先天二年（713）正月，以吏部尚书萧至忠为中书令，他早已投靠了太平公主。六月，又兵部尚书郭元振同中书门下三品。从他的政治倾向来看，是积极拥戴玄宗的。这时位居宰辅的有七人，多数是太平公主的死党。其实，真正成为太平死党的宰相只有崔湜、窦怀贞、岑羲、萧至忠等人。陆象先虽由太平公主举荐为相，但他并不依附太平公主，魏知古、郭元振则是支持玄宗的。尽管如此，太平之党在宰相中仍占优势。

太平公主先与宰相窦怀贞、岑羲、萧至忠、崔湜及太子少保薛稷、雍州长史、新兴王李晋、左羽林大将军常元楷，知右羽林将军事李慈、左金吾将军李钦、中书舍人李猷、右散骑常侍贾膺福、鸿胪卿唐晙，以及她的亲幸僧人慧范等人密谋，要废掉玄宗，另立皇帝。

之后，太平公主亲自出面，把诸宰相召集在一起，公然提出要废掉玄宗皇帝。不料她的行动却遭到深孚众望的陆象先的极力抵制。太平公主专擅朝政，宰相竞相依附于她，陆象先未曾拜谒她；她召集宰相说，宁王成器年长，不应废嫡立庶。陆象先反问说："皇帝之所以得立，为什么？"太平公主说："因帝有一时之功，今已失德，安能不废？"陆象先说："立之以功，废必以罪。今不见天子过失，岂能废掉？"太平公主张口结舌，无言以对，便怒气冲冲地走了。

陆象先理直气壮，唇枪舌剑，同太平公主进行了针锋相对的斗争，一时挫败了太平公主废立皇帝的阴谋，使她悻悻而归。

这招棋输了之后，太平公主又想出一个狠招，就是毒死玄宗。她买通了宫人元氏，秘密在赤箭粉中置放毒药，然后上进给玄宗。赤箭是一种芝类的植物，以茎赤状如箭杆而得名，把其苗晒干研磨成粉末，长期服用能增加气力，益寿延年。但不知是何缘故，此计未有结果。

接着，太平公主又私下与左羽林大将军常元楷、知右羽林将军事李慈秘密商定，欲猝然发起一场宫廷政变，直接把玄宗赶下台去。

太平公主要废立皇帝一事，闹得满城风雨了，支持玄宗的官僚都为之捏一把汗。中书侍郎王琚再次提醒玄宗说，事已迫在眉睫，赶快动手。请求玄宗要先发制人，免生祸患。一向拥戴玄宗的左丞张说也风闻此事，从东都派人献上一把佩刀，意思是请玄宗像快刀斩乱麻那样果断，再也不能犹豫不决了。

荆州长史崔日用来京师奏事，见气氛已如此紧张，就直言不讳地上奏玄宗说："太平公主谋逆有期，陛下住在宫府，欲有讨捕，犹是子道臣道，须用谋用力。今既光临大宝，但须下一制，谁敢不从？忽奸宄得志，则祸乱不小。"

崔日用似把事情看得过于简单了，以为玄宗身为一国之主，只须下一道制书，太平公主一党就能束手就擒。殊不知，太上皇犹兼理军国大政，如此之大的事如事前不征得太上皇的点头同意，只凭下一道制书，是很难成功的。

而且在太上皇的支持下，太平公主势力强大一时，且根深蒂固，在大臣中又占有优势，对她的能量不容忽视，一道制书也未必能解决问题。因此，唐玄宗回答说："诚如此，直恐惊动太上皇，卿宜更思之。"

崔日用这才恍然大悟，有太上皇从中作梗，下一道制书是难以奏效的。他思忖之后又建议说："臣闻天子孝与庶人孝全别。庶人孝，谨身节用，承欢颜色；天子孝，安国家，定社稷。今若逆党窃发，即大业都弃，岂得成天子之孝乎！伏请先定北军，次收逆党，即不惊动太上皇。"崔日用的"先定北军，次收逆党"，以武力诛灭太平之党的建议正符合玄宗的心意，于是采纳了崔日用的建议。

太平公主一党也加紧了活动。经过一番密谋筹划，决定于七月四日发动宫廷政变，乘玄宗在武德殿朝见百官之机，由常元楷、李慈率左、右羽林军突入武德殿，而窦怀贞、萧至忠和岑羲等人则在太极殿举兵响应，将玄宗及其支持者一网打尽。宰相魏知古获得了太平之党搞政变的内情，并立即如实地密奏给玄宗。

宰相魏知古的密奏，使得玄宗及时而准确地掌握了太平公主及其死党的动向，从而也就更加主动了。于是，玄宗立即召集岐王李范（隆范）、薛王李业（隆业）、兵部尚书、同中书门下三品郭元振、龙武将军王毛仲、殿中少监姜皎、太仆少卿李令问、尚辇奉尉王守一、内给事高力士、果毅李守德等人入宫，秘密商定诛灭太平公主一党的计谋，他决定先发制人。

七月三日，也就是太平公主一党阴谋作乱的前一天，玄宗命龙武将军王毛仲去闲厩取出御马及三百名士兵，并亲自率太仆少卿李令问、尚辇奉尉王守一、内给事高力士、果毅李守德等人从武德殿出发，先至宫城北门，召来左羽林大将军常元楷、知右羽林将军事李慈，当场处死，并枭其首于北门示众，使太平一党无法调动左、右羽林军。

接着进入内客省，擒获了太平公主死党右散骑常侍贾膺福及中书舍人李猷；然后又进入朝堂，当场擒获了宰相岑羲、萧至忠，一概处以死刑。窦怀贞闻变后狼狈出走，逃入城内一深沟中，情知没有好结果，自缢而死。玄宗命戮其尸体，改其姓为毒。

王琚与岐王李范、薛王李业、姜皎、王毛仲等密切配合玄宗的军事行动，他们率铁骑至承天门时，战马嘶鸣，鼓噪震天。太上皇知道发生了政变，一时吓得面如土色，立即召郭元振升承天门楼，并宣诏下关，令侍御史任知古招募数百人前来侍卫。

当时，承天门楼下人山人海，拥挤不堪，任知古一时无法入内。郭元振率兵侍卫，并登上承天门楼奏说：皇帝前奉诰诛杀窦怀贞等，陛下无忧。不一会儿，玄宗也到了楼上，禀报了诛杀窦怀贞等事。太上皇这才惊魂稍定，急忙下诰，把窦怀贞等人的罪状昭告天下。太平公主死党薛稷被赐死于万年县狱中。

玄宗再次发动的宫廷政变，打破了太平公主的黄粱美梦，她听说事变心惊肉跳，如同丧家之犬，仓皇逃进南山，潜入寺中。但僧尼神像也帮不了她的忙。三天之后，只得提心吊胆地返回家中。

太平公主是玄宗的长辈，不便施刑，特于家中赐死，也没有横尸街头，大概是考虑到太上皇的面子，算是对她的"优待"。太平公主的子女及亲党被诛死的有数十人，并将其家财产籍没入官。由于她作威作福多年，家财堆积如山，珍宝之多，与御府相比也难分上下。厩牧羊马，田园利息，收了数年也没收完。她的亲幸僧人慧范财物也值数十万缗，同时也籍没入官。

七月四日，太上皇睿宗不得不交出全部皇权。就在这一天，他怏怏地离开处理军国政刑的太极殿，迁居到后面的百福殿。从此，他正式退出了历史舞台，专门养老自娱了。

太平公主的党羽、宰相崔湜被判为流刑。在事变前，玄宗曾想争取他反正。其弟崔涤劝他说：若皇上询问，不要隐瞒。但崔湜顽固不化，面见玄宗时仍是守口如瓶，不吐露实情，因此被流放于岭南。

后来，新兴王李晋临刑时说："本谋此事，出自崔湜，今我就死而湜得生，何冤滥也！"正巧在审讯宫人元氏时，她也证实崔湜密谋进鸩，于是玄宗立即派使者追至荆州，将他赐死于驿中。

七月六日，玄宗意气风发地登上了承天门楼，大赦天下。太平公主一党已扫地而尽，太上皇也被迫交出了全部皇权，退居百福殿养老送终了。这时，玄宗不再受任何人的掣肘，成为一个统御宇内的堂堂正正的真龙天子了。

参与政变的有功之臣也一一加官晋爵，加赏实封户。宋王成器、申王成义各加实封一千户，岐王范、薛王业各封七百户，邠王守礼加封三百户。文武三品以下赐爵一级，四品以下各加一官阶。

王琚为银青光禄大夫、户部尚书，封赵国公，食实封三百户；姜皎为银青光禄大夫、工部尚书，封楚国公；李令问为银青光禄大夫、殿中监，实封三百户；王毛仲为辅国大将军、检校内外闲厩兼知监牧使，霍国公；王守一为银青光禄大夫、太常卿同正员，进封晋国公，实封五百户。

皇泽寺大佛雕塑

玄宗亲自发起的这次宫廷政变，既铲除了太平公主的势力，又迫使睿宗最后交出了皇帝的全部权力，真是一箭双雕。睿宗自命太子监国至自己禅位，他始终不愿意交出全部权力，玄宗已即位称帝，他自己还要定期上朝，兼理军国大事。更使玄宗感到头痛的是，太平公主仍凭借着太上皇的权势，一再朋比党附，在宰相中安插亲信，排除异己，并公然鼓动宰相废除玄宗的太子身份和帝位，对玄宗的政治地位已构成了严重威胁。玄宗十分明白，太平公主之所以如此无所忌惮，关键还是太上皇仍掌握着大权，给她在背后撑腰。所以唐玄宗认识到，诛灭太平公主势力，逼迫太上皇交出全部权力，才能万事大吉，天下才能相安无事。其时，玄宗率领一些将官与禁军在宫内宫外捕杀太平一党，睿宗惶恐不安地登上承天门楼避难，急得团团转，而在场的文臣武将却袖手旁观，于是他怒气冲冲地说："助朕者留，不者去！"不是一语道破他父子二人的对立关系吗？

正因为如此，当风波平定后，玄宗得到了那些愿助睿宗投名者的名单，命宰相陆象先一一惩治。当陆象先焚毁了投名者的名单时，玄宗大发雷霆，并欲将陆象先一并治罪。虽经陆象先解释，他也一时明白过来，但事过不久，于七月十九日仍然将陆象先罢免了中书侍郎、同平章事的职务，出为益州长史、剑南按察使。

其实，尽管太上皇当时仍兼理军国大政，但玄宗事前根本没有请示过他，而是背着太上皇，一切都是他自己"英谋独运"，与亲信密谋策划，一举成事的。玄宗之所以称赞太上皇"英谋独运"，又说是自己奉太上皇之命行事，不过是为了掩人耳目，既保全了太上皇的面子，又掩饰了自己目无父皇的不孝举动，果然是一个两全其美的好办法。

睿宗从景云元年（710）六月复位，至先天二年（713）七月交出最后的权力，其间历时只有两年多一点儿。

在此期间，他做了一年的皇帝，一年的太上皇。对于一个刚满五十岁，身体健壮的人来说，岂能心甘情愿地交出一切权力？睿宗支持太平公主，大概也有借其力量抑制李隆基势力的意图。

而太平公主也正因为有睿宗这一强硬的后台，才敢于与玄宗分庭抗礼，势不两立。他兄妹俩相互支持，以制约玄宗。玄宗再次发动宫廷政变，将太平公主及其党羽一网打尽，睿宗至此也势孤力单。他只好宣称"朕将高居无为"，从此退避三舍，这之后，玄宗才真正掌握了朝政大权。唐玄宗诛灭了太平一党，迫使睿宗最后放弃了兼理军国大事的权力，夺取了全部朝政大权，在他迈出了极其关键的一步，固然是可喜可贺的。然而，他面临的政局仍然是复杂严峻的。

唐玄宗能否妥善地处理各种复杂的社会矛盾，摆脱目前的困境，不仅关系着他本人能否化险为夷，使自己立于不败之地的问题，也是关系着能否把社会向前推进一步的问题。不言而喻，这对于富有朝气，锐意进取的玄宗来说，无疑又是一场新的考验。

玄宗面临着复杂而严重的社会局势，首先就是政局不稳。自武则天末年以来，宫廷政变此起彼伏，让人难以驾驭，皇帝似走马灯似的更换频繁。

神龙元年（705），五王发动宫廷政变，迫使武则天下台，拥立中宗；景龙元年（707）七月，太子李重俊发动羽林军欲诛灭韦武集团；景云元年（710）六月，韦后毒死中宗，自己临朝摄政；接着临淄王李隆基又发兵诛灭韦武集团，拥戴睿宗复位；谯王李重福又谋乱于东都，也想篡夺皇位。

先天元年（712）七月，睿宗禅位于玄宗；第二年七月，太平公主又阴谋作乱，为玄宗所诛杀。在这短短的八年中，大小政变发生了六七次，皇帝换了四个，这是多么险恶的政治局势！政局的动荡不安，这是玄宗首要亟待解决的一个问题。

其次是弊政多端。冗官滥吏充斥官府，吏治腐败，此为弊政之一。早在武则天当政时，官员开始冗滥，杜佑曾批评她说：“武太后临朝，务悦人心，不问贤愚，选集者多收之。职官不足，乃令吏部置试官以处之，故当时有车载斗量之谣。”

流传于民间的“补阙连车载，拾遗平斗量”的歌谣讥讽了武则天滥用禄位收取天下之心，致使冗员倍多。中宗复辟后，韦皇后与安乐公主又依仗权势卖官鬻爵，贿赂公行，即使屠沽（商贩）、臧获（奴婢）只要花费三十万钱，“则别降墨敕除官，斜封付中书，时人谓之‘斜封官’”。这种斜封官破坏了正常的铨官制度，官员名目繁多，“员外、同正，试、摄、检校、判、知官凡数千人”。使武则天以来的冗官急剧增加。

唐制规定，朱章紫绶为三品高官，台寺长官一人，正三品或从三品。而中宗时期，台寺中的三品官已到盈满的程度，可见官府的冗官滥吏多得令人吃惊。

弊政之二是食封问题严重。食封制度一般地说对国家财政收入影响不大，但如果食封的户数过多或食封邑者征收赋税的权力膨胀时，就会给国家财政造成巨大的困难。中宗时期，食封问题尤其严重。

其一，封家数目急剧增加。唐初，与功臣共定天下，当时食封才二三十家；这时食封邑者竟达到一百四十余家，封家骤然猛增。

其二，封家的实封户多，丁多，地好。唐初定制，王正一品，食邑万户。但这不过是虚数，食实封才是真户，功臣食实封最多到一千五百户，封户又以三丁为率。

这时，太平公主、安乐公主的食实封皆满万户，封户又以七丁为限，而且还可以任意选择封户所在地。封户遍及全国五十四州，占据的皆是天下膏腴之地。滑州位于黄河下游，土地肥沃，物产丰富，甚为封家所垂涎。监察御史宋务光巡视河南道时，发现滑州“输丁少而封户多，每配封人，皆亡命

失业"。

因此，他建议说："通邑大都不以封。今命侯之家专择雄奥，滑州七县，而分封者五，王赋少于侯租，入家倍于输国。请以封户均余州。"

宋务光所见到的情况，就如实地反映了封家占有膏腴之地，不仅损害了国家正常的经济收入，也使封户亡命失业，使社会经济受到严重破坏。

其三，封家自行征收租调，他们依仗威势，肆意敲诈勒索，除了征收所规定的租调外，还多额外索取，致使封户不胜侵扰，弄的不少封户破产逃亡。

对于这一关系到国计民生的重大问题，昏庸的中宗却不予理睬，致使长期搁置，无人问津。

由于租调大量流入私家，财货山积，这也必然助长了皇室、戚属及权贵们的奢侈豪华之风，他们挥金如土，任意糟蹋人民的血汗。安乐公主有一件衣裙，其价值高达一亿，绚丽多彩，极为精美别致，像这样奢侈淫靡的王公贵族并不在少数，安乐公主只不过是其中的一例。

再者，崇礼佛道，多营造寺观，以致府库耗竭。唐代佛、道二教颇为流行。武则天十分崇奉佛教，中宗又一脉相承，上至帝王后妃，下至庶民百姓，大都信奉佛道。因此，佛寺、道观遍及各地，而且建造的十分豪华、壮丽，又不惜劳民伤财。有些富户又以度僧尼为名，纷纷逃避国家的赋税和徭役，加重了人民的负担。

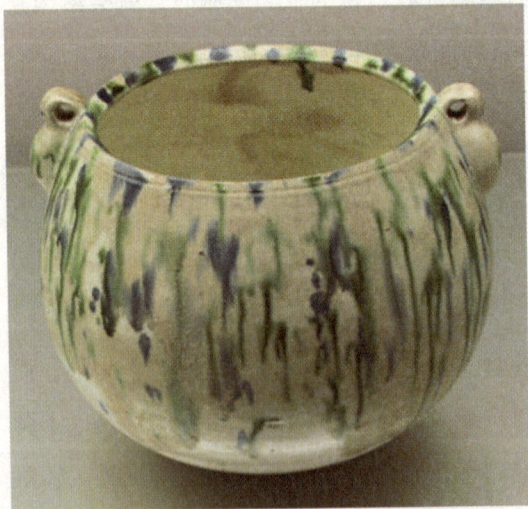

唐代青瓷

睿宗也崇信佛道。景云二年（711）五月，金仙、玉真二公主出家入道，敕令于京城内辅兴坊各造一观，强行拆毁了一些民房，耗费了数百万。时为盛夏，烈日当空，民工汗下如雨，却不许停工。右散骑常侍魏知古等人苦苦相劝，睿宗仍拒而不从。

几年的政治动乱，加以吏治的腐败，食封之滥，统治阶级的极端奢侈，大肆营造佛寺、道观等，都无端耗费了数以万计的资财，致使国库空虚，财政拮据。这样又不得不增加赋税的收入，更加重了人民的苦难，不少农民流离失所，户口逃亡现象日趋严重。

早在武周末年，韦嗣立上疏指出，"今天下户口，亡逃过半"。在关内道的绥州，曾发生了白铁余领导的农民起义；剑南道的果州、遂州、渠州、蓬州等地也有三十多万农民揭竿而起，反映了当时阶级矛盾比较尖锐这一事实。

玄宗即位，于先天二年（713）十二月改元为开元，在他发布的《改元开元赦》中也说：逃户之中，有的"亡命山泽，挟藏军器"。这些衣食无着的逃户既已挟藏军器，可能铤而走险，随时可能发生反抗朝廷的武装斗争。可见玄宗即位之初所面临的是一个阶级矛盾日趋尖锐、社会危机比较深化的政治局面。

玄宗所面临的另一个棘手问题是边疆地区民族矛盾的激化。自武则天末年以来，边境战事连绵不断，突厥、契丹奴隶主贵族攻略边郡，威胁着边疆居民的生命与财产的安全，经商贸易之路也遭到了破坏。

在西北地区，长安三年（703）七月，突骑施奴隶主贵族乌质勒攻陷了四镇之一的碎叶镇，并"徙其牙帐居之"，东北与突厥相接，东南则把其触角延伸于庭州。后乌质勒死，其子娑葛继立为可汗，与他部阙啜不和。

景龙二年（708），宰相宗楚客受阙啜贿赂，命安西副都护牛师奖募兵，并纠集他部攻击娑葛。结果牛师奖兵败被杀，又陷落了安西。从此，"四镇路绝"。这不仅破坏了国家的统一，而且一时中断了"丝绸之路"，严重地影响了中西之间的贸易及友好往来。

在东北地区，武则天末年，营州都督赵文翙推行民族压迫政策，他又一向刚愎自用，契丹闹饥荒而不加赈济，又将其酋长视作奴仆一般，招致了契丹族的怨恨。

万岁通天元年（696），契丹酋长李尽忠举兵反对唐王廷，很快攻下了营

州，接着又连下营州都督府所管辖的连州、昌州、师州等十二州，还攻陷了冀州，进而围攻瀛州，声势一时颇盛，"河北震动"。

第二年，王孝杰率十七万大军出击，结果大败，全军覆灭。此后，契丹经常掳掠内地，严重地威胁着当地人民生活和生产。

在北方地区，自武则天执政以来，突厥屡次举兵南下，先是攻破了北方门户云州（治今山西大同），接着又进攻蔚州、定州，其前锋抵达河北中部。垂拱元年（685），唐王廷又被迫把漠北的安北都护府撤回内地，侨置在同城（今内蒙额济纳旗）。这种情况经中宗、睿宗两朝一直未有改观。

从上述情况来看，在玄宗即位初，西起西域的碎叶、庭州，经北方的云州至辽西十二州，先后被突厥、契丹等占领，陇右及河北等边区人民时常遭到劫掠与杀害。

初登帝位的唐玄宗面对着内困外扰、山重水复的境地，他将经受一场新的严峻考验。对此，他没有昏昏然而不知所措，而是"依贞观故事"，以他所特有的封建政治家的气魄和胆识，革故鼎新的精神，大力革除弊政，逐一解决这些难题，把唐代历史推进到一个鼎盛时期，形成了封建史上所闻名的开元盛世。

宰相姚崇提建议

玄宗即位时期，政治形势相当严峻，百业待兴，百废待举。究竟如何解决呢？谁能协助皇帝解决这个烂摊子呢？当时玄宗忽然想起平定谯王李重福叛乱时和他同往东都的姚崇，姚崇的军事才能给他留下深刻印象。

在途中谈到国家军事情况时，无论是全国兵卒、战马、武器数量、边远州县屯兵、侦察人员的训练等，姚崇都能对答如流，即使兵部的官员，也难如此清楚。

开元元年（713）十月，玄宗带人到渭川打猎时，决定请姚崇出任宰相，当时派人从同州把他请来。在姚崇未到时，宰相张说对此很不满意，又不便直接对玄宗表示。他授意御史大夫赵彦昭提出不同意见说："神龙元年（705）正月武后退位后，迁入上阳宫，姚崇见了呜咽流涕，因此降级，由宰相贬为亳州刺史。附逆之臣不可委以重任。"

但赵彦昭的意见是一种人身攻击，因为张柬之等人发动政变时，姚崇曾参与密谋，对政变做

姚崇

67

出贡献，因此玄宗不予理睬，并且立即派太监把姚崇召来。姚崇拜读了玄宗御旨后，昼夜兼程来到玄宗大帐拜谒。玄宗说："朕久不见卿，思有顾问，卿可于宰相行中行。"姚崇跟在玄宗身后不回答，玄宗说："公行何后？"姚崇说："臣官疏浅，不合参宰相行。"玄宗说："可兵部尚书、同平章事。"姚崇仍不谢恩表态，玄宗莫名其妙。停了一会儿，姚崇跪奏："臣适奉作弼之诏而不谢者，欲以十事上献；有不可行，臣不敢奉诏。"玄宗说："悉数之，朕当量力而行，然定可否。"姚崇说道：

自垂拱以来，以峻法绳下，臣愿政先仁恕，可乎？朝廷覆事青海，未有牵复之悔，臣愿不幸边功，可乎？比来任佞，冒触宪纲，皆得以宠自解，臣愿法行自近，可乎？后氏临朝，喉舌之任，出阉人之口，臣愿宦竖不预政，可乎？戚里贡献，以媚于上，公卿方镇，寝以为之，臣愿租赋之外一决之，可乎？外戚贵臣，更相用事，班序荒杂，臣请戚亲不任台省，可乎？先朝褒狎大臣，亏君臣之严，臣愿陛下接之以礼，可乎？燕钦融、韦月将以忠被罪，自是谇臣沮折，臣愿群臣皆得批逆鳞，犯忌讳，可乎？武后造福先寺，上皇造金仙、玉真二观，费钜百万，臣请绝道佛营造，可乎？汉以禄、莽、阎、梁乱天下，国家为甚；臣愿推此鉴戒为万代法，可乎？

这就是姚崇上任以前对玄宗提的十项建议，也称《十事要说》，我们姑且称为十条政治纲领。这是姚崇在政坛活动数十年，总结武韦专政时期的历史教训，现在逐条作一些说明。

第一，所谓"垂拱以来以峻法绳下"，指的是武则天用酷吏诬告朝臣，以酷刑逼供致死问题，当时搞的并非法治，而是刑讯逼供。玄宗的亲人身受其害，他当然同意以武为戒，实行太宗时的宽仁政策。

第二，"朝廷覆事青海"问题，指的是仪凤三年（678）九月，李敬玄与工部尚书刘审礼，奉命领兵十八万，远征吐蕃于青海之事。结果大败，尚书刘审礼被俘，后来审礼病死于青海。不仅损兵折将，而且是唐王朝的耻辱，姚崇建议日后不打这类战争，玄宗当然认可。

第三，所谓"任佞冒触宪纲，皆得以宠自解"问题，指的是武则天、韦后家族及其宠幸触犯国法可逍遥法外而不受制裁，如薛怀义，四次担任行军大总管都战败，不受任何处分。张易之为篡位造舆论，经宋璟审来等。姚崇希望明皇今后能坚持以法治国，王子犯法与民同罪。

第四，所谓"喉舌出阉人之口"，指的是武周以来宦官干政。如武则天设仗内六闲，其一名飞龙，以太监为飞龙使，这是掌禁军之权。神龙三年（707），太监吴文任镇国大将军、右监门大将军。因此，姚崇希望今后严禁太监干政。

第五，过去皇亲国戚给皇帝送礼，希望得到赏赐或升官发财，地方大官也效法之，这类事例很多。建议玄宗拒收臣下一切贡献。除了租调地税以外，不向百姓多征任何税物。

第六，过去亲王、公主、外戚，依仗自己与皇帝同宗或近亲，有的直接干预国政，有的推荐私属当宰相等，武承嗣、武三思、安乐公主、太平公主都是这样，建议今后刹住此风。

第七，先朝有的大臣，如宗楚客、韦元等人，与皇帝特别亲近，随随便便，不成体统，希望陛下以礼法对待朝臣。

第八，以中宗杀韦月将、燕钦融为戒，建议陛下允许大臣能犯颜直谏。神龙二年（706）四月，百姓韦月将，揭发武三思与内宫勾结，准备谋反。中宗大怒，敕令把韦月将立即斩首

唐玄宗

示众。宋璟建议审问后再作决定。当时中宗表现得很失态，自己竟拖着鞋急忙走到门外，对副相宋璟说："我以为已经斩了，没想到尚未动手。"

中宗再次敕令宋璟派人执行。宋璟慢条斯理地说道："对韦月将所说的话，如果陛下不经审问就杀人，恐怕天下人要议论的，对陛下不利。"但中宗仍然坚持己见。宋璟慷慨激昂地说道："如果陛下一定要杀韦月将，请先杀我宋璟吧，否则我坚决不能服从陛下命令！"

中宗听了也无可奈何，当时御史大夫苏珦、给事中徐坚也给韦月将说情，认为夏天杀人是违背朝廷传统，可以缓期执行。最后决定把韦月将暂流放岭南，秋后派人把月将杀掉。

同年五月，许州司兵参军燕钦融，指责韦后淫乱，干预朝政，并与宗楚客等勾结，准备谋反，中宗无言以对。后来宗楚客假传圣旨，令卫士把燕钦融活活摔死在台阶上。姚崇提出以上二人冤死之事为戒，希望玄宗日后能兼听纳谏。

第九，过去武后建福先寺，中宗时造圣善寺，太上皇主持建金仙、玉真观，劳民伤财、害国害人，请陛下今后永远不建寺院。

第十，西汉外戚吕产、吕禄专权，几乎夺了西汉皇权。外戚马、窦、阎、梁四家又乱东汉。后妃外戚干政本朝也有过，请陛下把禁止后妃外戚干政写入史册，作为子孙万代一项法则，永为教训。

姚崇这十条建议和玄宗不谋而合，他非常欣赏，表示完全接受，愿与宰相一同使其实现。

体恤民情重农业

武周、中宗、睿宗时期，选任官员制度非常紊乱，朝廷公开卖官鬻爵。只要能出三十万钱者，不论人品、能力如何，都可以取得正式官职。

从此以后，商人、地主、和尚、道士、地痞流氓等，都有人当了政府官员，各机关便出现了员外、同正、试、摄、检校等名目的官员，总数达数千人。由于官员的激增，一方面虚耗国库资财，同时又影响正式官员执行公务，使政治更加日趋腐败。

至于地方官，除了京官有劣迹者，就是年老"无手笔者"，从而吏治败坏，百姓遭殃。玄宗登基以后，决心处理遗留问题，裁汰京城闲散诸司十余所。

开元二年（714）二月，玄宗敕令涪州刺史周利贞及裴谈、张栖正、张思敬、王承本、刘晖、杨允、康晖、封珣行、张知默、卫遂忠、公孙琰、钟思廉等十三人，皆武周时酷吏，"放归草泽，终身勿耻"。其中，周利贞的罪行最为严重，应判死刑。张柬之等五大臣经两次贬抑后，流放边州，张柬之病死，其他四大臣被流放以后，周利贞一直穷追不舍，亲自赶到流放之处，把崔玄晖等四大臣毒死或打死。

在诛灭太平公主以后十天，玄宗敕令销毁武则天在洛阳督造的"天枢"，这个"天枢"高一百零五尺，周七十尺，八面各宽五尺，直径三十尺，上面四龙立捧火球高十尺，用铜铁五十六万余斤。开元二年（714）三月熔铸铜钱，用一个多月。与此同时，还拆毁了韦后在长安造的高大石台。

减轻农民负担。《资治通鉴》二二〇卷开元八年（720）二月条载："敕以役莫重于军府，一为卫士，六十乃免，宜促其年限，使百姓更迭为之。"这里所谓"促其年限"未指出减少多少年。但《新唐书·食货志》中载，开元二十五年（737），朝廷对成丁年龄作一次调整。从唐初二十一岁改为二十三岁。根据这次决定，农民一生可以减少两年服役期，对农民是一件喜事。

另一方面，在开元以前，全国各州县农民所交之租、庸、调物定的较死，租要纳粮，庸调交绢（或布）。但开元二十年（732）实行"变造"。这是因为"江淮输运有河洛之艰，而关中桑蚕少，菽粟常贱，乃命庸调资课以米，凶年乐输者布绢亦从之。河南北不通运州，租皆以绢，代关中庸课"。朝廷这样做，可以减少农民负担。

开元十年（722）正月，敕令撤销各级官员职田，将土地分给无地农民使用。

开元十六年（728）十二月，敕令在一千里以外为国服兵役的农民，允许

每年分五批轮流回乡探亲。

开元二十五年（737）五月，敕令凡父母年达七十岁的士兵，允许退伍归农。

撤销逃户限期归本乡的限制，允许逃户就地安置。武周、中宗以来，由于政治腐败、剥削繁重，各地逃户大增，相当总户口一半，约数百万人。过去朝廷限令各州逃户必须限期归返原籍，但这项法令受到农民抵制，实际归籍者甚少。

开元九年（721）以后，朝廷被迫让步，撤销过去敕令，允许逃户就地入籍，豁免在逃时期应纳的租调。这样一来，既减轻逃户往返搬迁之苦，又少纳一些粮绢。

救灾与抗灾。开元元年（713）以来，玄宗多次下诏救济灾民，减轻灾民的负担，使他们安心农业生产。当时不仅救灾，而且组织农民抗灾自救。

开元三年（715）五月，太行山以东州县发生蝗灾。当地农民迷信，吓得成群结队到田边焚香祈祷，企图免灾。当时，宰相姚崇建议玄宗敕令御史分赴蝗灾州县，发动官民动手捕灭蝗虫。捕虫方式是夜间在田边点火，火旁挖坑。夜间蝗虫捕向火堆，乘机把蝗虫扫到坑里埋掉。

但当时有人反对，认为虫多无法捕灭。副相卢怀慎以为"杀蝗太多，恐伤和气"。姚崇说："昔楚庄吞蛭而愈疾，孙叔敖杀蛇而致福，奈何不忍于蝗而忍人之饥死乎！若使杀蝗有祸，崇请当之。"经姚崇反复说明及部分州县捕蝗业已见效，玄宗便下了决心，敕令灾区官民认真捕灭蝗虫，仅汴州一地就捕灭十四万石。由于有关州县尽力灭蝗，从而大大减轻了灾害损失，稳定了农业生产。

任贤用能喜纳谏

唐太宗特别重视宰相的人选，即位之初，启用房玄龄、杜如晦为相。房玄龄、杜如晦二人各有所长，玄龄善于谋划，如晦长于决断。史称"房谋杜断"，皆为良相。贞观时期很多制度政策都是由他们两人制定，房玄龄、杜如晦是太宗得力助手。每议国政，太宗便说"非如晦莫能筹划"，及如晦至终用玄龄之策。

两位宰相关系密切，同心济谋，共佐太宗。史书将房玄龄、杜如晦二人比之于管仲、鲍叔、子产、罕虎。除了房玄龄、杜如晦以外，魏徵、马周、长孙无忌等人，各有所长，不仅对国事尽心竭力，而且对太宗都敢谏诤。

"贞观之治"的出现，和几位贤相的努力有密切关系。唐玄宗有鉴于此，即位以后十分重视宰相的人选问题。首先想到的是姚崇，崇制科出身，武周、中宗时两度出任宰相，他是正直而又有才干的大臣。处理很多军国大事政绩卓著，声望很高，受朝臣的拥戴。中宗复位以后，在姚崇倡议下，纠正不少弊政。

睿宗时姚崇曾任扬州长史，由于为政有方，关心民瘼，受民众爱戴。在他离任时，大量官民流泪拦住马头挽留，最后把他的马鞭、马镫留作纪念。新上任的长史听到这件事上报朝廷，睿宗为此赏他黄金一千两。后来，扬州人民为他立了德政碑。

杜如晦像

姚崇兼备文才武略，任兵部尚书后对全国军备非常熟悉，如数家珍。不仅如此，他曾参与张柬之等诛灭二张密谋，立有功勋。开元元年（711）十月，姚崇出任宰相时，向玄宗提出十项建议，取得玄宗同意，后来变成他的施政纲领。宋璟、张嘉贞、源乾曜等宰相也加以贯彻执行，促成了"开元之治"。

玄宗为了治理好国家，非常尊重姚崇，每次在便殿接见时，都站起来迎

接，走时送出门外。有一天，玄宗想找姚崇讨论政务，赶上天降大雨，路上泥水很深，玄宗专门令太监准备轿子把姚崇抬到宫里。

姚崇家庭穷困，京城没有私宅，临时住在小庙里。玄宗了解情况以后，立刻派人把他家搬进"四方馆"（政府机关办公处），使姚崇很受感动。

姚崇虽为贤相，但也有缺点，对自己子弟管教不严。其长子姚彝，任光禄少卿。次子异，任宗正少卿，广泛结交宾客，收受贿赂。崇亲信赵诲，收外国人重礼，被人揭发，判处死刑。由于姚崇出面说情，结果免死，杖打一百，流放岭南。当时朝中反对派对姚崇议论纷纷。因此辞去宰相职，推荐宋璟为相。

姚崇虽然不当宰相了，但仍受朝廷优礼，玄宗常以国事咨询。开元九年（721）逝世，遗嘱薄葬，阐明信佛之害，不许子孙延请僧道，不许抄经造像追荐冥福。

开元初年与姚崇共事的副相是卢怀贞，滑州人，出身名门，进士及第。中宗时，曾任御史中丞，专门监察各级官员。升黄门侍郎，与魏知古分管东都铨选事。开元元年（713）升任副相。他与姚崇共掌军国大政，励行法治。怀贞谦虚谨慎，重大事务都请姚崇决定。他任人唯贤，曾推荐马怀素任玄宗侍读，后来马怀素对发展文化做出贡献。为官清廉，所得俸禄常分给贫困亲故。到东都铨选官吏时，全部衣物只装一个布袋里。

开元四年（716）十一月，患病在家，宋璟、卢从愿奉敕探视，见他家只用破竹帘，门上无门帘。当刮风下雨时，只用破竹帘挡风雨。他招待客人吃饭，只用两盘素菜。死后因家贫无钱下葬。他的老家人，请自己卖身为奴为他筹措安葬费用。后被玄宗知道后，赐他家二百石粮、一百匹绢。

某天，玄宗狩猎时，经过怀贞墓地，看见无一块墓碑，凝视很久，流下泪来。立即令苏颋撰碑铭，自己书写碑文。唐明皇任用这种人为宰相是非常正确的。宋代著名史学家司马光说："崇，唐之贤相，怀贞与之同心戮力，以济玄宗太平之政。"

继任宰相是宋璟，副相苏颋。璟刑州南和人，进士及第。开元四年

（716）十二月上任。宋璟耿介有大节，好学，工文辞。武周时曾任监督官员的副长官御史中丞，当时武则天宠臣张易之被告策划谋反，璟认真处理，后被武则天开脱得免。

中宗时，任吏部侍郎，主管人事工作，朝廷"嘉其直"。睿宗时任宰相。当时玄宗为太子，太平公主欲夺帝位，拒太子。她向宰相宋璟等人散布"易东宫"的舆论。

宋璟当即明确表态："太子有大功，宗庙社稷之主也，安得异议？"他与姚崇共同向睿宗建议，"出公主诸王于外"，睿宗不听，罢璟相位，贬楚州刺史、河北按察使。开元初，任京兆尹，即京城长官，晋御史大夫。后被谗毁，降为睦州刺史。

开元四年（716）末，由姚崇推任宰相。宋璟继续执行姚崇提出由玄宗批准的政治改革十大纲领，使开元政治更加清明。史称"宋璟刚正，又过于崇，玄宗素所尊惮，常曲意听纳。""姚崇善应变，以成天子之务。璟善守文，以持天子之正，二人道不同，同归于治，此天所以佐唐使中光也。"

开元八年（720）正月，宋璟因处理恶钱问题引起朝野攻击，罢相。继任者是张嘉贞与源乾曜、张说。张嘉贞系范阳旧姓，生于滑州猗氏县，明经及第。武周时由监察御史转兵部员外郎，历秦州都督、并州长史，为政严肃，被人吏所畏。

开元初年，因奏事入京，玄宗闻其善政，"数加赏慰"。开元八年正月，升任宰相。他任相三年，"寅亮帝道，弼谐王政，恐一物之乘所，虑四维之不张。每励己精励，缅怀故实，未尝有乏"。嘉贞虽然长期担任高官显职，但为政清廉，不置田园。虽当大官，但妻子儿女却仍然过着清贫生活。虽得不少俸禄，多给贫穷亲故。

副相源乾曜，相州临漳人，进士及第。睿宗时，任谏议大夫。开元初年，任少府少监兼邠王府长史，升户部侍郎，助尚书理财政。他"政存宽简，不严而治"。开元八年（720）春，任副相。他主张京官势要子弟，应出任外官。玄宗支持他的建议，后来，其长子弼，由河南府参军转绛州司功。次子由太祝调郑县尉，得到玄宗赞扬。在源乾曜的带头之下，当时"公卿子

弟京官出外者百余人"。

源乾曜在朝中十年，先后与张嘉贞、张说等共事，"不与之争权，每事必推让之"。彼此通力合作，共襄玄宗大业。宋朝著名史学家欧阳修说："开元之盛，所置辅佐，皆得贤才，不者若张、源等，犹惓惓事职，其建明有足称道者，朝多君子，信太平基欤！"

张嘉贞去职后，任张说为相，河南人氏，进士及第，为唐朝文学家之一。武周时参加武则天主持的廷试，在近万人中名列榜首，立即任太子校书、右补阙。

长安初年，参加修《三教珠英》。后迁右史、考功员外郎，主张科举考试。升凤阁舍人（中书舍人），公开为魏元忠辩诬，反对武党，得罪武则天，流放钦州。玄宗为太子时，任侍读，"深见亲敬"。开元元年（713）后，因与亲王谋，反对姚崇为相，贬相州刺史，后转御史大夫。

开元九年（721），继张嘉贞为宰相。张说与姚、宋不同，他是文学家，玄宗当时之所以请张说为相，是由于开元元年以来八年多的政治改革取得显著成效，国家欣欣向荣，天下出现太平景象。伴随着经济的发展，文化事业也跟着兴盛。重用文学之士，必然提到议事日程上来。

张说是当时文坛领袖人物，他兼任集贤院期间，引用大量文采之士。如韦述、贺知章、徐安贞等人。韦述兼综文史二者之长，贺知章"少以文词知名"。进士及第以后，晚年"醉后属辞，动成卷轴，文不加点，咸有可观"。徐安贞则"尤善五言诗，尝应制举，一岁三推甲科"，后掌知制诰，尤负盛名。其他由张说所提拔之人，也皆以文词知名。开元十一年（723），张说兼任修书使，徐坚辅佐。罗致全国知名学者，编写、整理、抄录各种图书，为唐朝文化发展做出重大贡献。

开元十四年（726）四月，张说罢相，李元纮继任，杜暹、源乾曜为副相。李元纮系长安万年人，前后任宰相三年。中宗时，曾任好畤县令，赋役均平，社会安定，后转润州司马。

在离任之际，走出百里后仍有群众拦路，乞求他留任。开元四年（716），任京兆尹，管京城及附近各县。他担任宰相以后，杜绝请托，禁止走后门者当官，不少人都很怕他。

当时朝廷撤销各级官员职田，有人建议用以开置屯田区。李元纮认为，开屯田要骚扰百姓，结果把田地按均田制分给农民使用。他家生活质朴，为官多年，"不改第宅，仆马弊劣，未曾改饰"。所得赏赐，分给贫困亲族，得到宰相宋璟的赞许。

以上就是开元前期的正副宰相，他们具有以下几个特点：

第一，公正廉明、能忠实执行明皇与姚崇共同制定的十项政治纲领，对拨乱反正、安定政局、恢复发展农业生产都做出了重大贡献。

第二，几位宰相都担任过地方官员，比较了解民情，了解社会实际，对他们制定政策非常有利。

第三，每位宰相任期不长，一般都在三年左右，这对于刷新政治、防止个人专权，具有制约作用，对巩固中央集权有利。

第四，宰相的年龄都比较年轻，姚崇年龄最大者不过六十三岁，张嘉贞五十四岁，宋璟五十三岁，苏颋四十六岁，卢怀贞五十余岁。他们精力充沛，活动能力强，有干劲，对政治改革有利。

唐太宗认为，都督刺史是亲民之官，"实理乱所系，尤须得人。"他把全国刺史的名字写在屏风上，随时记录他们的业绩和缺点，以便升降。玄宗不仅亲自召见地方官，而且对他们提出明确要求，指出努力方向，让他们知道如果业绩卓著，当给予"非常赏"，"若不达意，苟复因循，亦当有非常罚"。

开元四年（716）四月，有人向明皇密报："今岁吏部考试太滥，县令非才，全不简择。"这件事引起唐明皇高度重视，当新授县令进宫拜谢皇帝那天，玄宗突然敕令全体新县令立即到宣政殿集合，参加考试，"问策一道"。

当时参加考试者共二百余人，结果考试合格者仅一百余人，甚至还有交白卷者。最后宣布处理决定，其中二十五名落第者"还旧官"，四十五名成绩最劣者"放归学问"，名列榜首者是鄄城令韦济，调任京郊醴泉县令。

当时玄宗不仅处分了落第官员，对主持县令考试的吏部有关人员，也予

第二章 百业待兴施新政

77

以惩处。吏部侍郎卢从愿，降为豫州刺史，另一位侍郎降为滑州刺史，限期离京。

这件事对朝野震动很大，使吏部工作有了新的起色。

玄宗让中央官员与地方官互相交流，以提高地方官员的素质，促进地方官工作的效率；同时也使京官了解下情，了解百姓的需要，以便做出正确的决策。

开元二年（714）正月，唐明皇在《黜陟内外官制》中指出："今之牧守，古称侯伯，贤者任之，则循良之迹著。不贤者任之，则怨苦之声作。当于京官内，简宏才通识堪致理兴化者，量授都督刺史等官。在外藩频有升进状者，量授京官。使出入常均，永为常式。"

这件事牵涉面广，直接关系京官个人利益，积重难反，阻力很大。京官中不少人是贵胄子弟，他们的意见随时可传到宫内。但唐明皇决心很大，于开元六年（718）第二次下诏，指示朝中有关机构说："自今以后，兼向京官两叙，诸司清望宫阙，先于牧守内精择。都督刺史等要人，兼向京官简授。其台郎下除改，亦于上佐县令中选取。即宜叙择，以副朕怀。"

开元十二年（724），玄宗又强调京官与守令互换之事，可见他改革吏治的决心十分坚定，不达目的决不罢休。

开元六年以后，京官有一百余人去到地方任职，其中著名者如大理寺卿源光裕，出任郑州刺史。吏部侍郎许景先，出任虢州刺史。兵部侍郎寇瀚，出任宋州刺史。礼部侍郎郑温倚，出任邻州刺史。大理寺少卿袁文静，出任杭州刺史。鸿胪少卿崔志廉，出任襄州刺史。卫尉少卿李升期，出任邢州刺史。太仆少卿郑放，出任定州刺史。国子司业蒋挺，出任湖州刺史。左卫将军裴观，出任沧州刺史。卫率崔诚，出任遂州刺史。此外，还有礼部侍郎韩休、吏部侍郎王丘、中书舍人齐等也先后出任刺史。

在中央官员离京之时，举行盛大的践行式典。届时玄宗"诏宰相、诸王、御史以上，祖道洛滨，盛具，奏太常乐，帛坊水嬉，命高力士赐诗，帝亲书。具给纸笔令自赋，赏绢三千遣之"。

京官外出任刺史以后，很多人做出成绩。例如，汴州过去的刺史"数不

唐代三彩叶形碟

称职"，中书舍人齐调任汴州任刺史以后，清理河道，改善运输，使汴州改变了面貌。

到玄宗封禅过汴州时，"车骑数万，王公妃主四夷君长马橐驼亦数万，所顿弥数十里。列长棚，帝幕连亘，上食数千舆，纳管钥，身进膳，帝以为知礼，甚喜！为留三日，赐绢二千匹。以徐城险急，凿渠十八里，入青水，人便其漕"。

韩休以礼部侍郎出任虢州刺史，虢州位于东西都中间，农民除了负担正常的租调以外，还要给闲厩出草料，本州农民负担过重。韩休到任后，"奏请均配余州"，以均平草料的负担。时宰相张说不同意，韩休又上奏，结果玄宗准奏，为虢州人民办一件大好事。

开元十一年（723），王丘以黄门侍郎调任怀州刺史，他"在职清严，人吏皆畏慕之"。

最后，加强对各级官员的考选审核工作。明皇为此专门颁布了《整饬吏治诏》，规定"每年十月，委当地按察使较量理行殿最，从第一等至五等奏闻较考"。上等为最，下等为殿。中间三等，以次定优劣。改转日凭

唐玄宗观风筝浮雕

为升降。

县令每年选举人内准前条访择补置。在任有术一任申，使状有两请兼户口复业带上考者，选日优与内官。"刺史第一等量与京官。若要在州未可除改者，紫微黄门（按即中书门下省）简勘奏闻，当加优赏。京官不曾任州县官者，不得任台省官。吏部铨选委任尤重。比虽守职，务在循常。选日拔擢一、二千人，不须限以资次，必须究其声实。不得妄相汲引。"

开元元年（713）十月，姚崇建议："凡臣子皆得触龙鳞，犯忌讳。"玄宗回答说："朕非唯能容之，亦能行之。"他言而有信，第二年正月向朝野主动征求意见，颁布了《求言诏》。

诏令的颁布，说明玄宗纳谏的诚意，对朝臣广开进谏之门，从而使各级官员打消了疑虑。

玄宗不仅表示虚心纳谏的姿态，而且有实际行动，如恢复贞观年间谏官、史官参加政事堂会议制度。

开元六年（718）七月，玄宗又重申："百官及奏事，皆合对仗公言。比日以来，多仗下独奏，宜申明旧制，告语令知如缘曹司细务，及有秘密不可对仗奏者，听仗下奏。"

玄宗所谓"旧制"即贞观制度，就是说除了特殊机密及琐事外，一律在朝堂当着谏官、史官的面公开上奏。这样一来，除正副宰相外，谏议大夫、左右拾遗、左右补阙以及史官等，都可以参加政事堂会议。

允许谏官史官参加宰相议事，一方面便于了解正副宰相的活动，便于监督。同时便于及时提出意见，使朝廷政策更能符合实际，减少失误。

开元年间纳谏的事例很多，如开元二年（714）二月，皇兄李成义请明皇将自己属下九品流外员阎楚生提升为正七品官，最初玄宗表示同意。

当时，姚崇、卢怀贞说："过去陛下有旨说王公、驸马所奏请，没有陛下亲手指示无效。臣以为量才授官应由吏部办理，如果用官爵赠送给家族亲友，岂不是重复中宗随便任官的弊端，这样做朝廷制度就搞乱了。"唐明皇因此没有提升阎楚生，从此堵住后门。

开元二年六月，玄宗准备给其生母窦氏的靖陵建立纪念碑，已下敕征工征料，当时汝州刺史韦凑建议说："自古陵园无建碑之礼，又时正旱俭，不可动功。"结果从此"工役乃止"。

开元四年（716）正月，皇后的妹夫尚衣奉御长孙昕，因琐事对御史大夫李杰有意见，长孙昕约自己亲信杨仙玉，在京城一条胡同里打了李杰。李杰上报玄宗说："我个人被打不仅自己受罪，实际是朝廷被污辱！"玄宗看了他的奏章以后大怒，立即敕令逮捕长孙昕、杨仙玉，在朝堂上把他们二人用乱棍打死。

不仅如此，而且还安抚了李杰，希望李杰仍要坚持刚直不阿，不要怕恶人。

同年五月，由吏部新录取的数百名县令进宫谢恩，事先有人上告说，今年吏部有人舞弊，所录取的县令中，很多人不合格。在新县令入宫之日，玄宗把他们集中起来，自己出题复试，结果有三分之一以上的落第。玄宗立即取消这些人的县令资格，"放归学问"。

开元四年（716）二月，宫内派太监到江南罗捕珍禽鸀鹋、鹨鷞，欲置宫苑玩赏，途中烦扰百姓。路过汴州时，刺史倪若水给玄宗上奏说："目前

正值农忙，而太监却到江南罗捕珍禽以供宫苑玩赏，他们来往江南，水陆传送，劳民伤财。途中百姓都认为陛下贱人贵鸟。"

玄宗看了若水奏疏，立即敕令放掉珍禽，惩办太监，表彰了汴州刺史倪若水，并赐他四十段绢。

同年五月，有一南海方面来的"胡人"，上奏说他们那里盛产珍奇宝物，价格便宜，请玄宗派人去做珠宝生意。狮子国（斯里兰卡）还有会炼丹的老妪，最好把她请到皇宫服务。玄宗动了心，立即派御史杨范臣和那个"胡人"同去。

当时范臣谏阻说："陛下前年焚烧珠玉锦绣，示不复用，今所求者何异于所焚者乎？彼市舶与商贾争利，殆非王者之体。胡药之性，中国多不能知，况于胡妪，岂宜置之宫掖！夫御史天子耳目之官，必有军国大事，臣虽触冒炎瘴，死不敢辞，此特胡人眩惑求媚，无益至德，窃恐非陛下之意，愿熟思之。"

玄宗看了御史的奏书以后，"遂自引咎，抚慰罢之"。

开元七年（719），王皇后的父亲王仁皎去世，玄宗敕令按他外祖父窦孝谌之先例，给王仁皎建五丈一尺高的坟墓，宰相宋璟、苏颋指责说："如果这样做，岂不和韦庶人父追加王位，擅作鄑陵，祸不旋踵，为天下笑！"这几句话很不中听，但唐明皇立即停止给其岳父建大墓，并赐宋璟、苏颋各四百匹绢。类似事例，还有很多，真可谓数不胜数。

赏罚严明重法治

唐太宗说："国家大事，唯赏与罚，假若赏赐了有功者，无功自己老老实实。犯罪之人及时受到惩罚，那些作恶的人就会悬崖勒马。"

太宗非常重视法治，把法治作为施政纲领之一，用赏罚两种手段促进各种事业的前进。唐玄宗继承其曾祖治国之道，也很重视法治。他明确指出："有善必赏，所以劝能。有罪必诛，所以惩恶。"

营州都督府原在柳城，武周时期，契丹奴隶主入营州掠夺，并抢占营州，原州府侨迁渔阳。开元五年（717），契丹归复，当时玄宗欲复营州旧城，宋璟不同意。当时营州都督上奏，反复说明恢复旧城的必要性。结果取得玄宗的支持，敕令宋庆礼、姜师度充使督工，于柳州重建营州城，三十天完工。并开营田八十余区，数年之间，"仓廪丰实，居人渐殷"。不久，宋庆礼升任御史中丞。

同州刺史姜师度，开元初年任陕州刺史。当时陕州粮仓是长安与洛阳间最大仓储基地，是京城粮食重要来源之一。但运粮艰难，必须先把粮食从仓城运到河边，然后装船，需用大量运力和时间。

姜师度为了解决这一困难，组织劳力掘一条地道，从仓城直接把粮食注入地道直达河边，然后装船起航。这样做既节省时间，又减少运费，为国家立了大功。

后调任河中尹，当时安邑盐池渐涸，师度率部卒努力开拓，疏通水道，设置盐屯，公私大收其利。又转同州刺史，在朝邑、河西交界处，利用古代的通灵陂，引雒水及黄河水灌溉，开稻田两万余亩，内置屯十余所，年收获万计，升将作大匠，主管全国建设事业，并赐帛三百匹。

对于那些贪赃枉法之徒，不论职位高低，玄宗皆绳之以法。如刺史裴景先，因贪污五千匹绢，被判处死刑。

宰相、太子太师萧嵩，在京郊置庄田，地尽膏腴，亩值千金。他用数百亩田贿赂太监牛仙童。事发后，贬青州刺史。

营州刺史张守珪，曾建立战功。后来欺骗朝廷，谎报军情。并贿赂太监牛仙童，贬括州刺史。

幽州长史赵含章，盗窃国家物资。左监门员外将军杨元方，受赵含章贿赂，事发以后，敕令在朝堂杖打后流放瀼州，后在途中被赐死。

供奉侏儒黄𩇵，聪明伶俐，经常侍奉于玄宗左右。某日迟到，玄宗问其迟到原因，他回答说："途中遇见捕盗官，他与我争路，我很生气，把他拉下马来，争吵一阵。"不到半个时辰，那捕盗官来上告，黄𩇵判刑，被乱棍打死。

类似以上之事很多，难以尽述。

　　唐朝建国时期功臣很多，当时食实封者只有二三十家，每家封户最多一千。武则天掌权以后，为收买贵族、官僚的支持，任意增加实封之家，扩大封家的税户。

　　到中宗复位之时，全国实封之家增加到一百四十余户，每家贵族最多有七千户，实封贵族比唐初增加四五倍。贵族封户扩大七倍，特别是武氏诸王、公主封户增加最多。

　　神龙元年至景云二年（705—711），中宗、韦后、睿宗为了收买贵族、官僚，大批赏赐亲王、郡王、公主。相王李旦、太平公主过去食实封各三千户，中宗朝增至五千户。其他亲王公主一般在一千户以上。睿宗时，太平公主食实封一万户。

　　玄宗即位以后，最初也给亲王加恩。宋王成器食实封五千五百户，岐王隆范、薛王隆业各五千户，邠王守礼一千八百户，皇妹公主一千户。

　　武周、中宗时期不仅实封贵族大增，而且封家自己派人到封地直接向百姓征收租调，并在租调以外多收"裹头"，弄得州县骚扰，民不聊生。

　　玄宗鉴于上述情况，开元初年进行了改革，具体内容包括三方面：

　　第一，在诛灭武、韦诸王以后，不再滥封王爵。

　　第二，减实封贵族的封户定额，玄宗对无故要求增加封户的贵族说："百姓租赋，非我所有，士出万死，赏不过束帛，汝何为功，而索多户耶？使知俭啬，不亦可乎？"虽然如此，为了照顾亲族，开元以前王公封户，一般仍留原额。但开元以后王公的封户，却大量减缩，亲王最多二千户，公主一千户。

　　第三，禁止王公贵族直接到封地向封户征收租调，由太府寺统一发放。

　　打击不法贵族。薛王业内弟王仙童，仗势欺压百姓，被御史弹劾。薛王代为说情。玄宗置之不理，并敕令由中书、门下省复审。姚崇、宋璟上奏说："仙童罪状明白，御史所言无所枉，不可纵舍。"当时明皇决定依法惩办王仙童，"由是贵戚束手"。

　　又如，李元纮任京兆尹时，"诸王权要之家，皆缘郑、白渠立碿，以害水田，元纮令吏人一切毁之，百姓大获其利"。

倡导俭约限制奢侈。开元二年（714）七月，玄宗决心改变宫内外奢靡之风。敕令"乘舆服御、金银器玩，宜令有司销毁，以供军国之用；其珠玉锦绣焚于殿前。后妃以下皆勿得服珠玉锦绣"。

唐代镏金铺首

不仅制止宫内奢风，文武百官也必须厉行节约。限令"百官所服带及酒器、马衔、镫，三品以上官，听饰以玉，四品以金，五品以银，自余皆禁之。妇人服饰从丈夫，其旧成锦绣，听染为皂。自今天下毋得采珠玉、织锦绣等物，违者杖一百，二人加一等，罢两京织锦坊"。

这次玄宗下令焚毁的珠玉锦绣，虽属宫廷内部之事，并非全国。但他这样做的目的，是想移风易俗，改善社会不良风气，对全国影响很大。他不仅毁了宫廷现有的珠玉、锦绣，后来太监、"胡人"又搞珍禽、珠玉，在大臣批评指责下，玄宗也照常禁止。说明在开元前期，玄宗决心革除奢风返璞归真。

打击佛教势力，扩大朝廷税源。武则天为了利用佛教制造篡位舆论，在各州都设立大云寺。中宗时期，寺院进一步增多。

当时，高僧不仅兼并民田，而且逃避税役。左拾遗辛替否说："今天下之寺，盖无其数，十分天下之财，而佛有七八，陛下何有之矣！"由于造寺不止，枉费数百亿。度人不休，免租庸者数十万。从而"使国所出加数倍，所入减数倍"。左拾遗虽然说得情真意切、有理有据，但朝廷却置若罔闻。

玄宗即位以后，接受姚崇建议，于开元二年（714）正月，敕令沙汰僧尼一万二千余人。二月，又令"自今所在毋得创建佛寺，旧寺颓坏应修葺者，请有陈牒检视，然后听之"。并且一再告诫，禁止贵戚百官之家与僧尼道士往来，禁止民间造佛写经。

最后是严禁厚葬，玄宗颁布了《禁厚葬制》，谈到有些人把坟墓建成田园，名为下帐。"又明器等物，皆竞骄侈，失礼违令，殊非所宜，戮尸暴骸，实由于此。"今后有司"宜令所习，据品令高下，明为节制。明器等物，仍定色数，及长短大小。园宅下帐，并宜禁绝。凡诸送终之具，并不得以金银为饰。如有违者，先决杖一百。州县长官，不能举察，并贬授远官"。

由此可见禁止厚葬的诏令并非一般号召，而是严肃的禁令，对葬家及地方官员都作出具体规定，违者以法律制裁。

巩固皇权防政变

巩固皇权，维护王朝万世之业，是每个皇帝的理想。唐太宗如此，他的曾孙也是一样。

从隋唐两朝历史看来，只有两种势力可以推翻皇帝统治，一是农民起义，因为民能载舟，也能覆舟。

第二种能推倒皇帝之势力是统治阶级内部的政变，其中包括武将、贵族、功臣、外戚等反对皇帝的活动。到玄宗即位为止，唐朝共发生四次政变，即玄武门之变、五王政变、太子李重俊政变、明皇反韦武政变。太宗、张柬之等人、唐玄宗发动的政变之所以成功，其共同的原因是掌握了武装，控制了宫廷北门军。

开元十余年间的政治改革，稳定了农业生产，缓和了阶级矛盾，社会比较安定，经济欣欣向荣。但开元十五年（727）以后，政治方面出现一个严重问题，威胁了皇位的安全。

这就是王毛仲与龙武军将领葛福顺、李守德等结成集团，图谋不轨，这对明皇来说是个非常敏感的问题。

王毛仲属高句丽族，其父因犯法，全家被籍没为官奴，隶属于临淄王府。毛仲因"性识明悟"，有武功，便服侍临淄王。景龙三年（709）冬，王归长安，以王毛仲、李守德为贴身保镖，二人对临淄王也忠心耿耿。

在六月灭韦政变中，王毛仲"避匿不从，事定数日方归"。实际是临阵脱逃，但当时临淄王并未严加责罚，反倒"超授将军"。

先天二年（713）七月，在诛灭太平公主的斗争中，王毛仲诛灭武党骨干萧至忠与岑羲有功，授辅国大将军、左武卫大将军，并检校内外闲厩使，晋封霍国公，食实封五百户。京城有庄宅、奴婢、驼马、钱帛"不可胜数"。

开元九年（721），毛仲持节任朔方道防御大使，与大总管王晙、天兵节度使张说，东与幽州节度裴伷等计会。

毛仲管理军马成绩卓著，马匹增加一倍左右。"玄宗益喜"，立即加封"开府仪同三司"。从开元初到十四年间，只有四人得此殊荣，毛仲以前有姚崇、宋璟、明皇岳父王仁皎。

不仅如此，而且明皇还命宰相张说，作《监牧颂》以美之。因此到开元十五、十六年（727—728），王毛仲的名誉地位在武将中最高。但他野心勃勃，公开向玄宗要兵部尚书职位。明皇不答应，毛仲很不满意，暗地里发牢骚。

后来有两件事使玄宗产生戒心，一是毛仲与北门军龙武将军关系密切，结为姻亲。并与北门军其他首领结成集团，横行不法。

王毛仲集团的非法活动已引起朝臣的警惕。开元十六年（728），吏部侍郎齐浣对明皇说："葛福顺典兵马，与毛仲为姻家，小人宠极则奸生，不预图，且为后患。"说完请玄宗保密，可见问题的严重性。

第二件值得注意的问题是开元十七年（729），毛仲曾经私自从太原把兵器运到京城。当时严挺之任太原少尹，他发现毛仲的反常活动立即密报玄宗。《旧唐书》第九十九卷《严挺之传》载："殿中监王毛仲使太原、朔方、幽州计会兵马，事隔数年，乃牒太原索器仗。挺之以为不挟敕，毛仲宠幸久，恐有变故，密奏。"

严挺之为什么"密奏毛仲牒太原器丈"呢？因为王毛仲"不挟敕"。当时唐朝军事制度很严密，如果有某官要调动十名以上兵丁或十匹战马、或十套器仗，必须挟带三件东西：一皇帝敕书，二兵部给刺史的公文，三兵部发的鱼符。地方刺史见了以上三件东西后，把半个鱼符与刺史府的鱼符合在一起，如果合拢勿误方允许发兵。如果调器仗、军马，也同样挟带敕书、兵部公文等。

但严廷之是太原少尹（州副长官），他发现王毛仲索器仗时，只有自己机关"牒"文，而"不挟敕"，查到这种非法举动后，当然他必须"密奏"玄宗。难道说王毛仲不懂唐朝军队的老规矩吗？这当然不可能。私调器仗可能有"异图"，可能为政变做准备。

为此大太监高力士对玄宗说："北门奴官太盛，相与一心，不早除之，必生大患。"这是开元十八年（730）十一月的事。因此玄宗下了决心，于开元十九年（731）下诏："但述毛仲不忠怨望，贬瀼州别驾，（葛）福顺、（唐）地文、（李）守德、（王）景耀、（高）广济皆贬远州别驾，毛仲四子皆贬远州参军，连坐者数十人。毛仲行永州，追赐死。"

玄宗机智果断地处理了王毛仲、葛福顺集团问题，实际是粉碎了一次未遂政变，对巩固皇权，安定唐朝社会秩序，保证封建经济发展，具有一定作用。

同时，玄宗着手改组北门禁军。开元二十六年（738），"析左右羽林置龙武军，以左右万骑隶焉"。可见龙武军是从左右羽林分出来的，并不是由"万骑"改的。

把左右"万骑"与左右羽林合并为龙武

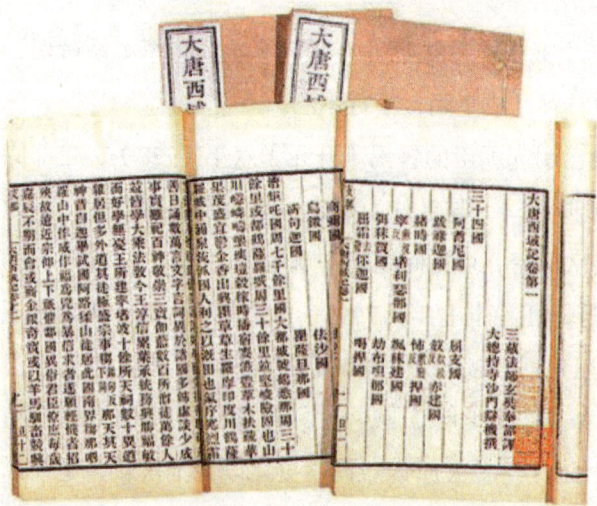

《大唐西域记》书影

军，实际是把旧"万骑"重新组合，几十名首领已经清除，重新派遣忠于玄宗的人领导龙武军，即北门四军，统一由陈玄礼统率，营以上官员当然由陈玄礼派遣，这支军队专门负责保卫宫廷、保卫皇帝。

政变胜利的关键虽然要掌握武装，但武装部队经常与王公大臣互相结合，而以王公为政变的旗帜，徐敬业的叛乱不就是举着太子贤的旗帜吗？睿宗时，太平公主要篡位当女皇，一方面推荐自己亲信入内阁；另一方面煽动宰相"易东宫"。同时，又鼓动李成器反对太子。因此，皇帝为巩固自己帝位，总是要警惕王公与功臣，对他们加以控制。

一是严禁国家重臣与亲王秘密交往。

二是调亲王到京城外任刺史。这本来是贞观年间制度，后来废弃。玄宗一方面关心亲王生活，但同时又要防止他们与重臣勾结，或被野心家利用，因此决定调亲王外任刺史。这件事与姚崇的建议有密切关系。他让亲王都离开京城，把他们与大臣隔离起来，使他们难与朝臣联合，以防万一。

亲王虽然出任刺史，对各州政务只领大纲，实际各州政务是由长史司马管辖。换句话说，亲王不过是挂名刺史，没有实权，从而也不可能在外州搞非法活动，皇权更加巩固。

功臣权势扩大以后，威震人主，对皇帝也构成威胁。如果允许他们久居京城，有的人可能图谋不轨。因此，贞观时就建立功臣外刺之制。

兵部尚书郭元振，是有勇有谋的名将，屡立战功。在诛灭太平公主过程中，参与谋划，功不可没，威望甚高。但在开元元年（713）十月，玄宗在骊山阅兵式上，以军容不整为由，立即判元振死刑。由于宰相刘幽求和张说说情，才把郭元振流放新州。

事实上玄宗这样办是有意刁难，因为唐朝经过几次政变以后，把正规的军事训练搞乱了，平时缺乏正规操练。开元元年十月突然举行一个二十万人大型阅兵式，军容不可能严整，这是时代造成的，不应由兵部尚书一人负责。明皇这样办的目的，是要剥夺郭元振的兵权，以防不测。

另一位功臣是刘幽求，一贯反对武党，忠于明皇。在诛灭韦后过程中参与密谋，而且打入禁宫，除灭韦后。当时下制敕百余道，皆由幽求起

草。后来在诛灭太平公主斗争中，幽求又参与谋划，功勋卓著，大功告成，升任宰相。

到了开元元年十二月，罢相，降为太子少保，已经无权。第二年，由于背后发牢骚，又贬为睦州刺史，后迁杭州刺史。开元三年（715），转桂阳郡刺史，途中怨愤而死。

钟绍京，诛韦以前，任苑总监，此苑在玄武门外北侧，与宫城连接。他非常熟悉宫城内各殿位置，苑中凿墙可通内宫。他不仅参与诛韦密谋，而且政变组织者是在他的廨舍集合出发的。

在行动时，绍京派二百余工匠参加入宫战斗，为政变成功建有重大业绩。政变成功后，升户部尚书。但他是这次政变策动者之一，最了解政变底细。玄宗对他存有戒心，可能他怕这些人最善于搞政变，但又无理由杀掉他们，最后决定降为太子詹事。

姚崇投井下石，造绍京谣，说京"发言怨望"，贬绵州刺史。又遭诬陷，贬果州尉。果州是山区，林密人稀，野兽出没。当时他的勋爵实封已被撤销，度日艰辛，又转温州别驾。

王琚，怀州河内人，为中书侍郎王隐客之孙，坚决反对武三思，准备行刺，受明皇岳父王同皎赏识。后任诸暨主簿，到京城，通过高僧普润推荐，得见太子（唐明皇）。时王琚揭露太平公主阴谋，反复说明诛除公主的必要性。

从此以后，助玄宗下定了决心。在诛灭太平公主的斗争中，王琚与岐王、薛王、毛仲等同时参加，建立功勋，升户部尚书，封赵国公，食实封五百户。玄宗即位后，有人诽谤王琚，从此被帝疏远，转御史大夫，又贬泽州刺史，削封户一百。

魏知古，深州陆泽人，进士及第，中宗时任吏部侍郎。景云二年（711），上书反对建金仙、玉真观，斥员外斜封官，后升副相，常与太子（玄宗）狩猎，以诗讽谕，得太子嘉奖。

先天二年（713），太平公主与宰相萧至忠等密谋政变，魏知古先一日密报太子，使太子提前一天诛灭太平公主之党，为玄宗夺取政权做出重要贡献。开元元年后，继续担任副相。但姚崇对知古"深忌惮之，阴加谗毁，乃除工部尚书，罢相。"

崔日用，中宗时兵部侍郎，韦后谋害中宗以后，日用投靠太子隆基，参与诛灭韦党，成功后，擢黄门侍郎，参加机务，封齐国公，食实封二百户，后降兖州都督。他发觉太平公主心怀叵测，入京奏事说："'太平公主谋逆有期，陛下住在宫府，欲有讨捕，犹是子道、臣道，须用谋用力，今既光临大宝，但须下一制，谁敢不从？忽奸宄得志，则祸乱不小。'上曰：'诚如此，直恐惊动太上皇，卿宜更思之。'日用曰：'臣闻天子孝与庶人孝全别，庶人孝谨身节用，承顺颜色；天子孝，安国家，定社稷。今若逆党窃发，即大业都弃，岂得天子之孝乎？伏请克定北军，次收逆党，即不惊动太上皇。'玄宗从其议。"

诛灭太平公主集团以后，升崔日用吏部尚书，加实封通前四百户。后来出为常州刺史，削实封三百户，转汝州刺史。

从上述情况可知，当年在诛灭韦党及诛灭太平公主过程中参与密谋、战斗的官员，皆一一被玄宗逐出京城，出任刺史、别驾等。为什么玄宗要这样做呢？

一是由于这些大臣都是政变专家，最熟悉政变手段、设计等，玄宗称帝

商从遇盗图

后，如果这些人住在京城，怕他们联合起来再搞政变。

二是这几位大臣功劳大威望高，过去与玄宗过从甚密，很难驾驭。从历史上看，多数君主即位以后都把功臣作为敌人。"狡兔死，走狗烹，飞鸟尽，良弓藏"，历来如此，玄宗待部下还算宽厚，只是将几个大臣逐出京城，做些小官，并没有置他们于死地。

第三章　整顿军旅定边陲

诸边战事

唐代是中国内地民族与周边兄弟民族大融合的重要时期，也是我国与外国友好交往的鼎盛时期。从东北到西南，依次分布着靺鞨、契丹、奚、突厥、西域诸国（葱岭以东）、吐蕃、南诏等，其间还有若干人数较少的其他部族。

这些兄弟民族或部族，由于自然交通条件的限制，其发展的进程较慢；但在开发边疆的同时，他们也在逐步地兴旺起来。

特别是在中原地区经济和文化高度发展的吸引、刺激影响下，有着很大的向内的趋势。这种趋向，既表现为和平的交往、臣服、融合，也表现为战争、掠夺和骚扰。而唐王朝为了自己的安宁和扬威周边，也积极地向四周发展，其形式是和亲、招抚或军事征服。

同时，唐王朝在国内经济文化日益发展的基础上，以极大的兴趣从事着对亚洲各国的交往。边境的安定与否，关系是十分重大的。

通往印度、阿拉伯与波斯各国著名的丝绸之路，从河西走廊西出玉门关，至葱岭以东的一段，恰为突厥与吐蕃南北夹峙着；东北由营州（今辽宁朝阳）出关穿过辽东地区，则是与靺鞨族及朝鲜、日本交往的要途。

因此，唐初以来对边境的用兵，主要就集中在东北和西北两个方面，而尤以西北为重要。这除了丝绸之路的关系外，还由于关中为中央政权所在，距西北边境较近，从都城的安全上考虑，也不能不是重要原因。

贞观年间，唐太宗击败了东突厥、薛延陀、吐谷浑，平定了高昌，又与吐蕃松赞干布和亲；高宗时，东面战败高丽，北败西突厥，似乎是武功显

赫，可以四边安宁了。

可是，事与愿违，西突厥势力复起，吐蕃和契丹、奚的势力也纷纷崛起。武则天为对付他们，曾伤透了脑筋，仍没有很好解决。于是，这些边患问题又延续到玄宗时期，这对开元、天宝时期的政治、经济、文化都有着很大的影响。

首先是吐蕃势力的强盛。吐蕃王松赞干布，于高宗永徽元年（650）病逝。其子早死，由孙继承王位，而军国大政皆由大臣禄东赞操纵。禄东赞即贞观时为松赞干布派赴唐朝迎娶文成公主的使者，性格刚毅，很有节制能力，颇得唐太宗的赏识。

他是吐蕃扩大实力吞并邻近诸羌、雄霸本土的策划者，又是指挥作战的实行者，在吐善上层集团中具有举足轻重的地位。禄东赞死后，吐蕃政权由其子钦陵等兄弟垄断。他们自恃兵力强盛，经常发动战争，与唐王朝对抗，并成为唐朝西部强大的威胁势力。

吐蕃出兵攻唐大致有三路：一是北路，先攻吐谷浑，占有后，再进攻龟兹等地区，一度迫使唐放弃安西四镇，由此其兵力经常骚扰甘、凉等州；一是中路，从今青海进攻河、湟地区；一是南路，进攻今四川西北部的茂州等地。

三路之中，吐蕃从青海一路出兵最为便捷，一是离唐边境较近；二是地形复杂，而唐廷在这一地区的防守力量较为薄弱。当时吐蕃处于兵力强盛时期，其所占有的地区东与凉州、松州、茂州、嶲州等州相接，南至婆罗门，西攻陷安西四填，北抵突厥。其

拉萨小昭寺图

势之盛，是汉魏以来所未有。武则天统治时，与吐蕃多次交战，其结果是胜少败多。

武则天经过长时期的准备，于长寿元年（692），派武威军总管王孝杰率大军与吐蕃交战，费了九牛二虎之力总算收复了安西四镇，随即派三万大军镇守。后来，吐蕃钦陵遣使向唐请和，条件是要求撤罢安西四镇之兵。四镇是甘洲、凉洲等州（河西走廊所在地）的屏障，唐统治集团当然不能答应。

但吐蕃势大，为避免战事，武则天接受了郭元振的建议，以河、湟地区罢兵为交换条件，双方达成了协议。

不久，吐蕃统治集团内部发生矛盾斗争，吐蕃王器弩悉弄派兵讨伐钦陵，并迫使钦陵自杀，徒党溃散。器弩悉弄后病死军中。诸子争夺王位，又是一场内乱，加上人畜疲病，所以吐蕃的骚扰暂时平息了一段时期。

中宗时，吐蕃新赞普的祖母派使者至长安，为其孙请婚，中宗遂以雍王守礼的女儿金城公主嫁给新赞普，这是继文成公主之后入藏的第二位唐朝公主。

通过和亲，中宗与吐蕃共立唐蕃会盟碑，以修永世之好，唐与吐蕃的宰相也分别在碑上署了名。睿宗即位，送金城公主入藏的唐朝大臣杨矩，继任为鄯州（治湟水，今青海乐都）都督。

由于吐蕃统治者厚贿这位都督，并借口为金城公主置汤沐之所，要求让出河西九曲之地。杨矩当即上奏，获得了唐廷的批准。河西九曲，在今青海赤岭以西黄河上游盘曲的地带，地当青海湖的东南面。

该处土地肥沃，是畜牧和屯兵的良好场所，而且又靠近关陇之境。吐蕃占领这一地区后，筑桥建城，设立独山（今青海同德）、九曲（今青海贵南）二军，距积石（军治今青海贵德西南）三百里。

他们在逼临唐边境的地区养兵、屯粮，力量增强，特别是占据了有利的地理位置，骚扰唐夫陇地区就更加容易了。这是睿宗时期在处理吐蕃问题上的失策之处。

玄宗继位后，开元二年（714）五月，吐蕃相坌达延致书店宰相，要求派大臣至河源（治今青海西宁市东南）商定两国封疆，然后结盟。曾任

朔方大总管的解琬识破了吐蕃相的阴谋，建议预先屯兵十万于秦、渭等州作为准备。

八月，坌达延、乞力徐果然率吐蕃军十万进攻临洮（今甘肃岷县），进军兰州，至于渭源（今甘肃渭源），掠取唐朝牧马。吐蕃这次攻后就是从河西九曲之地出发的。曾出主意让出河西九曲的杨矩自愧失职，遂服毒自杀。

玄宗命薛湘摄左羽林将军，为陇右防御史，以右骁卫将军郭知运为副，与太仆少卿王晙帅兵迎击。十月战于武街（今甘肃临洮东），大破之，前后杀获数万人。丰安军使王海宾战死，以其子忠嗣为朝散大夫，年幼，玄宗养于宫中。

这事对玄宗的刺激很大，因为吐蕃军骚扰到如此深入的内地，却是第一次。在击退吐蕃军后，玄宗和宰相姚崇、卢怀慎商量进一步对付的办法。姚崇等建议：“吐蕃以河为境，神龙中尚公主，遂逾河筑城，置独山、九曲两军，去积石三百里，又于河上造桥。今吐蕃既叛，宜毁桥拔城。”玄宗接受了这一意见，派兵复守河界。

不久，吐蕃主复派使者向唐廷请和，因语词悖傲，使者已行至临洮，玄宗下诏不准入关，将其拒之门外。之后，金城公主又亲自写信，求玄宗允子修好，并转告吐蕃王欲与天子共立誓盟，玄宗置之不理。吐蕃王又一再遣使上书，玄宗仍坚持己见，就是不答应。他的理由是：昔已和亲，又有前盟为证，何必再多此一举。

由于谈判没有成功，致使吐蕃此后虽每年朝贡，但在西域、青海、松州（治今四川松潘）等地的侵扰从未停止。

开元三年（715）十一月，玄宗为巩固安西四镇的防守地位，以左羽林大将军郭虔瓘兼安西大都护、四镇经略大使。虔瓘请自募关中兵万人，前赴安西讨击，为速达安西起见，请沿途发马、牛、驴驮运兵器什物，并给士兵熟食。玄宗敕批同意。但将作大将韦凑上疏反对。

其实，韦凑的意见是不正确的，至少是不全面的，他没有从当时西域的形势来考虑四镇的安危。若安西四镇不保，吐蕃便可集中兵力进攻秦陇地区，直接危及关中的安全，战火一起，唐廷和百姓的受害就更大了。

当时的吐蕃在西域控制了大勃律与护密，还屡屡困通小勃律。大小勃律，地处今泊米尔高原。其地当安西四镇入吐火罗的要道。吐蕃曾直言不讳地对小勃律首领说："我非谋尔国，假道攻四镇耳。"可见他们的目的是想占领安西四镇。

但这时的吐蕃毕竟方承内乱之后，兵力不及以前。开元十年（722），吐蕃军围攻小勃律王没谨忙，谨忙求救于北庭节度使（统安西四镇）张嵩，张嵩派遣疏勒副使张思礼率蕃、汉步骑四千救之，与小勃律兵两面夹击，大败吐蕃兵，斩获数万。吐蕃在西域之兵锋受挫，由此不敢犯边。

在青海一线，自开元十五年（727）以后，唐廷方面转而采取进攻为主的政策，发动了多次战役，夺回河、湟地区。而吐蕃则转为退却，接二连三地派遣使者向唐求和。还在玄宗东封泰山还，张说曾建议玄宗准其和。

这时，唐玄宗认为自己的军事力量很强，有战胜的把握，一心想开拓建功。因而对张说道，这一问题"俟吾与王君㚟议之"。时王君㚟任河西节度使。张说退下对源乾曜说："君㚟勇而无谋，常思侥幸，若二国和亲，何以为功，吾言必不用矣。"及君㚟入朝，果然建议玄宗发兵讨伐。

王君㚟建议对吐蕃深入进攻是有道理的。开元十四年（726）冬，吐蕃大将悉诺逻，进攻大斗谷（今甘肃、青海两省交界处的扁都口隘路，为河西走廊通青海湟中的捷径）、甘州（今甘肃张掖）等地，大肆焚掠而去。王君㚟度其兵疲，勒兵跟踪其后，适逢大雪，吐蕃兵冻死者甚众，其余人马自积石西归。

王君㚟料到悉诺逻要从这条路线退军，事先派兵间道进入吐蕃境内，烧道路两旁的草。而悉诺逻本想撤军至大非川（今青海共和西南之切吉平原；一说为今青海湖西之布哈河），进行休息整顿，但因草被烧尽，致使马无食死亡过半。而王君㚟与秦州都督张景顺率军追击，顺利地到达青海西部。

但悉诺逻已回军西藏，追击后军，获其辎重、羊马万计而还。王君㚟以功升任左羽林大将军，拜其父为少府监致仕。这一战役不仅坚定了王君㚟战胜吐蕃的信心，也助长了玄宗益事边功的情绪。

但不久，吐蕃大将悉诺逻攻陷瓜州（今甘肃安西东南），抓住了王君㚟之父，而王君㚟本人也被凉州界内的回纥等部族所仇杀。继任的河西节度使先用反间计，借吐蕃赞普之手杀掉了悉诺逻。随后与瓜州刺史张守珪、陇右节度使张忠亮，大举进攻，连战皆捷。

开元十七年（729），朔方大总管信安王㚟，也率兵开赴陇右，攻克石堡城（今青海湟中西南），设立振武军。

在河西、陇右、朔方三路大军的进攻下，吐蕃连连派使请和。玄宗这才接受皇甫惟明的建议，和吐蕃议和。皇甫惟明说："（唐、蕃）兵连不解，日费千金，河西陇右，由兹困蔽。陛下诚命一使，往视（金城）公主，因与赞普面相约结，使之稽颡称臣，永息边患，岂非御夷狄之长策乎了。"

玄宗派皇甫惟明与宦官张元方出使至吐蕃，赞普大喜，出贞观以来所得唐皇敕书，以示皇甫惟明，并于开元十八年（730）十月，派遣其重臣论名悉猎随皇甫惟明入朝，向玄宗上表说："甥世尚公主，义同一家。中间张玄表等先兴兵寇钞，遂使二境交恶。甥深识尊卑，安敢失礼！正为边将交构，致获罪于舅；屡遣使者入朝，皆为边将所遏。今蒙远降使臣，来视公主。甥不胜喜荷。傥使复修旧好，死无所根。"名悉猎是当年来迎金城公主的使者，略通汉文，对唐廷情况有一定的了解。

次年正月，玄宗又派鸿胪卿崔琳报聘。和议终于达成。唐与吐蕃以赤岭（在石堡城西）为界，恢复互市。开元二十二年（734）在赤岭立碑，刻和约于其上。

但时隔不久，开元二十四年（736），吐蕃一面继续朝贡，一面又派兵进攻勃律，玄宗派人令其罢兵，吐蕃统治集团不听，玄宗甚怒，于是双方战火又起。

开元二十五年（737），河西节度使崔希逸袭破吐蕃于青海西，斩首二千余级，致使两个政权间的关系中断。

次年三月，吐蕃军进攻唐河西地区，节度使崔希逸将其击败。接着，玄宗又调集河西、陇右和剑南节度使的兵力，明令拆毁和吐蕃的分界碑，并分道进攻吐蕃。这时，鄯州都督知陇右留后杜希望攻吐蕃新城，攻克后，以其

唐代仕女画

城为威武军（今青海门源）。

七月，杜希望又将鄯州兵，夺吐蕃河桥，吐蕃发兵三万迎战，杜希望兵力很少，有惧色，右威卫郎将王忠嗣亲率所部攻坚，由于他的英勇奋击，一举歼灭吐蕃兵数百人，杜希望趁机纵大军掩击，吐蕃兵遂大败。唐便于河左筑盐泉城（今青海循化东），设立镇西军（在河州，今甘肃导河县西180里）。剑南节度使王昱进攻安戎城（在今四川理县西），失利大败，唐军死数千人。

开元二十七年（739），益州司马防御副使章仇兼琼入奏事，建议攻取安戎城的策略，玄宗听后十分高兴，当即提拔章仇知益州长史事，并为之亲自策划取城之计。

开元二十八年（740）春，章仇兼琼密与安戎城中吐蕃翟都局及维州别驾董承宴等通谋，翟都局等途翻城归款，引唐军入城，尽杀吐蕃将士。玄宗接到这一消息，非常高兴。

是年十月，吐蕃又派本军进攻安戎城和维州（今四川理县东北），章仇

第三章　整顿军旅定边陲

99

兼琼派裨将率众抗御，玄宗也发关中彍骑援救，因天气严寒，吐蕃军无法久攻而退，玄宗遂改安戎城为平戎城。

开元二十九年（741）春，金城公主去世，吐蕃向唐遗使合哀并请和，玄宗不肯答应。六月，吐蕃派大军四十万进攻承凤堡，至河源军（在今青海西宁市），西入长宁桥，至安仁军（在今青海湟源西北），声势浩大，算是对玄宗不肯讲和的示威和报复，但其结果被唐浑崖峰骑将盛希液以五千击败。

十二月，吐蕃兵又袭攻石堡城（今青海湟中西南），节度使盖嘉运没有守住，玄宗十分气愤。天宝初，皇甫惟明、王忠嗣两位骁将也未能收复。

一直到天宝六年（747），玄宗仍念念不忘，诏问河西、陇右、朔方、河东四镇节度使王忠嗣克复石堡城的方略。

王忠嗣认为石堡城易守难攻，若硬攻，唐损兵必重，所得不如所失，主张静待时机，玄宗不满意。会王忠嗣部将董延光毛遂自荐，献策取石堡城，玄宗使命董延光带兵出击，命王忠嗣分兵接应，但王忠嗣并不尽力支持。

部将河西兵马使李光弼感到王忠嗣这样做是很危险的，因为这实际上是在违抗玄宗的命令。李光弼向王忠嗣劝说，王忠嗣回答道："今以数万之众争一城，得之未足以制敌，不得亦无害于国，故总嗣不欲为之。忠嗣今受责天子，不过以金吾、羽林一将军归宿卫，其次不过黔中上佐；忠嗣岂以数万人之命易一官乎！吾志决矣。"

后来，董延光军过期不克，果然奏诉王忠嗣阻挠大计，王忠嗣因是获罪。直到天宝八年（749），新任河西、陇右节度使哥舒翰才攻克石堡城，但唐军损兵数万，而吐蕃守军才四百人。真是得不偿失！玄宗遂以石堡城为神武军。

此前两年，即天宝六年（747），安西副都护高仙芝出兵降服被吐蕃控制的小勃律。天宝十三年（754）哥舒翰又收复睿宗时赐予吐蕃的河西九曲故地，设立洮阳、浇河二郡及神策军。至是，唐军在西域、河湟两路都取得了军事上的胜利。

玄宗处唐代极盛之时，周边各族以吐蕃势力最强，并且连年进攻唐边境。玄宗作为封建统治者，必然要凭借其强大的经济和政治、军事力量，集中兵力打击吐蕃。玄宗为了固守安西四镇，攻夺积石堡，用兵小勃律。

其次，是玄宗如何对付突厥的问题。突厥本是唐初头号的劲敌。但自其车鼻可汗被平后，唐廷北方无事将近三十年。

高宗调露元年（679），突厥阿史德、奉职及骨咄禄等部势力再起，复来攻唐。至天授年间（690—692），默啜立为突厥可汗后，兵力更为强大。经常攻唐，成为北方严重的边急。

默啜一度是亲唐的，曾帮助唐平定过契丹，因为唐支持他立为可汗，武则天册立他为"大单于立功报国可汗"。

原来突厥降户，唐王朝多安置在丰州、胜州、灵州、夏州、朔州、代州六州。武则天将六州降户数千帐，并种子四万余石、农器三千件尽归于默啜。默啜凭借这一基础，团结部众，势力渐强。

圣历元年（698），武则天令其侄武延秀纳默啜女为妃，与突厥和亲，以减少边患。但武延秀行至黑沙南庭，被默啜拘留。随之，默啜率众十余万，骚扰河北一带。武则天大为震惧，发兵四十五万进击。

但面对默轰新兴的强盛兵力，唐军诸将皆观望不敢战，眼睁睁地看着突厥兵士抢掠走（治今河北定县）、赵（治今河北赵县）二州而去。自此开始，默啜连年派兵攻唐，唐政府只好屯驻重兵于河北一带防御。

唐虽然派重臣大将为总管，但遗患问题并没有解决，一直到中宗景龙二年（708）时，张仁愿于河北筑三受降城（皆在今内蒙古境内），以拂云祠为中城（今包头市西），距东西两城各四百余里，皆据津要。又于牛头朝那山北，置烽候千八百所，自是突厥不敢渡山畋牧，朔方无复寇掠，唐得以减兵数万人。

不过，突厥默啜可汗又将其兵锋从东线转移到西线。睿宗景云中（710—712），默啜派兵西去娑葛部落，并一举破灭。

娑葛，原为突厥别部突骑施酋长。中宗景龙二年（708）十一月，曾攻陷安西，大败唐军。唐为此损失了一员大将（安西副部护牛师奖）、和处理安西战争的唐廷官员（御史中丞冯嘉宾、御史吕守素）；唐政府只好册立娑葛为十四姓可汗。

但娑葛统治集团内部不和，其兄弟遮弩与之不和，结果被默啜所利用，各个击破。至此，默啜可汗东控制奚、契丹，西有娑葛旧地，东西万余里，拥有骑兵四十万。这是自颉利可汗之后突厥最强盛的时期。

但默啜可汗随着国势的强大，年亦渐老，昏暴愈甚，对其部属十分残虐。开元二年（714），默啜遣其子同俄特勒及妹夫火拔颉利发石阿失毕，将兵围唐北庭都护府（治庭州，今新疆乌鲁木齐东北）。

同俄自恃勇悍，单骑逼城下，都护郭虔瓘伏壮士于道侧，突起斩之，突厥要求以全部军中资粮赎同俄，闻其已死，痛哭而走。石阿失毕既失同俄，不敢归，与其妻奔唐，玄宗任为右卫大将军，封燕北郡王，封其妻为金山公主。

由此默啜属部众叛亲离，突厥势力开始衰落。可见此次战役影响非常大。玄宗超擢郭虔瓘为冠军大将军，行右骁卫大将军，并下制晋封郭虔瓘为太原郡开国公。郭虔瓘旋又升任安西副大都护摄御史大夫。

同年十月，突厥十姓胡禄等诸部，脱离默啜可汗，至北庭都护府请降，唐厚加接纳。开元三年（715）四月，突厥万余帐又附唐，玄宗下令于河南地（指内蒙河套地区）安置。

由于突厥部众降附日多，为防默啜发兵报复，玄宗命以右羽林大将军薛讷为凉州镇大总管，左卫大将军郭虔瓘为朔州镇大总管，加强防御。

开元四年（716）六月，默啜可汗于北征九姓拔野古之后，在归途中被拔野古残部袭杀，并以其首送至唐大武军子将（末将，低级军官）郝灵荃。郝灵荃与拔野古首领又将默啜首送至长安。默啜可汗被杀后，拔野古、回纥、同罗、仆固等部皆降唐。而继位为突厥首领的是毗伽可汗默棘连，突厥人称其为"小杀"，他是骨咄禄的儿子。

小杀立后，突厥渐又归附。据史称，小杀"仁而爱人，众为之用"。开元八年（720）九月，突厥又发兵骚扰唐甘州（治今甘肃张掖）、凉州（治今甘肃武威）等州，打败了唐河西节度使杨敬述，并裹挟契苾部众而去。

毗伽可汗势力由是大振，尽有默啜之众。其左右大臣，阙特勒"骁武善战"，暾欲谷"深沉有谋"。因为上下和衷共济，所以突厥自默啜之后，复雄踞北方三十年。

开元九年（721）秋，兵部尚书、朔方道行军大总管王晙发兵数道俱入，企图一举歼灭突厥小杀可汗的兵力，结果大败而回。小杀可汗虽然获得大胜，但估计自己的力量终究不敌唐军，故第二年即向唐廷提出和亲要求。

通过和亲，不仅可以缓和与唐的矛盾，而且唐公主的下嫁可以增强自己在突厥诸部的声威，进而提高其在邻近各族中的地位。唐玄宗也考虑到这一点，故答应双方停战，但不同意和亲。

开元十三年（725），东封泰山时，张说建议增兵边境，所防备的就是突厥小杀。后来小杀派使参加玄宗封禅大典，仍要求唐公主下嫁，玄宗还是不答应。

至开元二十二年（734），小杀可汗被其大臣毒死。之后，突厥统治集团内部和各部之间，连年互相攻杀，其势力遂日趋衰落。

原在西域的娑葛被杀后，突骑施别部车鼻施啜苏禄，聚集余众，自立为可汗，有众至三十余万，势力又逐渐恢复。开元中曾阴结吐蕃，举兵略四镇，围攻安西。因闻安西都护杜暹入朝为相，害怕唐廷的报复，所以自动撤兵而去。

施啜苏禄与吐蕃、突厥统治集团都有联系，时常互通声气，和唐朝相对抗。然而由于苏禄部（谓之黑姓）与娑葛后裔（谓之黄姓）不和，常自相攻杀，所以大大削弱了自己的力量。

西域在唐初，本受制于西突厥。西突厥亡后，又接连受到突骑施（娑葛、苏禄）、突厥默啜、吐蕃等政权的南北威胁。此外，在葱岭以西的大食，正是穆罕默德创立的阿拉伯帝国崛起之时，其兵锋曾达葱岭山下。

其时，吐蕃与大食同是西域的两大强国。为保护安西四镇，唐增设葱岭守捉（今新疆西南边境，塔什库尔干塔吉克自治县），这是安西最前端、最边远的防地了。大食侵陵葱岭以西诸国时，各国曾向唐求援，唐玄宗自度力不能及，均婉予拒绝。

天宝九年（750），安西节度使高仙芝贪功，率军翻越葱岭，伪与石国约和，而潜引兵袭之，虏其王及部众以归。但是石国王子逃诣诸胡，具告仙芝

欺锈贪暴之状，激起了诸胡的怨愤，潜引大食共攻四镇。

高仙芝得悉这一情况，急将蕃、汉三万众进击大食军，深入七百余里，至恒罗斯城（一作怛罗斯城，在今苏联境内），与大食军遇。双方相持五日，葛罗禄部众叛变，与大食军夹攻唐军，高仙芝大败，士卒死亡很多，所余才数千人。

这是中国与阿拉伯两个本非相邻的民族，在历史上唯一的一次军事交锋。结果，还是葱岭的天然屏障，阻遏了大食军队东向的势头。

以上所述便是西线边事。在东线，自隋及唐初，主要都是在辽东用兵。高宗时击败高丽、百济，唐驻重兵戍守安东。

自此约百年左右，居住于辽西的奚、契丹，却获得了休养生息，增强了经济和军事实力，势力渐强。武则天当政时，窟哥之后裔李尽忠为松漠都督，孙敖曹之后裔孙万荣又为李尽忠之妻兄。两大部落常合在一起，声势更为浩大。

武则天万岁登封元年（695）五月，李尽忠与孙万荣联兵叛杀唐营州都督赵文劌，占据营州（今辽宁朝阳）。李尽忠自立为无上可汗，以万荣为将，纵兵四略。营州向为东北重镇，对河北起着屏障作用。因唐在营州开始没有驻重兵，所以营州一失，奚、契丹的兵力所向披靡，中原受到直接威胁，唐朝廷大为震惊。

武则天被形势所逼，曾先后四次派兵出击。第一次以武三思为安抚大使，以二十八将带兵防御；第二次以武攸宜为大总管率军往击，适因李尽忠病死未行，第三次以王孝杰、苏宏晖领兵十七万往台；第四次以武懿宗为大总管、娄师德为副总管，将兵二十万。

武则天所派的兵力不能说不大，但双方对阵的结果，唐军几乎每战皆败，损兵折将，连善于作战的将军王孝杰也战死。不但没有达到收复营州的目的，而且连冀州（今河北冀县）、幽州（今北京市）、赵州及瀛州（今河北河间）也相继被奚、契丹军占领了。结果，还是依靠了突厥默啜可汗的兵力从其背后抄袭，才算将奚、契丹的势力勉强平定下去。

不过，自此之后，奚、契丹一直臣附于突厥默啜可汗，而唐廷对营州仍无法收复设防，奚、契丹遂成为唐代东线边境的一大劲敌。

李尽忠初平时，营州境内原奚、契丹聚居的"夷州"部落都内迁河南、山东青、淄等州。中宗神龙时，又让他们仍回营州。当时负责镇守幽州的是幽州大都督薛讷，他从武则天时始，镇守幽州差不多二十余年，虽奚、契丹不敢大举南犯，但薛讷长期以来只能以防御为主，无力出兵收复营州等地。

睿宗太极元年（景云三年正月改元太极，712年）三月，薛讷被撤换，以孙佺为幽州大都督。这位新到任的大都督不了解营州的军事形势，不懂对付奚、契丹的军事策略，责怪薛讷"不能为国家复营州"。

就在到任的这年六月，孙佺冒险轻敌，匆匆发步兵二万，骑兵八千，分为三军，进攻奚、契丹。结果唐军遭受惨败，身为行军元帅的孙佺和部将周以悌被俘，被送至突厥默啜可汗处杀害，只有部将李楷固、乌可利率部分人马逃归。这次战役发生在李隆基继位的前夕，对唐统治集团来说，教训是极为深刻的。

这年十一月，奚、契丹二万骑进犯渔阳（今河北蓟县），幽州都督宋璟闭城不出，奚、契丹兵大掠而去，形势很严峻。身居上皇的睿宗忙令刚继位的玄宗巡边，并西自河、陇，东及燕、蓟，选将练卒。

一面又以幽州都督宋璟为左军大总管，并州长史薛讷为中军大总管，朔方大总管兵部尚书郭元振为右军大总管，准备动员和集中兵力对付奚、契丹。但次年正月，玄宗改变了主意，巡边竟没有成行。

开元二年（714）七月，并州节度大使薛讷出兵攻契丹，行至滦水山峡中，遭到契丹伏兵的夹击，唐兵大败，将士死者十之八九，薛讷拼命突围得免，契丹兵耻笑他为"薛婆"。契丹之所以如此咄咄逼人，是由于得到突厥默啜可汗的大力支持。

开元四年（716）默啜可汗被杀，突厥部众纷纷归唐，其势力日趋衰弱。这年八月，奚、契丹也请降唐。开元五年（717）时，玄宗下制复筑营州于旧城。

但此后十多年，唐廷仍一直以幽州为防线，没有采取重大的军事行动，更未在军事上真正控制营州。

直至开元十八年（730），奚、契丹目睹突厥势力复强，又降附于突厥。玄宗衡量当时东北边疆的形势，以儿子忠王浚为河北道行军元帅，又兼河东道诸军元帅，准备调集大军一举收复营州。

后来忠王浚因故未出师，改以信安王祎为河东、河北行军副大总管。经过较周密的准备，于开元二十年（732）正月将兵击奚、契丹，大破之，俘斩甚众。

但幽州副总管郭英杰在次年与契丹战于都山，却遭受大败，郭英杰战死，余部六千力战不降，皆殉节沙场。在这样的形势下，玄宗擢升张守珪为幽州节度使。在他的努力下，幽州军事力量得到增强，于开元二十二年（734）六月大破契丹军。

十月，张守珪又击斩契丹王屈烈及可突干，才改变了东线的军事形势。不过，历开元、天宝之世，将近五十年的时间，奚、契丹始终没有真正归唐，其势力与突厥联结在一起，共同对付唐廷。唐军收复营州，在很长一段时期中，只是有名无实而已。

尽管奚、契丹的实力还不像吐蕃，突厥那样强盛，但其影响程度及使唐承受的沉重的军事压力并不亚于西线的吐蕃与突厥，这是一个不容忽视的问题。这一点很值得重视，对以后安禄山接任张守珪，其势力逐渐强大和玄宗越来越依靠安禄山来对付奚、契丹的问题就较容易了解了。

营州虽然离关中的唐政治中心地区较远，但其南临河北的中原地区，无甚地理障碍。而河北道在唐前期是全国生产最发达的地区、是朝廷财富来源中心之一。

在当时来说，河北道与河西走廊，犹如大唐政治中心伸向东西两侧的左右手臂，在政治上、经济上，军事上都具有十分重要的意义。同时，又是唐帝国走向外部世界的两条大通道。因此，唐政府派重兵戍守幽州和营州，防御奚、契丹，自然要放在十分重要的地位。

除以上东线与西线以外，在西南地区与南诏、吐蕃的战事也在逐步升级。

唐初，对黔州、泸州、戎州、嶲州等州的哀牢族，设姚州都督府（治今云南姚安）加以管辖统治。这个地区相当于今四川的西南部及云南的北部与东境。就其地理位置而言，它西可通大秦，南可达交趾，物产以金、银、盐、布为著，又多奇珍异宝，所以历来统治者都十分重视对这个地区的控制。

在初唐时，这个地区很不稳定，哀牢部众经常骚扰，攻杀唐朝官吏。不过，规模较小，唐每年只派少量军队前往镇戍，可见初时在军事上对唐的威胁并不大。

高宗时，吐蕃势力南下，征服云南西洱河蛮，并从这一地区出发攻唐。睿宗时，令摄监察御史李知古发剑南兵往击西洱河蛮。西洱河蛮遂引吐蕃兵击败唐军，连李知古也被杀死祭天。

自此，姚巂路和唐的联系数年不通。但是，吐蕃也因距离云南毕竟交通不便，所以其势力也不能大量深入。云南本地的南诏，就在这一时期趁机而兴。

南诏本哀牢夷后，"诏"即其土语"王"的意思。其先有六诏：蒙巂诏（在今云南云龙南）、越析诏（在今云南丽江）、浪穹诏（在今云南洱

立于西藏大昭寺门前的唐蕃会盟碑

源）、邆睒诏（在今云南邓州）、施浪诏（在今洱源蒙次和山下）、蒙合诏（在今云南蒙化）。蒙舍诏居诸部南端，故称南诏。

开元末，南沼皮逻阁战败两洱河蛮，夺得太和城（今云南大理）。唐玄宗赐名"归义"。同时，又答应南诏统治者的要求，支持以他们为主统一云南六诏。南诏统一六诏后，又击退吐蕃在云南的势力。唐玄宗派人册南诏归义为云南王，将其政治经济中心移至太和城。

这时，南诏与唐廷的关系，一度颇为融洽，并成为支持唐钳制吐蕃南线的主要力量。但发展至天宝末年时，唐与南诏的关系破裂，南诏转而与吐蕃联合。于是，唐又在西南边境，增加了一个军事劲敌，成为玄宗必须经常关注的问题。

鼓励尚武

玄宗既锐意开边，除了在作战过程中，实行重赏重罚的办法鼓励士卒，还从思想意识上鼓励尚武精神。

如开元十九年（731）三月，初令两京诸州各置太公庙，选古名将齐大司马田襄苴、吴将军孙武、魏西河太守吴起、燕昌国君乐毅、秦武安君白起、汉淮阴侯韩信、蜀丞相诸葛亮、唐初尚书右仆射卫国公李靖和司空英国公李勣称为十哲，命令二月、八月上戊致祭，其办法与祭孔子同。

除采行上述诸办法外，玄宗主要是废府兵，改矿骑，增设节度使，并扩大其权力，从军事制度上进行多方面的变革。

府兵制是承袭西魏、北周、隋而来，是兵农合一的军事制度。凡充当府兵的，须终身服兵役，由折冲都尉统率，定期宿卫京师，戍守边境，需自备资粮，其优待条件是可免租庸，故国家养兵而无庞大的军费负担。

唐初以行府兵而兴，这是大家所熟知的。有意思的是，唐至鼎盛阶段，府兵制反而遭到彻底破坏，其称之为募兵制（矿骑、长征健儿）和节度使的确立，时间约在睿宗景云年间至玄宗开元九年前，这主要是当时唐边境军事形势变化的必然结果。

从高宗开始，唐的边防线越拉越长。在东北的安东要驻重兵对付高丽；后来在河北道营州及幽州驻大军对付奚、契丹。

在西陲，为了对付突厥和吐蕃，防区延伸更长、更深，从与河北道相衔接的河东道起，由东往西，布有河东、朔方、河西、陇右、安西、北庭诸镇，西南则伸至剑南。

在这东西绵延数万里的防线上，所需戍卒大为增加。事实上，战事紧张时，边境往往还需大量增兵；同时战争长期不断，伤亡不小，也需要大量补充、更替。而唐初全国所有府兵不过六十万左右，其中至少需有十余万宿卫关中京师，所以原来的府兵员额已远远不能满足边陲战争的需要了。

同时，从边陲形势而言，自武则天后期开始，奚、契丹和突厥、吐蕃都正处在强盛时期，唐军在多次大规模的交战中，有过不少败仗，有时甚至是惨败。显然唐军在相当一段时期中，并不占很大优势。

因此唐军不得不由临时性的征讨，转为长期的屯兵防御。而原先的府兵，遇战事临时征讨，不仅时间一般较短，战事一结束，便可罢兵归农，而且因打胜仗，还可有所虏获。而至这时，不仅打仗胜败难卜，战罢还要奉命驻镇戍边。

一守就是几十年，原来三年一轮换的法令规定形同虚设。所以府兵经年络绎于途，几乎都上了前线，根本找不到人来换防。以致许多府兵一去不还，老死边境。由此可见府兵几乎成了终生的"义务兵"，完全离弃了原来兵农相结合的原则。

府兵除戍边外，还要承担宿卫京师的任务。本来也是定期替换，由于边境的兵源紧张，致使宿卫京师的府兵也无法轮换。

此外，朝廷原先对府兵的勋赏和优恤待遇很高，可是时间一久，朝廷对府兵的待遇不按规定办理，失去了当府兵者的支持。尤其是中宗时，关中岁饥，连宿卫京师的府兵居然让他们吃树叶草根。

这样，如何要求他们来保卫京师呢？不仅如此，管理府兵的长官和京城的贵族官僚，更任意役使府兵从事建筑等繁重劳动，让他们承担与军事毫不相干的杂役，大大超越府兵应该承担的义务。从团队之长、偏裨、大将、行

边大臣，乃至纨绔子弟、元戎之仆妾、幕府之墨客皆得随意使唤府兵。在京师宿卫的府兵，服役期满，也往往被再差去从事其他的劳作。

总之，府兵已完全失去了其原来的意义，成了供人任意役使的奴仆。

唐世府兵，负荷本重，西北尤甚，所以当府兵非有相当家底的富裕户是不堪胜任的。唐初，检点六等以上户充任。高宗以后，随着均田制的破坏和自耕农的破产，六等以下的贫弱户也被点充。

显然，戍边的府兵很难带足衣粮，故常忍饥挨冻，难怪要屡遭失败。

发展到玄宗时，情况更为严重，有些边将为贪没府兵财物，往往采取残酷手段，逼使府兵速死。

因此，府兵制到玄宗时已到了不得不改的地步。但是，如何改，是一个大问题。

开元二年（714），玄宗曾有一个要在当地、侧近及征行客户应募从军的诏令。该年十月，薛讷战胜吐蕃，玄宗停止亲征，下诏说："比来缘边镇军，每年更代，兵不识将，将不识兵，岂有缘路疲人？盖是以卒与敌？其以西北军镇宜加兵数，先以侧近兵人充，并精加简择。"这是玄宗在位时发布的最早的有关募兵的诏令。

不过这时的募兵只是府兵的临时补充，并没有制度化，而且招募的权力也由中央政府控制。后来，随着加强边镇戍防的

唐代大佛寺彩绘大佛

需要，兵员需要越来越多，因而募兵所占的比例就越来越大。这种募兵，开始称为"猛士"，后来通称为"健儿""长征健儿"等。"长征"者，即长期戍边的意思。

初时，健儿一般多从中原招募，派往边陲；后又规定年限，让健儿分批回家休假，如同府兵轮番更代一样。开元十六年（728）十二月，诏曰："健儿长镇，何以克堪？可分为五番，每年放一番洗沐。远取先年人为第一番，周而复始。每五年共酬勋五转。"

开元二十六年（738）以前，又诏："天下诸州镇兵募及健儿等，或年月已久，颇亦辛勤。或老疾尪羸，或单弱贫窭，或亲老孤独，致厥晨昏。言念于斯，深用矜叹。宜委节度使及军州简择。有如此色，一切放还。咸宜精审，以称朕意。"

玄宗采取这种办法的目的，一是减轻应征者的负担；二是救"兵不识将，将不识兵"的弊端。这与府兵制所采取的做法和目的正相背离。府兵制通过频繁的轮番替换，使边镇军队"兵不识将，将不识兵"，原是为防止兵将相结合，形成割据的局面，而当边陲战事越来越吃重时，这种兵制却是非改不可了。

从开元初期的情况来看，唐玄宗开始允许边镇节度使或其他军事长官自行在当地就近招募健儿。这就意味着会出现以下情况：一是募兵的权力逐步下放；二是兵员转而多以当地人充当；三是健儿长期戍边，不再轮换。至开元十年（722），这种招募来的"长任边军者"，被正式定名为"长征健儿"。

宰相张说又将这种募兵制扩大到京师宿卫方面，建议"招募壮士充宿卫，不问色役，优为之制"。史载十天之内，即"得精兵一十三万人，分隶诸卫，更番上下"。初名"长从宿卫"，后来定名为"彍骑"。

"彍骑"和"长征健儿"的逐步制度化，意味着府兵的彻底瓦解。开元二十五年（737），玄宗"敕以为天下无虞，宜与人休息。自今以后，诸军镇量闲剧、利害，置兵防健儿。于诸色征行人内及客户中招募。取丁壮情愿充健儿常住过境者。每年加常例给赐，兼给永年优复。其家口情愿同去者听。

唐明皇传

至军州，各给田地、屋宅，人赖其利，中外获安。自是州郡之间，永无征发之役矣。"

开元二十六年（738），又诏曰："朕每念黎甿，弊于征戍，所以别遣招募，以实边郡，赐其厚赏，便令长住。今诸军所召，人数向足，在于中夏，自可罢兵。既无兵革之事，足保农桑之业。自今以后，诸军兵健，并宜停遣，其见镇兵并一切放还。"

诏令明确提出"一切放还"正说明府兵戍守的制度已经被废除。既然改用长从充宿卫，又以长征健儿充戍守，自然再用不着征发府兵了。

所以在天宝八年（749），玄宗遂明令停折冲府上下鱼书（调发府兵的兵符），其后，府兵徒有兵额官吏，而府兵制所规定的戎器、驮马、锅幕、糇粮并废。

但是，当时应募为京师宿卫者，都是市井无赖子弟，其富者衣缯彩，食粱肉，壮者为角觚、拔河、翘木、扛铁之戏，从不进行训练，故徒有六军之名，而无实际的作战能力。

后来，安禄山、史思明，趁中央兵力空虚，发动叛乱，议者多归咎于对府兵制的破坏。其实，设使府兵制继续保持，唐玄宗亦断难加以制止和讨平。

就府兵制与募兵制两者关系而言，募兵并不始于张说，唐初以府兵为骨干，也兼行征发招募兵士。高宗时勋赏不行，应募者因而日少。发展至开元中，张说以募兵制取代府兵制，不过使募兵制度化而已。而且，募兵并不是府兵败坏的原因，而恰恰是府兵败坏的结果。

府兵制度既已破坏，宿卫京师的任务也必然要以募兵取代府兵了。在实行募兵制度之初，在军事上确实起过积极的作用。开元十年（722），也就是在设"旷骑"的同时，张说奏罢这兵二十余万以还农。

这二十余万的边兵，主要是长期背井离乡，思乡心切的中原各地的府兵。玄宗担心裁减二十余万边兵后会削弱边防的力量，对张说的建议表示怀疑。张说之意在减轻农民的负担，同时使大量的劳动力归农，对封建农业生产也是有好处的。

另一方面，张说敢以全家性命担保来求罢兵二十余万，表明边镇的防守力量已臻巩固，而这正是募兵逐步取代府兵的结果。

与募兵制相关联的是军事长官设置的变化，即节度使的设立，这也是边镇军事形势变化的结果。

在原先的府兵制之下，军事长官并不掌握兵权。驻守边镇的都督，虽统辖一道（或州）内的守兵（下有军、守捉、城、镇等编制），但人数不多。只有发生大的战事时，由中央政府派遣大军前往征讨，才由行军大总管为统帅。

行军大总管由中央临时任命，不仅统率中央所派的大军，还有权调度本道都督属下的守军，所以也是都督的上级军事首长。不过，这仅仅是为了某一战事临时设置，一但战事结束，行军大总管便罢归京师，交出军队和军权。

随着战争形势的变化，唐军在边陲的军事战略重点，由征讨逐渐变为长期性的防守，而原先都督所管辖的守军太弱，所以行军大总管率领的征战大军（一般都在数万以上），每每被留在边镇，成为长期驻屯的部队，行军大总管也就成为该道守军的最高军事长官了。

按原来的意义，"行军即称总管，本道即称都督"，而这时行军大总管的本来含义已发生了变化。这种以行军大总管充任边镇最高军事长官的事例，在中宗神龙年间至玄宗开元初年，十分普遍。而且，这种行军大总管（也有称为镇军大总管）都赐有旌节，有权节度管内所有的军队，对属下可以军法从事，所以职衔上多加有"持节"两字。

自高宗永徽以后，都督带使持节者，始谓之节度使，然犹未以名官。睿宗景云元年（710），以幽州镇守经略节度大使薛讷为左武卫大将军兼幽州都督。此为以节度使名官的开始。开元初时，玄宗开始大设节度使。其间，仍有任命行军大总管的。

直至开元九年（721）十月，玄宗敕"朔方行军大总管宜准诸道例改为朔方节度使"。至此，节度使便完全取代了行军大总管，成为边镇最高军事长官的正式名称。至天宝元年（742），全国共设立十节度使以备边。

这十个节度使，从东北往西，再稍南，恰好形成一道戍防奚、契丹和突厥、吐蕃、南诏等的防线。可见节度使长官的设立，同时也是边镇防区的全面改善。

节度使初时只是单纯的军事长官，不过问地方的民政、财政等大权。可是，由于边镇守兵的数量巨大，战争所需的物资筹集不易。

为了确保军队的给养，调动各方面的力量，以提高军队的防卫作战能力，唐玄宗逐步让节度使兼任营田使、度支使。这样，节度使就兼有巡察使、存抚使或按察使的职权。这些统辖数州的节度使就不再仅是地方的军事长官，他们控制了地区的行政财赋大权，又使州刺史以下尽为其属吏，所以成为一地区的最高军政长官了。

第四章　开国新政创辉煌

四海一家大融合

唐代是中国多民族国家形成的重要时代。在魏晋南北朝时，居住在西北部和北部边远地区的匈奴、鲜卑、羯、氏、羌等少数民族，于西晋末年大量迁移至黄河流域，与汉族人民错杂居住；而遭中原丧乱的汉族人民，也有不少迁到北方和西北地区与少数民族混居。

此外，渡江南下的北方人民迁入了原先有大量山越人和蛮族人民居住的荆、扬等州（长江中下游一带）。这种长期的、广泛的民族混居，通过生产劳动和社会交往，互相影响，把各民族间的融合推进到了一个新的阶段。

正大光明殿

115

少数民族吸收了中原文化的进步因素，改变了原来落后的生产、生活方式，促使其社会内部的进步发展；而汉族人民也吸收了少数民族文化的积极因素，给中原经济、文化的发展，输入了有益的新鲜血液。在这基础上建立起来的隋唐王朝，民族大融合的势头仍在更深入地继续发展。

唐时，东北、北方、西北、西南等地的靺鞨、契丹、奚、突厥、西域各族及回纥、吐蕃、南诏等民族，都迅速发展起来。他们大多先后不同地摆脱了原始氏族社会阶段，进入了奴隶制或农奴制的社会，建立起少数民族的政权，在长期的历史进程中，为祖国边疆地区的开发做出了重要的贡献。而他们自身也在这一过程中兴旺起来。社会的迅速发展，刺激了他们对中原先进文化的兴趣，也引起了唐廷对他们的重视。

在这一时期，唐王朝实行了较少民族歧视的开明政策，各民族间的隔阂，相互间的歧视和仇视，相对来说较少，因此各民族间的大融合、多民族国家的形成，涌现出了一个新的高潮。尽管这一期间各方之间不乏战争杀掠，但民族友好、融合，始终是不可阻挡的主流。

唐玄宗在位的四十多年间，仍继续奉行唐初以来较开明的民族政策，对促进民族融合也有不少重要建树。开元、天宝年间，唐与吐蕃、突厥和奚、契丹，关系紧张，战争也较多。但双方仍长期保持着密切的联系，民族间的友好交往仍占着主流的地位。

吐蕃自从在松赞干布的统一、改革以后，以一个强盛的奴隶制政权出现在祖国的西部边疆。唐太宗贞观十六年（642），宗室女文成公主进藏，与吐蕃王松赞干布成婚，奠定了汉族、藏族民族友好的基础。

中宗景龙四年（710），以宗室金城公主进藏嫁给吐蕃弃隶缩赞赞普，双方在边界上立碑会盟，唐朝宰相皆在碑上刻名，以示世代友好。文成公主进藏时，除带去大量金银、绸绢、珍宝外，还带去了内地先进的农业技术、生产工具、医疗器械、蔬菜种子等，还有大量经史、诗文、工艺、医药、历法等书籍。高宗时，曾派酿酒、制碾硙、造纸墨的工匠到吐蕃传授技艺，吐蕃则从内地引进了蚕种。

金城公主入藏时，又带去缔缯各数万匹，各种工匠及一个龟兹乐队。当时很多吐蕃贵族子弟到长安的国学求学；汉族人民中也有不少入藏。双方还通过互市，交流物资。吐蕃通过唐廷赏赐和贸易，从内地得到茶叶、丝绸等物，唐则从吐蕃购买良马及形制优美奇异的金银器。甚至吐蕃的赭面风俗也在长安的妇女中有所流传。

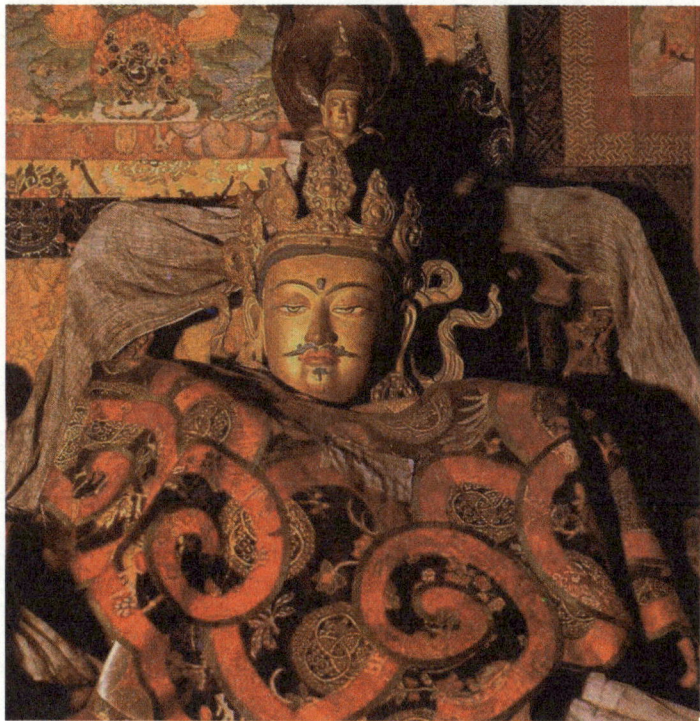

松赞干布

玄宗初即位，吐蕃相岔达延等上书唐宰相，请在边界会盟。因吐蕃负约，双方遂于开元二年（714）又发生战争，尽管吐蕃统治集团当时恃强悖傲，还是多次派使求和。金城公主还曾亲自上书玄宗，求听修好，并说明吐蕃赞普是真心求和，说："赞普君臣，欲与天子（玄宗）共署誓刻。"

开元十八年（730），玄宗曾采纳皇甫惟明的意见，派他与内侍张元方以探视金城公主的名义出使吐蕃，主动与吐蕃赞普当面谈判结约，赞普大喜，将贞观以来所得唐皇帝的诏敕皆拿出来给皇甫惟明观看。

赞普接着又派使者随皇甫惟明入长安，向玄宗献表自称外甥，表文说："外甥是先皇帝舅宿亲，又蒙降金城公主，遂和同一家，天下百姓，普皆安乐。"玄宗见了也很高兴，对吐蕃使者优礼相待，赏赐甚厚。又派崔琳充使入藏报聘。并于赤岭与吐蕃"各竖分界之碑，约以更不相侵"。

当时，吐蕃使者奏云：金城公主要求唐廷赠送《毛诗》《礼记》《左

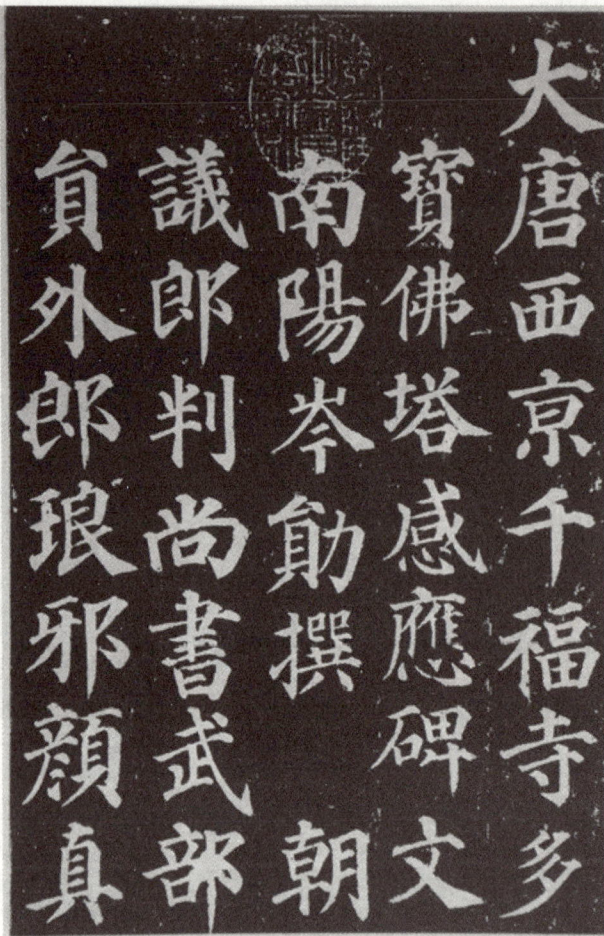

唐多宝塔碑

传》《文选》各一部，玄宗便令秘书省抄写送去。之后数年，吐蕃岁岁朝贡，不曾犯边。开元二十一年（733），玄宗命工部尚书李暠入使吐蕃。开元二十二年（734），又派将军李栓于赤岭与吐蕃分界立碑。开元二十四年（736）吐蕃贡物，形制奇异，玄宗特意在提象门外陈列，"以示百僚"。

开元末至天宝中，双方关系一度紧张。但双方联系并未中断，仍间有使者往来。天宝十四年（755），赞普乞黎苏笼猎赞死，其子立。玄宗遣京兆少尹崔光远兼御史中丞为使者入藏，"持节赍国信册命吊祭之"。

后来安史之乱爆发，玄宗离京行至马嵬驿时，还遇到吐蕃使者。这充分表明，开元、天宝时期，唐与吐蕃虽经常发生战争，但双方的关系并未中断，其相互融合的趋势并未改变。

之后，这种双方的友好关系在唐代一直延续不断。据统计，自唐太宗贞观八年（634）至唐武宗会昌六年（846）的二百一十三年间，唐蕃双方官员的来往共一百九十余次。

据青海省文物、考古工作者的实地考察，探明了当年唐蕃人民友好来往的交通路线。这条古道的主干是：东起长安，沿渭河西行，越陇山，经泰州（今甘肃天水）、狄道（今临洮），河州（临夏）、在凤林关（炳灵寺）或大河家附近渡黄河入青海，后沿鄯州（今乐都）、鄯城（今西宁市）一线，翻赤岭（日月山），过尉迟川（倒淌河），往西南方向穿过大非川（切青草原）、那录驿（大河坝）、暖泉、烈漠海（苦海）等地再过黄河，然后越紫山（巴颜喀拉山）至众龙驿（清水河），渡厘牛河（长江上游的通天河）至截支桥（子曲桥东），溯子曲河上至婆驿（子野云松多）以西，沿后来人们所称的"通藏大道"前行，经悉诺罗驿（当曲北之加力曲），翻越海拔五千米左右的大岭（唐古拉山）的山口，至阁川驿（藏北那曲）后，经农歌驿（羊八井北）抵达逻些（今拉萨市）。这条长达三千公里的唐蕃古道，正是汉藏人民友好交往的重要纽带，也是汉藏人民友好史的有力见证。

突厥默啜所部，原是东突厥的后裔。唐初东突厥被击败后，其部众曾大量移居河西及丰代、胜代、灵代、夏代、朔代、代代六州地区，称为降户。这些降户与汉族人民杂居。武则天时默啜复起，曾助唐击败契丹。以后，武则天还将六州降户数千帐归还突厥默啜，并赠送谷种四万斛，杂彩五万段，农具三千件，铁四万斤。默啜可汗反复无常，对唐不断进行骚扰。

玄宗即位后，开元四年（716），默啜可汗死，毗伽可汗（名小杀）立，自是双方恢复友好。毗伽可汗乞为玄宗养子。开元十三年（725），玄宗封泰山，毗伽可汗遣其大臣颉利发扈从。途中驻顿时，玄宗常引颉利发等突厥人一起驰射打猎。

开元十五年（727）起，双方开边互市，唐廷每年要拿缣帛数十万匹去买突厥的马匹，贸易量相当大。双方和睦相处，不同民族间出现"皆得一处养畜资生，种田末作"的良好情景。

后突厥大臣阙特勤和毗伽可汗先后去世，玄宗皆派使者前往吊祭，为立庙碑。玄宗还亲为阙特勤写碑文。之后突厥贵族内部分裂，至天宝元年（742）被回纥等部击败，其一部西迁中亚，大部归附回纥汗国，另一部则入京师内附唐朝。玄宗亲自引见，设宴款待。

契丹原是居住在营州以北，旧鲜卑故地的一狩猎民族，许多风俗与突厥

同。其社会尚处在原始氏族部落阶段。唐初，契丹内附唐王朝，唐太宗置松漠都督府，以其君长为都督，赐姓李氏。契丹别部首帅孙敖曹，曾为隋官，仕至金紫光禄大夫。唐初内附，定居于营州城旁。武则天时，契丹首领李尽忠、孙万荣二部据营州叛唐。

开元三年（715），契丹首领李失活率部落内附，玄宗复置松漠都督府，封李失活为松漠郡王，拜左金吾卫大将军兼松漠都督。其所统八个部落的旧帅，均拜为刺史。

第二年，玄宗又封宗室外甥女杨氏为永乐公主嫁给李失活。之后，玄宗又有两次以宗室外甥女与契丹和亲。开元十三年（725），契丹首领也曾随玄宗东封。尽管后来契丹统治集团成为唐的边患，但其部落中仍不时有人来归降，并受到玄宗的册封。

天宝末，契丹贵族又降附。之后，迄于唐贞元年间，契丹"常间岁来修藩礼。"可见，契丹作为唐藩属的关系，基本没有改变。奚的情况与契丹大致相仿。开元、天宝时，仍以其地为饶乐州，其首领多次被封王拜将授为饶乐州都督，与唐亦有和亲关系。

开元、天宝时，唐王朝与靺鞨、回纥及南诏先后发展起来的关系也是比较重要的。

靺鞨是满族的祖先，商周时称为肃慎，汉魏时称挹娄，北朝时称勿吉，隋唐时改称为靺鞨。其活动的范围，主要是在东北的白山（长白山）和黑水（黑龙江）地带。

靺鞨族在经济生产方面以农业为主，社会进化较快。隋唐之际，靺鞨已发展成七大部，其中尤以居于南部（北起松花江上游、南至长白山一带）的粟末部与居于北部（黑龙江中下游直至东海岸）的黑水部，势力最强。

粟末部大概已发展到奴隶制的初期阶段。它曾一度受高丽役属，唐初平高丽后，一部分粟末人西迁至营州居住。契丹李尽忠反唐时，粟末部举众东还。后来粟末部首领大祚荣建立了政权，国号振。睿宗先天二年（713），唐遣使册封大作荣为渤海郡王，以其所统为忽汗州，加授都督。

从此，这个政权以渤海为号，每年遣使向唐朝贡，世代向唐请封号。

开元七年（719），大祥荣死，玄宗遣使吊祭，并册封其子大武艺袭父爵及官职。

渤海政权最盛时，南至朝鲜半岛的北部，东抵今苏联滨海地区，境内有五京、十五府、六十二州，国都为上京龙泉府（今黑龙江宁安县世环镇）。

渤海与唐的经济、文化交往也十分频繁。从鸭绿江入海，经旅顺至登州（今山东蓬莱），是渤海通往唐的水路要道。渤海的特产马、铜等物，对唐内地经济的发展起到了积极的促进作用。渤海政权的政治制度，大抵仿唐制。其贵族子弟有很多到长安的太学求学。渤海国使用汉文，传入的汉文书籍有《汉书》《三国志》《晋书》等。在唐文化的影响下渤海文化有很大发展，当时有"海东盛国"之誉。

黑水靺鞨共有十六部，其与唐的关系，主要是在玄宗时奠定的。开元十三年（725），唐玄宗在黑水靺鞨内设立黑水军，以最大的部落为黑水府（在今苏联哈巴罗夫斯克市），以其首领为都督，其余诸部皆为刺史。另外，在黑水府设立长史一职，由唐中央政府委派汉族官员前往就任，这是历史上中国在黑水靺鞨最早的行政设置。

开元十六年（728），玄宗赐其都督姓李氏，名献诚，授云麾将军兼黑水经略使。自此，黑水靺鞨向唐廷朝贡不绝，保持着十分密切的关系。

回纥是维吾尔族人的祖先。在汉文史籍中，又被称为袁纥、韦纥、回鹘、畏兀儿等，这些异称都是"维吾尔"名称的异译。

回纥部众原游牧于娑陵水（巴梭格河）和鄂尔浑河流域，后繁衍为九族，史称"九姓回纥"。隋及唐初，回纥与仆固、浑、拔也古（一作拔野古）、同罗、思绪、契苾羽、阿思结、骨仑屋骨思等部结盟，史称"九姓铁勒"，先后受突厥、薛延陀统治。

唐初，曾助唐攻破薛延陀。唐太宗在漠北推行府州制度时，以回纥部为瀚海都督府，以回纥首领为都督。并设立邮路，"通管北方"。唐高宗时，又曾助唐攻破西突厥。突厥默啜之兴，回纥与契苾羽、思结、浑等部，经唐允许，内迁甘、凉间居住，受唐保护。

开元中，回纥渐盛，曾一度攻扰唐凉州地带，后退回乌德犍山地区。至

121

天宝初，突厥政衰，回纥酋长颉利吐发遣使朝后，玄宗封其为奉义王。天宝三年（744），颉利吐发自称骨咄禄毗伽阙可汗，玄宗因册为怀仁可汗。第二年，怀仁可汗攻灭突厥，尽有其地，成为漠北的强国。由于唐玄宗与回纥恢复了和好关系，安史之乱时，回纥曾两次出兵助唐平乱。

回纥政权的政治制度，兼采突厥和唐制。回纥汗国初期尚是不发达的奴隶制国家，在唐封建文化的强大影响下，到8世纪时，它又明显地跨入了封建社会阶段。

回纥汗国一直与唐保持着密切的关系，其每一位可汗都接受唐廷的册封。特别是安史之乱平定后，为酬谢回纥统治者出兵相助，唐每年要给回纥绢两万匹，回纥则每年向唐提供几万匹马，换取内地的丝绸、茶叶等物。这些大量的绢、茶等物，除自己消费外，有很大一部分远销于中亚各地。

安史之乱后，吐蕃曾一度占据了西域和河西地带，唐和西方的交通受阻。于是，唐和西方商人多改道经由回纥往来贸易，回纥一时成为东西交往的重要媒介。

回纥的商业空前活跃，回纥商贾除西行中亚外，到内地的常以千计，他们在长安等地广置资产，开店铺，不少人还与汉人通婚，久居不归。

回纥的文化，受汉族文化的影响很深。8世纪中叶以前，回纥可汗开始仿照唐的建筑修建城市、宫殿，回纥人民也逐渐走向定居生活。大约在9世纪前半期，回纥汗国灭亡，部众四散。一支内迁河西走廊定居，与汉人融合。另两支分别送入今新疆吐鲁番和天山北路、葱岭以西地区。发展成今天的维吾尔民族。

此外，南诏统一六诏后，也是唐玄宗册封南诏王皮逻阁为云南王的，时在开元二十六年（738），这就奠定了西南少数民族与汉民族融合的基础。尽管天宝后期南诏曾一度反后附于吐蕃，但当时南诏王阁罗凤"刻碑于国门，言己不得已而叛唐"，且曰："我世世事唐，受其封爵，后世容复归唐，当指碑以示唐使者，知吾之叛非本心也。"

可见，南诏之对唐的内附，已是历史趋势，南诏统一后，在唐的强大影响下，社会经济发展很迅速，在土地、赋税、军队等制度方面，均参照唐制。

由于汉族织工进入云南，南诏的纺织技术也赶上了唐朝内地的水平，其建筑也大多仿唐制。现存南诏时期的大理崇圣寺塔，蔚为壮观，就是汉族工匠设计建成的。南诏还大力传播儒学，贵族子弟入成都学习，而汉族的诗文、书法在南诏也很流行。

唐代铜镜

西域诸国，曾是唐与中亚进行政治、经济、文化交往的重要通道。开元、天宝时，唐王朝对西域的控制基本是稳固的。

在西域有许多以城郭为中心的小国，大多已进入封建社会。立国在今新疆天山南路的高昌（今吐鲁番）、焉耆、龟兹（今库车）、于田（今和田）、疏勒（今喀什噶尔）五国最为著名。

唐在此设有安西都护府，统领龟兹、碎叶（今苏联乌兹别克境内）、于田、疏勒四镇，故称"安西四镇"。这是唐朝经营西域的重要军事基地，为维护西域的统一有着重要的保障作用。此外，唐还在天山北路设有北庭都护府，统管天山以北，及巴尔喀什湖以东、以南的广大游牧地区。当时葱岭以西、楚河以南、波斯以东的广大中亚地区，也在唐朝所统辖的西域境内。

西域与唐内地汉民族的文化交流，具有很深的影响。

高昌人中汉人很多，汉文在高昌境内是通行文字。唐朝的均田、府兵、租庸调等制度，都曾在伊州、西州等地施行。

唐还在天山南路大兴屯田，使中原地区的先进农业技术进一步传到西

域。在焉耆唐王城遗址的考古发掘中，曾发现一害藏，内有小米、高粱、麦粉等，还有石碾、铁犁和铁镰等生产工具。在龟兹故地还发现了长达百里的于渠遗迹和管理水渠的"掬拓所"文书。这些都反映了汉文化对西域人民的深刻影响。

同时，西域的优秀文化对汉文化的影响也十分深刻。龟兹乐、疏勒乐和高昌乐，成为唐王朝国乐的组成部分。龟兹音乐家白明达在唐宫廷内十分出名。以善笛驰誉长安的李謩则是龟兹乐师的弟子。西域的舞蹈在长安更是盛行。对唐绘画影响颇大的西洋凹凸画法，就是由画家尉迟乙僧传入的。

此外，西域许多优良食品如高昌葡萄酒等，也在唐时传入内地。至于在唐代对中国文化产生很大影响的中亚文化，更是经由西域传入的。所有这些，极大地丰富了唐代汉族人民的经济、文化生活。

处在这一民族大融合时代的唐玄宗，他所实行的民族政策，基本上是继承了唐初李世民以来"天下一家"的精神的。其特点概括起来有以下三点：

第一，册封与和亲。凡是向唐归附的少数民族部落，唐廷皆封其首领官爵，或册封其为王、为可汗；或以其地设立州、府地方行政机构，授其首领为都督（亦称羁縻州府）。

在羁縻州府中，唐廷间有派汉官前往统领的，但并不向少数民族的百姓征收租赋。总之，仍保持其民族原来的现状和习俗，不改变他们的生活方式。

唐王朝还往往以宗室女与少数民族的首领和亲，力图以婚姻关系来维持、巩固双方的和睦。

第二，留京宿卫。有些多数民族的首领亲自率众来长安归附，玄宗往往授予高官厚禄，多数是任羽林将军，留京宿卫。有的还享有十分高的待遇。当时在长安唐廷任职的少数民族首领为数颇多。

第三，任用蕃将。唐初大宗李世民曾富于卓见地起用蕃将，其限度是蕃将一般不专方面之任，在军中多任副职。但到了唐玄宗时情况起了变化，他在军队中起用的蕃将，不仅人数多，而且委以重权，被任为节度使而专统一镇、甚至数镇的少数族将领也不少。

如高仙芝，高丽人，天宝时历任安西节度使、河西节度使；哥舒翰，突骑施人，天宝时任陇右节度使、加河西节度使，安史之乱时，拜为皇太子先锋兵马元帅。

又如原河西、陇右、朔方、河东节度使王忠嗣的部将李光弼，则是契丹酉长的后裔（一说中亚安国人），天宝末年以后，成了唐代著名的军事家之一。还有安思顺，营州杂胡，天宝中为朔方节度使。

至于安禄山以蕃将而一身专任三镇节度使，更是超乎寻常。

总之，玄宗时的军队中少数族出身的将领很多。尽管这一政策后来出现了偏差，但它毕竟表明了民族间的大融合，在更深入、更广阔的领域内扩展着，这是两晋南北朝和唐初以来民族融合的必然结果。

当然，玄宗时的民族关系并非没有矛盾的一面。其时北方迁入塞内的少数民族，在与内地汉族杂居时，在当时的历史条件下，不可避免地要出现一些民族间的矛盾，但这毕竟不是历史发展中的主流。

开元盛世享太平

玄宗君临天下以后，适度地调整了其统治政策，又锐意改革，革除了弊政，促使了社会经济的极大发展，使唐王朝进入了它的鼎盛时期，即被史家、文人所津津乐道的开元盛世，并用他们那支饱蘸浓墨的笔，热情洋溢地勾画出一幅灿烂的、激动人心的开元盛世的美好图景。

在诗文中，较早讴歌开元盛世的见于杜甫《忆昔行》的一首诗，其中说：

> 忆昔开元全盛日，小邑犹藏万家室。
> 稻米流脂粟米白，公私仓廪俱丰实。
> 九州道路无豺虎，远行不劳吉日出。
> 齐纨鲁缟车班班，男耕女桑不相失。
> 宫中圣人奏云门，天下朋友皆胶漆。

杜甫是唐代一位著名的现实主义诗人，他生于唐中宗景龙二年（708），卒于代宗大历元年（766），亲身经历了开元盛世的全部过程。此虽为诗文，但它毕竟也反映了开元时期的现实生活。

唐代著名史学家杜佑在他编撰的巨著《通典》一书中，曾简要地记载了开元十三年（725）玄宗东封泰山时的情况，他说："开元十三年，封泰山，米每斗至十三文，青、齐州谷每斗才五文。此后天下无贵物，两京一石米二十文，面三十二文，绢一匹二百一十文。"

东至宋州、汴州，西至岐州，"夹路列店肆，待客酒馔丰溢"。每店都有驿驴，赁给旅客乘骑，"倏忽数十里"。"南至荆、襄州，西至蜀川、凉府，北至太原、范阳，沿途皆有店肆，以供商旅。远适数千里，不持寸刃"。

杜佑生于开元二十三年（735），曾担任过宰相职务，他在史学方面尤其重视社会经济的荣衰。《通典》所记开元十三年（725）的情况，虽非他所目击，但他毕竟生于开元后期，所撰《通典》也都言之有据，因此，他记载的

杜甫草堂

和实际情况也不至于有多大出入，仍是可信的。

五代、北宋的史家，对开元盛世也有不少热情的赞誉，其中比较全面的是五代刘昫所主编的《旧唐书》，他在《玄宗本纪》后评论说："玄宗罢黜前朝奸佞之臣，以杜其奸；焚毁珠玉锦绣，以戒其奢侈；禁止女乐，放出宫女，以明其教；搜兵而责帅，以明军法；考课官吏，选贤任能，朝堂之上都是经济之才；旁求宏伟，进道艺文。他长辔远驭，志在于升平。"因此，"贞观之风，一朝复振"。

当时，小儿皆知礼让，老人不识兵革。边境无事，国内太平。最后他又啧啧赞叹说："所谓'世而后仁'，见于开元者矣。年逾三纪，可谓太平。"

《旧唐书》的作者都是五代后期人，他们自然不可能目击开元之治的情况。但在编修《旧唐书》时，尚有唐武宗以前的历朝实录；代宗以前，尚有纪传可作为依据。因此，《旧唐书》的作者对开元盛世的赞美，绝不是毫无根据的信口开河，其所本的仍是唐人记载，大体上是可信以为实的。

在以自然经济为主的封建时代，社会经济的繁荣与农业生产的发展是休戚相关的，而土地的开发与利用则是农业生产发展的中心环节。所以唐人元结在《问进士》第三条就曾这样说过："开元、天宝之中，耕者益力，四海之内，高山绝壑，耒耜亦满，人家粮储，皆及数岁，太仓委积，陈腐不可较量。"

对于开元盛世的耕地面积，与号称强盛一时的西汉做了比较，西汉垦田面积最多的是平帝时期，约为八百二十七万余顷，而唐代天宝年间的耕地面积大约在八百万顷至八百五十万顷（依唐亩计算），耕地面积远远超过了西汉。开元盛世的耕地面积大体与天宝时期相当，如果这种估计不谬的话，那么，唐代开元时期的耕地面积要比西汉多出约一百万顷左右。

另外，从开元年间前后户口的变化也颇能说明一些问题。如果将开元末年与开元初年的户口数相比较，户数约增加了二百三十七万多，而人口则约增加了一千一百七十六万多。户数平均每年递增八万多，人口则平均递增四十多万。

为了说明问题，不妨将开元与贞观时期的户口增长情况作一比较。贞观初年户数不满三百万，后来有塞外来投归者，突厥前后降附者，破高昌所得户口及新增加户，至永徽元年（650），户数达到三百八十万。

唐太宗君临天下二十三年，号称大治，户数仅增加了八十多万，平均每年递增不足四万户，尚不及开元时期每年递增数的二分之一。

可见，开元时期的户口数增长是很快的。在封建社会里，户口的显著增长又通常是和经济的繁荣、政治清明与社会安定紧紧联系在一起的。

在玄宗统治的开元时期，政治安定，吏治清明，经济高度繁荣，学术文化十分发达；一其疆域辽阔，国威远扬，四夷宾服，是封建史上的一个大治时期。所以史家说，"贞观之风，一朝复振"。

平心而论，开元之治在政治上稍逊于贞观，而经济文化的繁荣却不是贞观之治可以伦比的。因为开元、天宝时期，不仅使唐代进入了鼎盛时期，也是我国封建史上文化发达、经济繁荣的极盛时期。

开元盛世的出现，是唐初以来政治和经济进一步发展的结果。李渊在亡隋的基础上建立了统一的唐王朝，李世民即位后，有鉴于隋朝的覆亡，锐意求治，进行了一些政治改革，刷新了吏治，注意发展生产，实行了轻徭薄赋、与民休养生息的政策，使社会经济在隋唐之际残破不堪的废墟上逐渐恢复，并迅速发展起来。

因此社会上一时出现了"商旅野次，无复盗贼"，"马牛布野，外户不闭"，"频致丰稔，斗米三四钱"的景象。贞观之治的出现，为唐代的进一步发展奠定了基础。

在高宗统治的后期，朝政大权逐渐旁落到武则天的手中。武则天执政后，在着意打击旧贵族的同时，又尽力拉拢与培置了一批新的官僚势力，进一步发展了科举，也招揽了不少人才。

武则天也很重视农业生产，规定地方官"田畴垦辟，家有余粮"则予以奖拔，如果"为政苛滥，户口流移"则必加惩罚。在她当政期间，社会还比较安定，户口增加，农业和手工业继续发展，故史家称她虽"僭于上而治于下"。

但是，武则天重用酷吏，滥杀朝臣。她还放手招官，增加了不少冗官滥吏。同时她佞佛，大肆修寺造像，修天枢，铸九鼎，挥霍无度，又加重了人民的负担，迫使农民流亡。在川蜀地区，还发生了部分农民起义，他们"攻城劫县"，被统治者诬称为"光火大贼"。

继武则天之后的中宗、睿宗都是昏庸之辈，统治阶级内部矛盾尖锐，危机四伏，不时发生政治动乱，在治理国家上都没有什么起色。

唐玄宗是在乱世之秋登上政治舞台的，在一连串动乱之后，人心思定，民心思治。他适应这一时代的需要，顺应了历史发展的潮流，励精图治，铲除积弊，他锐意进取，正身率下，针对现实，积极调整了封建统治政策，稳定政局，恢复封建统治秩序，推行休养生息和发展生产的政策，缓和了社会矛盾，促进了经济文化的高度繁荣，形成了开元盛世的大好局面。

在我们充分肯定玄宗积极的历史作用的同时，也要看到从唐初以来，社会基本上是安定的，社会经济是逐步向前发展的，在此基础上，玄宗把唐代社会向前推进了一步，从而跨入了繁荣鼎盛时期。

唐诗和艺术及科学成就

唐代是中国的古典诗歌发展到了高峰的时代。而开元天宝时的诗歌，又是最为光彩夺目的。诗人中最杰出的代表"诗仙"李白与"诗圣"杜甫的重要篇章，就产生在开元、天宝年代。

就诗本身而言，盛唐诗歌的成就，是"初唐四杰"（王勃、杨炯，卢照邻、骆宾王）对梁、陈诗风的突破，以及陈子昂、刘知幾文学革新理论的推动下，所取得的结果。同时也是由于封建经济的长期持续发展和繁荣，丰富了社会生活，也丰富了诗人们的生活，使诗人的眼界大大开阔了。

根据现有的史料可以查知，李白不仅熟悉当时的商业生活，而且熟悉当时的手工业生活。安史之乱后，他在《为宋中丞请都金陵表》中说，金陵（今江苏南京）"地称天险，龙盘虎踞"，并着重指出："况齿革羽毛之所生，梗楠豫章之所出。元龟大贝，充牣其中；银坑铁冶，连续相属。

初唐四杰

铲铜陵为金穴，煮海水为盐山。以征则兵强，以守则国富。"这表明他对于工商业在社会生活中的作用，有着深刻的了解。另一方面，随着经济的发展，地主阶级的剥削也加强了，封建经济关系中的固有矛盾也在不断深化。特别是民族矛盾的加深，玄宗时边镇战争的增多，到天宝十四年（755）还爆发了安史之乱。

总之，一方面是国家前所未有的富庶、强盛，社会生活的繁荣丰富；另一方面是社会矛盾的空前激化。正是在这特殊的社会条件下，强烈的悲欢离合、社会的大动乱，也都激发了诗人们前所未有的创作热情，终于成就了盛唐诗歌的全盛阶段。

李白，字太白，号"青莲居士"。祖籍陇西成纪（今甘肃秦安），生于安西都护府之碎叶城（今苏联吉尔吉斯境内），幼年随父迁居绵州彰明县（今四川江油县），并在四川长大。

他年轻时遨游全国各地的名山大川，是一位极富浪漫色彩的大诗人。所写诗歌内容广泛，想象丰富奇特，风格雄健豪放，语言清新自然。杜甫说他的诗"笔落惊风雨，诗或泣鬼神"，具有强烈的艺术魅力。

天宝元年（742），由于吴筠等人的揄扬和推荐，玄宗召他入京。他到长安以后，受到玄宗的优遇，"降辇步迎，如见绮皓；以七宝床赐食，御手调羹以饭之。谓曰：'卿是布衣，名为朕知，非素蓄道义，何以及此？'"，但玄宗仅命他为供奉翰林。这是一个专给皇帝作诗玩赏的差使，李白在玄宗身边经常侍奉陪宴。

李白本有建功立业的抱负，曾想借机得玄宗赏识，以便青云直上，故奉命作诗相当卖力。然而，玄宗似乎只赏识李白的诗才，并不认为他有"吏才"，所以，始终没有给他加官晋爵。

而李白本人住在长安三年，仍然过着狂放的生活，不愿迎合权贵，相传有"龙巾拭吐""御手调羹""（高）力士脱靴""醉草蛮书"等故事。

由于李白在封建帝王面前傲岸狂放的态度，对贵戚、大官僚以及高力士之流权势人物的卑视，因而受到他们的排挤攻击。

有一次，李白奉命为杨贵妃作诗，在诗中把她比作汉武帝的宠妃赵飞燕，以赞美杨贵妃的姿色，而高力士却趁机从中挑拨，说是李白故意讽刺。玄宗对李白，也不过是爱其诗名，把他作为自己的御用文人，自己酒醉饭饱之后，坐在沉香亭畔，"赏名花，对妃子"，让李白作诗，李龟年唱曲，作为自己的赏乐对象。

但李白不愿与朝中权贵苟合，也不满于那个平庸拘束的供奉差使，遂上疏"乞归"，玄宗"亦以非廊庙器，优诏罢遣之"。后来，李白曾写过"安能摧眉折腰事权贵，使我不得开心颜"，很可用来说明他当时的心情。

天宝三年（744），李白离开长安，"遂浪迹天下，以诗酒自适"。他在其后的流浪漂泊生活中，更感受到了"上层"社会人情冷落，世态炎凉。他在封建社会的政治道路上是碰了壁，但在诗歌艺术中取得了巨大的成就，成为中国古代伟大的浪漫主义诗人。

李白

如果李白留在长安长期侍奉玄宗，或许他的诗歌成就将是另一种模样，不一定会成为今天人们所称颂的"诗仙"了。

杜甫，字子美，原籍襄阳（今湖北襄樊市），生于河南巩县。其十三世

祖杜预为西晋时儒将，著有《春秋经传集解》。祖父杜审言是武则天时期的诗人，任膳部员外郎。父亲杜闲做过兖州司马及奉天（今陕西乾县）县令。可见杜甫是出身于有文化和诗歌教养的家庭。天宝三年（744），杜甫三十三岁，与四十四岁的李白相识于东都洛阳，自此结为莫逆之交，成为中国文学史上的佳话。

杜甫

杜诗的最大特点是境界广阔，思想深厚，同情民生疾苦，其涛虽抒写个人情怀，但多结合时事，深刻地反映了时代的社会面貌，所以杜诗有"史诗"的称誉。他是中国古代伟大的现实主义诗人。可是，在政治上却怀才不遇，坎坷一生。

开元二十三年（735），至洛阳应进士试不第，便北游今山东、河北一带，所谓"忤下考功第，独辞京尹堂。放荡齐、赵间，裘马颇清狂"。

天宝中客居长安十年，在玄宗朝中没有得到一官半职，政治上虽然失败了，但在诗歌创作方面却有了新的突破，在《丽人行》和《自京赴奉先县咏怀五百字》一类作品里，显示出现实主义创作精神的发展。

安史之乱时，杜甫从长安逃到了凤翔，肃宗任他为左拾遗（谏官），后来又回到长安、华州。乾元二年（759），又从华州一度回到洛阳，将乱后的沿途所见所闻，写成了《三吏》《三别》两组诗，在其创作通路上表现了现实主义的进一步发展。

这一年年底，他又到了四川成都，并在成都浣花溪畔建立了新居，自称为"浣花草堂"，在这里住了很长一段时间。严武保荐他为检校工部员外郎，并请他在节度使署任参谋，所以后人称他为杜工部。

杜甫用艺术家的笔触，形象深刻地揭示了当时的社会矛盾，写出了许多著名的诗篇。李白、杜甫是开元、天宝诗坛中两颗最瑰丽的诗星。正如韩愈在《调张籍》中所说："李杜文章在，光焰万丈长。"然而，开元、天宝杰出的诗人，并不只有李白、杜甫两位，如贺知章、王之涣、孟浩然、崔颢、王昌龄、白居易、王维、高适、岑参、张继等人，都是盛唐时代的诗杰。

开元时的宰相张说、张九龄也是闻名于时的诗人。至今在坊间巷间为老少妇孺习诵的脍炙人口的诗篇，有许多即出于他们之手。如今人诵习的《唐诗三百首》，不论何种版本，所收皆以开元、天宝时的作品居多。

尤为可贵的是，这时还出现了一批善以边塞兵戎、风情为题材的诗人和作品。如岑参于天宝八年（749）从军出塞，到了安西（今新疆库车），在安西节度使高仙芝手下管理文书，在那里任职两年多时间，才回到长安。

天宝十三年（754），他第二次从军，任安西北庭节度使判官，随节度使封常清到了北庭（今新疆吉木萨尔北破城子）。肃宗至德元年（756），升任伊西北庭支度副使。他因职务关系，经常来往于北庭、轮台之间，前后约三年。由于他广泛地接触了边疆生活和兄弟民族的文化风俗以及较多地了解了边地的军事情况，使他的诗歌内容和语言风格都发生了很大的变化。此外，还有著名的边塞诗人高适

白居易像

唐明皇招饮李白图卷

等，他们都写下了千古传颂、脍炙人口的名诗，从他们的诗中可领略到当时的社会内涵。

总之，盛唐时期诗人如此之多，成就如此之辉煌，原因是多方面的，其与玄宗对诗文的爱好和提倡也是分不开的。唐初帝王皆喜作诗，玄宗更是如此。

《全唐诗》收有其诗一卷，共六十三首。他虽然没有留下什么有名的诗篇，但任命著名文人张说、张九龄等为相，朝廷的诏敕大多均出自著名文人之手，对他们的优遇和尊重，在社会上树立了重视文化的风气。

另外，还专门在翰林院养了一批诗人，在游宴时陪侍，有些人随即转入仕途，身居高位，也促使一些知识分子向这方面发展。总之，玄宗个人对诗歌的爱好倡导，对开元天宝时期诗歌的兴盛，是起有一定促进作用的。

盛唐时期的雕塑绘画也有辉煌的成就。在举世瞩目的世界艺术宝库的敦煌莫高窟，开元、天宝年间的作品数量很多，而且技巧、风格都比初唐时的更成熟、更丰满。

在绘画中，人物画已突破原来以佛像为主题的格局，开始以世俗生活为题材，山水画也日益兴盛起来。最有成就的画家是吴道子，有"画圣"之称。他年未过二十，便已成名，曾在韦嗣立处当小吏，又做过兖州瑕丘（今山东滋阳）县尉。

浪迹洛阳时，玄宗闻其名，任以内教博士，改名道玄，在宫廷作画。他对于中国水墨画画法技巧的革新，贡献很大。

他在传统的兰叶描和粗细一律的铁线描（西域传入）之外，创造出一种名为莼菜条的笔法。这种线条犹如杭州西湖出产的莼菜茎，两端轻细，中间粗重，浑圆劲挺，富有运动感和节奏感，同时又富于变化，这就大大提高了线条的表现力。

吴道子以这种线条作画、点画之间，时见缺落，有笔不周而意周之妙。所画衣褶，勾出的衣纹饰带，犹如迎风飘洒，流畅自然，故有"吴带当风"之誉。

他还发展了梁朝张僧繇运用的晕染法（凹凸法，也是西域传入的），于焦墨痕中，别施彩色，微分深浅，使画更富于立体感。传说他在内殿画过五条龙，每逢天阴将雨，画面上便生烟雾，青龙鳞甲飞动，好似欲腾空而去。

吴道子秉性好酒使气，放荡不羁。由于他的画名轰动两京，受到人们的推崇，也受到玄宗的重视。他作画神速，作品甚多，仅在长安、洛阳二地寺观作壁画就有三百余间之多，所画情状都不相同：落笔时，或自臂、或从足先起，能不失尺度；写佛像圆光、屋宇柱梁或弯弓挺刃，都是一笔挥就，不用规矩。

所以，千百年来吴道子久享盛誉，至今民间画工崇奉他为祖师神，关于他的传奇故事也特别多。天宝年间，唐玄宗想看四川嘉陵江山水的奇丽景

色，命吴道子入蜀写生。吴道子回长安时却两手空空。玄宗召问时，他回答说："臣无画稿，唯有腹草。"

玄宗遂让他在大同殿壁上作画。吴道子只用一天时间就画好了。此前，画家李思训也在大同殿内画过嘉陵山水，用了好几个月。唐玄宗看了吴道子的画后赞叹道："李思训数月之功，吴道子一日之迹，皆尽其妙。"

又相传唐玄宗曾夜梦一巨人捉鬼，醒来后向吴道子说及梦中情况，并命其画出这一巨人像，吴道子当即遵命画出。玄宗见后十分惊讶，原来吴道子所画的与他梦中所见者一模一样。问他为何人，吴道子说是钟馗。据说钟馗捉鬼的画，即始于吴道子。这类传说虽然神奇，但却说明了吴道子绘画技术的精妙以及绘画成就之大和影响之深。

画家李思训是李唐宗室，玄宗开元初官左武卫大将军。他不仅字写得好，而且尤擅长画山水树石，笔力遒劲。好写湍濑潺湲、云霞缥缈之景，鸟兽草木亦描绘得十分逼真，而金碧辉映，自成家法，是山水画的"北宗"之祖。

其子李昭道，官太子中舍。继承家法，工金碧山水，多点缀鸟兽，并创制海景。作风以工巧繁缛为尚，书画评论者认为其"笔力"虽"不及思训"，但亦有"变父之势，妙又过之"的优点。人称其父子为大李将军、小李将军。

诗人王维也是个画家，善写泼墨山水及松石，其画淡雅、精妙，富有诗意，为山水画南派之祖。曾绘《辋川图》，山谷郁郁盘盘，云水飞动。北宋苏轼称他诗中有画，画中有诗。

王维亦善画人物和肖像。明董其昌认为"文人之耐"自王氏始。据说吴道子对形成水墨山水画派也有影响，故水墨山水亦称"吴装"山水。此外，还有善画花鸟禽兽的画家。如韩干得王维资助，学画十余年。善绘佛像、鬼神、人物、花竹，尤善画马。玄宗内厩有名马，韩干奉命为其画像，得壮健雄骏之神，当时称为"独步"。《照夜白图》至今仍令人惊叹不已。

在书法方面，继初唐的欧阳询、虞世南、褚遂良、薛稷和孙过庭之后，盛唐时又出现了颜真卿、怀素等大书法家。颜真卿书法初学褚遂良，后从张旭笔法，将篆、隶、行、楷四种笔法融会贯通，创造了方正敦厚、沉着雄浑的新书体，称为颜体，对后世书法影响极大。

其传世的《多宝塔碑》和唐后期柳公权的《玄秘塔》，至今仍是学生习字最常用的字帖，世有"颜筋柳骨"之称。

怀素是个和尚，精心学书，精研勤练，写坏的秃笔可以筑成冢，以"狂草"出名，其书刚劲有力，奔放流畅，是古典浪漫主义书法艺术的珍品。传说怀素好饮酒，往往酒醉兴来，挥手运笔，如骤雨旋风，飞动圆转，随手万变，而法度具备。后世学他草法的很多。流传至今的法书有《自叙》《苦笋》等帖。

诗人张旭也是个龙飞凤舞的草书家。他在写字前往往喝得大醉后呼喊狂走，然后落笔。有时还以头濡墨，自视为神，人称"张颠"。他自言曾见公孙大娘舞西河剑器而得其神。他精通楷法，草书最为知名，逸势奇状，连绵回绕，具有新的风格。吴道子、颜真卿都向他学过书法。人们认为怀素的狂草是继承张旭而形成的，谓"以狂继颠"，两人合称"颠张醉素"。

唐代是人文科学的盛世，自然科学领域却显得寂寞。此话不无道理。唐代闻名的科学家能排上的，大概只有医药学家药王孙思邈和天文历算家僧一行了。然而，就此二人，开元时代就占了一个，那就是僧一行。

僧一行，原名张遂，魏州昌乐（今河南南乐县）人，家住长安。年轻时博览经史，尤精历象、阴阳、五行之学。时道士尹崇博学先达，家中藏有很多图籍，一行向他借阅扬雄《太玄经》，过了几天就归还给他，尹崇感到很奇怪，说道："此书意指稍深，吾寻之积年，尚不能晓，吾子试更研求，何遽见还也？"

僧一行回答说：已了解其内容，并拿出自己所撰《太衍玄图》及《义决》一卷送给尹崇，尹崇大惊，因与一行一起探讨书中的深奥道理，大为佩服，由是一行的名声大起。

武三思曾慕其名想和他结交，一行逃匿以避之。旋即出家为僧，隐于嵩山，一行就是他的法名。玄宗闻其名，把他召入宫中，安置于光太殿。一天，玄宗听说一行的记忆力惊人，为了当面试他，将宫女的花名册交给他。

一行将花名册从头至尾看了一遍，即交还玄宗，并一一背出其名字。玄宗听后大为叹服。

玄宗以前的历律，长期来一直不稳定，而且误差很大。高宗以后行《麟德历》，但按该历推算，月食的时间大部分不合。天文历法，与人们的生活有密切的关系。特别是在封建社会的政治生活中，历律是一个重要的制度，每逢改朝换代，统治者总是要修订旧历，甚至重新颁行新历。

开元九年（721），唐玄宗命僧一行考究前代诸家家历法的得失，主持修订新历。僧一行受命以后，首先从造仪观象和实测子午线入手。

一行想重新观察黄道（星象图中的赤道）进退的情况，但他到太史临一看，竟没有黄道仪。于是一行与率府长史梁令瓒（一位机械制造专家）合作，与工人一起创制了一台铜铁结构的黄道游仪，还制成一台水运浑仪，为准确地观察天象提供了工具。

黄道游仪是用来观测日月星辰的位置和运行情况的。一行运用这台新仪器，对一百五十余颗恒星进行了测定，对二十八宿（星群）距天体北极的度数进行了重新测量，结果发现了恒星也在移动的天文现象。

这一天文学史上的重大发现，比英国天文学家哈雷在1718年提出的恒星自行的观点早了将近一千年。一行通过黄道游仪，还证实了太阳运行速度不均匀的规律，这对制历来说是极为重要的。

水运浑仪，用滴水做动力，能再现日月星辰运行的天象，还能计时报响，制作技术极为精巧。浑仪上装有两个执棰木人和一钟一鼓，每隔一时辰（两小时），一木人出来敲钟，每隔一刻（一昼夜为一百刻，一刻合十四分二十四秒），另一木人出来击鼓。这种水运浑仪，可以说是世界上最早的天文钟了。

开元十二年（724），僧一行倡议组织大批人马，在全国开展大规模的实测子午线的天文观测活动。唐玄宗欣然同意和支持，并命太史监南宫说（也是一位天文学家）协助僧一行主持进行。

当时安排观测地点共有二十四个，北起蔚州（今山西灵丘），南至林邑（今越南境内顺化附近），全长近四千公里。在这条经线的各个点上，皆立有八尺暑表，在夏至日的正午，按时测量日影的长度。还设计了一种复矩图的仪器，在夜间同时测量北极星的高度。

此外，僧一行还组织人员在白马（今河南滑县旧县治）、浚仪（今河南开封市）、挟沟（今属河南）和上蔡（今河南汝南）四个地点的南北距离，一段一段地进行了徒步实测。

通过这次测量，僧一行算出北极高度相差一度，南北相距三百五十一里八十步（合今129.22公里），这也就是地球子午线一度的长度。

一行所测，与现代测知的长度110.92公里相比，虽然还有很大误差，但他们使用比较科学的方法实测子午线，这在世界天文学史上是一次创举，他们所测定的数字也是世界上有关子午线的首次实测记录。外国天文学家从事子午线的测定，要晚九十年。

这次负责测量的人还深入南海观察，看到了在中国大陆上从来没看到过的老人星下的粲然群星及南极二十度以上的星象。

在现代科学技术尚未发展起来的一千多年前，能成功地进行规模如此巨大的天文观测活动，不仅体现了僧一行的卓越才智，以及他精深的天文、历算知识，也深刻地反映了开元年间的工艺制造水平和数学水平，显示了开元年间的盛唐景象。

正是当时政治、经济及文化，特别是自然科学等各方面的有力配合，为僧一行在天文学上的成就提供了充分的冬件。

开元十五年（727），一行主持修定的新历终于草成，取名为《大衍历》。但他却在这一年不幸逝世，终年四十五岁。第二年，即开元十六年（728）的八月，已经致仕而仍兼集贤殿学士的特进张说，正式献上《开元大衍历》，玄宗遂下令正式颁行。

《大衍历》以最新的天文观测成就为依据，系统周密，结构合理，成为当时的一部先进历法，影响颇大。后来的历法家几乎都按照《大衍历》的结构来编写历书，直到明朝末年吸收了西洋历法后，才有所变易。其影响之深远，于此可以概见。

"万国衣冠拜冕旒"

中国古代与世界各国的经济文化交流，至隋唐时期发生了划时代的变化。主要是因为中国本身和外部世界都出现了新的因素。

在传统的丝绸之路方面，中国与葱岭以西的中亚、西亚各国的商业，主要是通过阿拉伯人和波斯人进行的。对于南亚文化、中亚文化，特别是地中海文化（希腊、罗马、波斯文化）的吸收，则主要是以印度佛教为中介的。当公元前2世纪汉武帝开辟丝绸之路时，印度佛教由孔雀王朝的阿育王（前273—前232）的提倡而成为国教，印度佛教初时尚未有偶象崇拜。

直到4—5世纪（相当于我国三国魏晋时期），印度笈多王朝把阿育王帝国相当大的部分统一起来，使印度出现了被世人颂扬的"黄金时代"。一些最精致的印度雕刻就是在这个时期产生的。5世纪时，印度美术家所画的壁画，被认为是印度最完美的艺术。

再看地中海沿岸，罗马帝国在公元前29—前14年，经奥古斯都、恺撒（屋大维）的统治以后，维持了罗马二百年的和平，建立了好几十个兴旺的城市，使罗马的文明和艺术空前兴盛。出现了灿烂的罗马文化，标志着地中海世界古典文明的高峰。而此前由于亚历山大的远征印度，将希腊文明传播到了中国的近邻。

从2—6世纪，在白沙瓦地区（在今巴基斯坦境内）形成了具有希腊艺术风格的印度佛教艺术，又称印度犍陀罗艺术，在随印度佛教东传中国时，对中国艺术产生过重要影响。

因此，可以说这是古希腊艺术传入中国的主要媒介地。罗马帝国一度曾分为东西两部，西罗马帝国日渐衰弱，而东罗马帝国（拜占庭王朝）的查士丁尼，在公元6世纪曾经一度恢复了某种统一的局面。

在地中海南岸的君士坦丁堡，始终是在东方保存希腊文明的一个中心。此外，在丝绸之路上起有重要作用的波斯（伊朗），在萨珊王朝时期重新兴旺起来，其时间约在公元前2世纪后期到公元7世纪前期（下限当唐朝初期）。

7世纪开始，阿拉伯半岛的人民，在伊斯兰教的神圣缔造者穆罕默德的率领下，开始了对地中海的征服，不久即建立了强大的阿拉伯帝国。

其版图西及西欧，横跨亚非，东经中亚，一直延展到印度以及唐朝的边界（葱岭以西）。此外，在相当于唐贞观年间开始大化革新的日本，和统一了朝鲜半岛三国的新罗，也对中国的文化产生了极大的兴趣。

再从中外交通的通道来看，隋唐以后，阿拉伯、波斯商人循阿拉伯海、印度洋和南海的海道，来中国东南沿海经商的人逐渐频繁起来。这条海上丝绸之路与陆上丝绸之路并驾齐驱，大大开拓了中国同时对外开放的通途。

而当时的唐王朝在政治、经济、军事、文化各方面，都处在一个高度繁荣的时代。正是在这样一种新的外部与内部历史环境中，中西文化交流出现了前所未有的兴旺局面。

这时踌躇满志的唐玄宗，更是充满自信，面向世界，敞开大门，实行积极的对外开放政策，推进与中亚、西亚、南亚及东亚各国的政治、经济和文化交流。

唐时，亚洲许多国家的使节、贵族、商贾、学者、艺术家和僧侣等，不断前来中国。唐王朝派往国外的使臣、僧侣及到外国经商的商人，也不绝于途。那时与唐通使交好的国家，主要的有七十多个。其中，还包括地中海沿岸的拂菻（东罗马）和北非一些国家。唐廷专设鸿胪寺的机构负责接待各国使节和宾客。

天宝末，长居鸿胪寺的外国人竟

张果见明皇图

有四千多。住在长安的外国人，除了各国的使者、宾客及其眷属外，还有大量的商人、学者、艺人和僧侣。在长安及东都洛阳等地唐政府设有商馆，专门接待外国商人，又设有互市监、市舶司掌管对外商的贸易。在长安西市，有许多波斯胡商开设的店铺、货摊，他们长期住在长安，从事贸易或其他活动。

在唐朝太学中，还有为数颇多的外国留学生，有的外国人还在唐政府中担任官职。有人粗略地统计过，在长安城一百万人口中，外国人约占百分之二，其中完全穿着唐服与汉人杂居的外国商人将近二千人。总之，长安成为当时著名的国际大都市。

来中国经商最突出的，要算波斯人和阿拉伯人了。他们一部分以驼队通过传统的西域丝绸之路，经中亚到达中国的新疆地区，然后转辗到达长安、洛阳等地；另一部分则从波斯湾沿岸出发，经新辟的海路，行至中国南方的广州，然后又上溯至泉州、明州（今浙江宁波）、扬州。当时广州、泉州、明州和扬州是唐重要的国际贸易口岸。

有关唐朝设市舶司的记载，最早就见于玄宗开元二年（714）。至于远航印度和波斯湾的中国商船，为数也不少，而且中国商船船板坚厚，形体巨大，深为阿拉伯商人们所喜爱。波斯、阿拉伯商人将西亚所产的珠宝、药材、香料等名贵物品，运到中国，又从中国运去大量的丝绸、茶叶、瓷器等物，大大促进了中国与西亚人民的经济交往。

许多波斯、阿拉伯人还在中国一些大城市如广州等经商，以经营珠宝、药材、香料等著称，人数颇多。如安史之乱发生时，平卢兵马使田神功攻入广陵（扬州），曾杀"商胡以千数"，可见外国商人在扬州之多。

在扬州的胡商以经营珠宝生意闻名，从《太平广记》所保存的一些传说中可以看出，当时的唐朝贵族官僚和大地主凡欲得珠宝的，差不多都要到扬州去找胡商购买；而远近有人得了奇宝欲出手的，也必要去扬州找胡商求购。

又如广州，肃宗乾元元年（758）时，大食（阿拉伯）、波斯曾出兵由海路来围攻州城，"一国兵掠仓库，焚庐舍，浮海而去"。可见当时波斯、阿

拉伯与中国海路交通之便利。

及至唐末黄巢起义军攻占广州时，曾杀死伊斯兰教徒、祆教教徒、景教教徒约十二万人左右，其中以波斯、阿拉伯商人居多，更可见这些胡商在广州商业经济中的地位。

至于泉州，也是阿拉伯人大量留居的地方。伊斯兰教的缔造者穆罕默德曾对手下的四大弟子说："为了追求知识，虽远在中国，也应该去。"据说这四位弟子后来分别到了广州、扬州和泉州。其中两人死后葬在泉州，其墓至今犹在，在泉州至今还保存有以阿拉伯文碑的墓群。

随着波斯、阿拉伯人的大量涌入，波斯的食品如菠菜、蜜枣、胡饼之类也传入中国，拂麻（东罗马）的医术和吞刀吐火等杂技也介绍到了中国。通过波斯，中国的丝绸又远销到拂麻、甚至欧洲大陆。当时东罗马的皇帝、贵族、妇女都以服用中国丝绸品为荣。中国商人为发展对外贸易，适应西方消费者的需要，在丝织物中还采用了波斯风格的花纹图案。

天宝十年（751），大食阿拔斯朝建立（史称黑衣大食），第二年遣使入唐，玄宗特授大食王为左金吾卫员外大将军。天宝十二年（753）一年中，大食王又接连四次遣使入唐修好。由于玄宗建立了与大食的友好关系，所以安史之乱时，大食曾数次派兵助唐平乱。

唐时，在今苏联中亚地带，有称为"昭武九姓国"的康、安、石、曹、米、何、史、火寻和戊地九国，是唐的羁縻州地区。这些地区的人善商贾，入唐经商的以这些地区的人为最多。其中，曹、石、米、何、康、安诸地区的人移居长安、洛阳的很多，不少人还在唐廷中担任过军政职务，立过战功。

昭武九姓的音乐舞蹈，对唐的影响也很大。长安乐府伶工的籍属有米、曹、安、康等地区人。如曹姓的曹保、曹善才、曹纲三代以善琵琶著称；米姓的米嘉荣、米和父子也是善乐中的佼佼者。曹、米两家成为长安城内的乐舞世家。康姓的康昆仑玄宗时住长安街东，琵琶号称第一手。

安乐、康乐都列为唐代的国乐；石国的胡腾舞、柘枝舞和康国的胡旋舞传入长安，深受唐人喜爱。

第四章 开国新政创辉煌

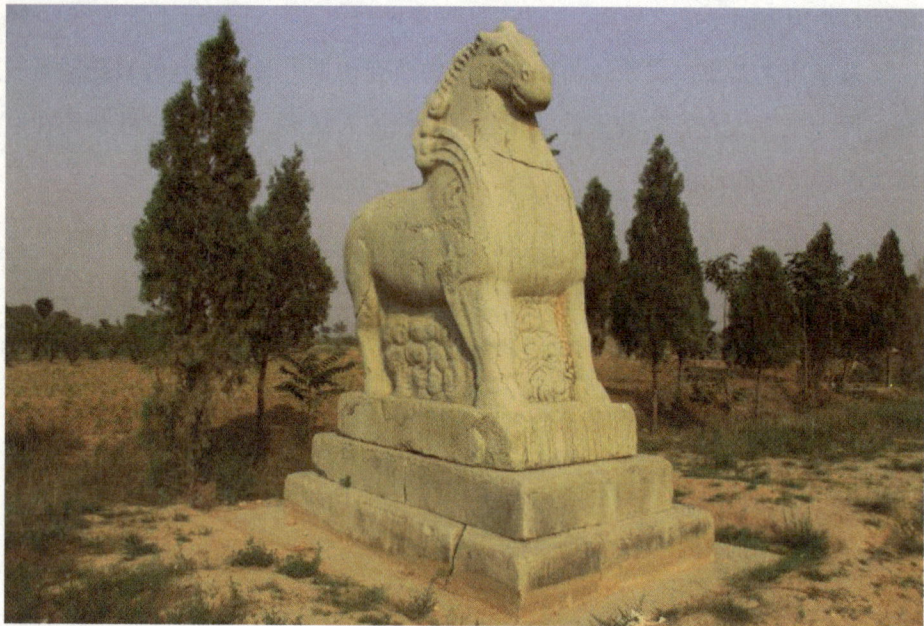

泰陵驾风欲翔的翼马

玄宗时，康、米、史、俱密等部都曾进献胡族舞女。唐玄宗对这些中亚地区的音乐、舞蹈有浓厚的兴趣。此外，西域的马毯在中国传播颇广泛。唐皇宫中专门筑有马毯场，唐玄宗也是一位热衷的爱好者。

阿拉伯的伊斯兰教和波斯的景教、摩尼教，也在盛唐时传入中国。不过，在中西文化交流史上，以印度佛教的东传影响最大。佛教从东汉时开始从西域传入中国内地。至魏晋南北朝和隋唐时代，曾出现过两次佛教兴盛高潮。大批中国僧侣以执着、坚韧的精神，不畏艰辛，徒步万里，西入佛教故乡印度求法。

中国学问僧西行取经的，在3—8世纪中，3世纪后半期二人，4世纪五人，5世纪（南北朝前期）六十一人为最多，6世纪骤减至十四人（主要由于北周灭佛及突厥骤强阻绝西域通道），至7世纪（唐初，也正是印度本土佛教昌明达于极点之时）增至五十六人，至8世纪前半期（恰当玄宗开元、天宝年间）有三十一人。

唐代中国佛教的华严宗、法相宗、禅宗、律宗四大教派的创立，至开元前也已基本完成。佛教之在中国的传播，其意义远不止于佛教本身，还对中国的文学、艺术、建筑、语言乃至学术思想，都产生了深远的影响。

中国敦煌、云岗、麦积山及洛阳龙门石窟的壁画和雕塑，都有印度北部犍陀罗艺术风格的影响。而犍陀罗艺术又受有希腊艺术的影响，因此它又成了向中国传播西方文化的重要中介。

坐落在丝绸之路上的敦煌莫高窟，凝聚了中国传统艺术和印度、希腊艺术的精华，成为举世瞩目的东方艺术宝库。其最初开凿的时间是在十六国时的前凉永乐八年（353），前距汉武帝始通西域约四百多年；其鼎盛的时代恰在唐朝，而尤以开元、天宝时代居多，作品也更成熟、精彩。此外，起源于唐代的中国传统小说，也正是由于佛经变文故事的诱发而诞生的。

唐与东南亚的林邑（越南中南部）、真腊（柬埔寨）等国家的交往也十分密切。唐代的典章制度和诗歌多传播到林邑。林邑和真腊向唐赠送的驯象等，深受唐人的喜爱。这种经过特殊训练的象，会跪拜舞蹈。

玄宗时，每逢宫廷宴会奏乐，必有大象表演的节目。天宝十二年（753），真腊王子曾率随员访唐，唐玄宗赠予"果毅都尉"的官号。真腊原称扶南，富于特色的扶南音乐、舞蹈，传入中国后，也被唐廷立为国乐之一，还专门在宫中请扶南乐师传授扶南乐。

在东亚方面，唐与新罗（朝鲜）、日本的交往进入了一个重要的时代。

唐高宗上元二年（675），新罗统一了朝鲜半岛，推进了与唐的友好联系。新罗商人来唐的很多。一是由朝鲜半岛西渡黄海，至山东半岛的登州（今蓬莱）登岸，然后取陆路经青（今山东益都）、齐（今山东济南）、汴州（今河南开封）转往洛阳、长安；一是沿今山东、苏北海岸南下，至今江苏涟水县入淮河，上溯至楚州（今淮安），由此沿运河，西可去汴、洛，再入关中，南可下扬州。

当时，在山东半岛的赤山、莱州（今掖县）等地设有新罗坊，坊中设有总管、翻译，在楚州则有新罗馆，说明这里曾是新罗侨民聚居的地方。新罗还派大批留学生到长安太学学习，其中不少人还参加过唐廷的科举考试，有的进士及第后，留在唐政府中供职。

如留存至今为数不多的唐代笔记中，有一本《桂苑笔耕录》，作者就是

新罗人崔致远。这些新罗留学生大部分学成归国后，为在朝鲜吸收、传播唐代文化起了重要作用。

唐初至天宝中，新罗设立专门博士，来研究唐代的医学、天文和历法，并开始采用唐朝的历法。天宝末，新罗仿效唐朝的政治制度改革中央及地方的行政机构，以后又采用科举制来选拔官吏，并以《左传》《礼记》《孝经》为主要考试科目。

中国的典籍如诸子、《文选》《晋书》及诗文著作大量流入新罗。新罗学者薛聪还创造了"吏读"法，用汉字作为音符来标记朝鲜语的助词，帮助人们阅读汉文。

玄宗对发展唐与新罗的关系十分重视，开元二十五年（737），新罗王逝世，玄宗深知新罗文化较发达，便特意挑选经学家邢璹前往吊祭，并对他说："新罗号为君子之国，颇知书记，有类中华。以卿学术，善与讲论，故选使充此。"

这说明玄宗对外交事务还是十分关注的。朝鲜的音乐、舞蹈对中国影响很大，高丽乐也是唐朝的国乐之一，在长安还住有不少朝鲜音乐家。

日本与中国原是经由朝鲜半岛而交通的，时称北路。后来，开辟了南路，由日本出发，跨海西行，直接航至中国长江口及苏北沿海一带登陆，入扬、楚等州，再经由运河西上洛阳、长安。唐时这条南路运道比北路频繁。

隋末唐初时，日本正处在由奴隶制向封建制过渡的变革时期，他们对昌盛的唐朝经济文化极为欣赏，为其本国社会变革的需要，日本政府派出了大批人员来中国求学。还在隋朝时，即派出了第一批遣隋使。

贞观五年（631）又派出了第一批遣唐使。自贞观五年至开成三年（838）止，共派遣唐使十二批。唐初，遣唐使团人数一般不超过二百人，玄宗执政以后，人数剧增，其中开元五年（717）、开元二十一年（733）和文宗开成三年三批，人数均在五百五十人以上。

遣唐使团的成员有政府官员、留学生、学问僧，还有各行各业的人；可见他们对吸收中国文化的兴趣之浓厚。有许多日本留学生在唐朝学习得非常出色，如闻名诗坛的晁衡，原名阿倍仲麻吕，擅长诗文，和著名诗人李白、王维等人友谊颇深，在玄宗前后曾担任光禄大夫、御史中丞、秘书监等高官要职。后病逝于长安，终年七十三岁。

中国佛教东传日本，也极大地促进了中日文化的交流，其中贡献最为卓越的要算天宝年间的鉴真和尚。

鉴真，姓淳于，扬州人，生于睿宗垂拱四年（688）。他对律宗的研究造诣颇深，在扬州大明寺讲律传戒。

日本圣武天皇通过日本僧人邀请鉴真和尚去日本传戒，他六次渡海，五经挫折，好几次差点丧命，最后在双目失明的情况下，于天宝十三年（754）携弟子终于安全到达日本，时已年近七旬。

鉴真和尚把律宗传到日本，同时还传授了中国的佛寺建筑、雕塑、绘画、医学等技术，对日本文化产生了重大影响。

日本奈良现存的唐招提寺，就是鉴真及其弟子创建的。日本人民敬重鉴真，当他圆寂归天时，日本弟子专为他塑造了一尊夹纻漆像，至今犹存唐招提寺。日本奈良时代（相当于唐开元、天宝前后），在日本曾兴起中国热，从哲学、文学、书法、美术、音乐、天文、历法、建筑、印刷、武器以至文字等各方面，都赞美中国，极力向中国文化学习。

在农业生产技术方面，日本历史典籍中还保存着唐锹、唐竿、唐箕、唐碓、唐臼等器物名称。

在文化风俗方面，唐人的马毯、角抵、围棋、饮茶、唐服、端午节、重阳节等，亦先后传入日本，唐代文化对日本文化的发展产生了深远影响。

在唐代中西文化交流史上最具世界意义的要算是造纸术的西传了。中国是世界上最早发明造纸术的国家，天宝十年（751），唐安西节度使高仙艺出葱岭，与大食军队交战，结果在恒罗斯战役中失败，被俘唐兵中有造纸工人，阿拉伯人便利用他们的技术建厂造纸，于是中国的造纸术传到了中亚的撒马尔罕，又传到西亚的大马士革（今叙利亚首都），最后又西传到了非洲和欧洲大陆。这次造纸术的西传看似完全出于偶然，其实自有其必然之所在。

当时被俘的唐军中有一位是《通典》作者杜佑的族侄名叫杜环，在大食

住了十年，著有《经行记》一书，提到大食（阿拔斯朝）国都库法城中，有"绫绢机抒、金银匠、画匠，汉匠起作画者，京兆人樊淑、刘泚；织络者，河东人陈、吕礼"。

可见，当时唐人在阿拉伯传播中国技术的还相当的多。在这样一种中西文化大交流的历史环境中，中国造纸术的西传也就是必然的趋势了。

世界公认，中国造纸术及之后印刷术、指南针和火药的发明及西传，对于世界文化发展的进程，具有划时代的意义。

总之，在积极的开放政策下，开元、天宝时期的中西文化交流，出现了新的高潮。世界各国优秀文化的输入，极大地丰富了中国的文化；而高度发达的唐代封建文化，也对世界各国文化的发展做出了巨大的贡献。

在这样一个高度开放的历史环境中，唐王朝进一步巩固了自己的地位，在国际上享有极高的声誉，唐王朝成为当时世界上公认的最强盛的封建国家。

第五章　耀功封禅堕淫逸

泰山封禅祭天地

封禅，即古代帝王到泰山祭祀天地，向天地报告自己的功业，祈祷保佑。开元之前，只有秦始皇、汉武帝、汉光武帝，唐高宗到泰山封禅。

历史上真正关心民生大事的帝王是不行封禅大典的，如隋开皇十四年（594），"群臣请封禅"，隋文帝最初拒绝，后来令牛弘制定封禅仪注，但最终隋文帝还是决定不举办封禅大典。他诏告天下："此事体大，朕何德以堪之！但当东狩，因拜泰山耳。"开皇十五年（595），隋文帝经过泰山脚下，用祭南郊的礼仪祭拜一次便了。

唐太宗贞观年间的统治，是历代歌颂的太平盛世，当时赵郡王和工部尚书等上疏建议到泰山封禅，太宗表示犹豫，他征求魏徵的意见。魏徵陈述利害，言封禅为劳民伤财之举。太宗认真考虑了魏徵意见，决定不搞封禅，日后未去。

唐高宗乾封元年（666），虽然举行封禅大典，但由于他的功业远不如贞观之治，因此《旧唐书》作者认为高宗"封岱礼天，其德不类"。对国对民都没有意义。

开元元年（713）十月，明皇准备任姚崇为中书令，张说嫉妒，唆使御史大夫出面弹之，玄宗不纳。十二月，"姚崇既为相，紫微令张说惧，乃潜诣岐王申款"。煽动亲王反对姚崇，事发，"说左迁相州刺史"。

开元九年（721）开始，张说二次担任宰相。当时开元改革虽然取得成效，边区安定，农村经济逐渐恢复发展。但社会又出现新问题，土地兼并激化，逃户增多。但张说二次当了宰相以后，对当时国计民生的迫切问题不闻

不问，却积极粉饰升平，固位取宠。

开元十年（722）以后，以宰相张说为首，在京城掀起鼓吹封禅大典的浪潮。

最重要的是掀起封禅大典请愿浪潮，迎合玄宗好大喜功心理，以达到自己不可告人的目的。

开元十二年（724）十一月，吏部尚书裴漼请封东岳，颂扬明皇"握符提象，出震乘图，英威迈于百王，至德加于四海。臣幸遭倡运，谬齿周行，咸申就日之诚，愿睹封峦之庆"。玄宗当时未考虑好，暂时"未议封崇之礼"。

三天以后，张说带领副相源乾曜，前后三次上疏，恳请玄宗封禅。

其时，文武百官、四方文学之士上书修封禅者"前后千有余篇"。哪来的四方文学之士呢？他们既不是地方良吏，也不是各地知识分子，可能是在东都参加整理图书、抄书、编书的知识分子，因为张说是修书使，是修书的首领，首领既然屡次上封禅表，那些文士哪敢怠慢呢？由于张说等人大哄大嗡的结果，使唐明皇"不得已而从之"。决定开元十三年（725）十一月初十日，到泰山行封禅大典。

开元十二年（724）十一月，玄宗离长安到东都去，做好准备后东巡。按常规群臣都前来送驾。深知宰相的唐玄宗，预料极谏阻止封禅的宋璟，可能托病或借故不参与送驾，想不到他早已率百官赶来。正在玄宗喜出望外时，他送上第三道辞官奏本。

玄宗说："朕欲封禅，卿极言阻之，难道说朕功不高吗？德不厚吗？符瑞不至吗？何为不可？"

宋璟说："陛下功高则高矣，而百姓尚未深受其惠；德虽厚矣，然泽润尚未广被宇内；诸夏虽安，未足以供其事，远夷仰慕，未足以供其求；符瑞虽臻，灾警犹密；积岁虽丰登，但仓库尚稀！臣窃以为不可也！若陛下尚未审老臣此谏，则请喻谏之！臣虽未能远喻，但喻于人，请陛下试一省之：譬有人十年长患瘵，治后将愈，便欲使此人负米千斤，令其日行百里，可乎？"

唐代东林寺

　　"既不可，则老臣更言之：今韦逆、太平之乱，非止十年。陛下之良医，虽除其疾苦，使大唐中兴，然犹初愈重疾之人，尚未甚充实，便欲告成功于天地，臣窃有疑！"玄宗说："卿所疑何来？"宋璟说："臣闻先贤云：'自满者招溢，自骄者招损。'今以我朝方兴而告大成功于天地，臣疑我君臣威威烈烈出望贤宫之日，即已暗招溢损，致有他日对此望贤之宫，浩叹唏嘘之忧患！臣身为辅臣，苦谏不得，只有求避相位，让贤者继之！"

　　玄宗早已听不下去了。只等宋璟话音一落，便冷笑不止地下敕说："卿老且病，准本罢为开府仪同三司，仍留守西京，下殿去吧！"

　　按封禅大典的计划，第二步是制定封禅礼仪，由张说负责。唐朝的封禅仪注最初由大儒颜师古拟定，元封元年高宗封禅，就是根据颜师古仪注进行的。张说以唐初封禅仪注为基础，根据开元年间的形势，张说制定的仪注特点如下：

　　为防止"突厥乘间入寇"，邀请四夷君长及使臣"从封泰山"，当时被

邀者有突厥、契丹、奚、靺鞨、昆仑、日本、新罗、日南等。这样，使封禅变成具有国际性的盛典。

以皇父睿宗配皇地祇，山上祀上帝封坛，以高宗配享，邠王守礼亚献，宁王宪终献。

强调仪礼具体做法"断圣意"，对封禅具体礼仪，如果有意见分歧，最后由明皇裁定。

开元十三年（725）十月辛酉，唐玄宗从东都出发，"百官、贵戚、四夷酋长从行。每置顿，数十里中人畜被野，有司辇载供具之物，数百里不绝"。前后共走了二十五天，十一月丙戌，到泰山下。

第一天，玄宗在山下行宫，斋戒沐浴。

第三天，玄宗乘马登山，宰相张说及礼官、亲王及宰相指定部分官员随驾登山。途中，玄宗忽然问道："前代帝王封禅玉牒（祭文）为什么秘而不宣？"礼部侍郎贺知章答："秘求神仙，故不欲别人看见。"明皇说："朕今此行，皆为苍生祈福，没有秘密，可将玉牒公开，使知朕意。"玄宗玉牒的主要内容是表示李唐天下受命于天，强调自己的统治使"海内晏然"，最后为子孙和黎民祈福。

第五天，天气晴朗，玄宗在泰山顶祭坛礼拜上帝，献玉牒，以高祖配享。明皇首献、邠王亚献、宁王终献。礼毕，将玉牒藏在祭坛石室。接着，在祭坛东南方向的燎坛上，点燃木柴。火焰上升，日扬火光，烟尘飘向天空。同时，百官在山下祭祀五帝百神，时山上山下一片万岁声，唐明皇非常兴奋！

早晨"封祀"礼毕，玄宗、亲王、宰相、礼官开始下山，大约午间到达社首山大帐。迎接銮驾的百官四夷酋长向玄宗祝贺！

第六天，举行"禅社首"大典。社首山是泰山下一座小山。玄宗在这里祭祀地神，以唐睿宗配祀。藏玉牒于祭坛下，礼毕。

第七天，玄宗在大帐接受朝觐，参加有文武百官、孔子后裔、朝集使、著名儒生，还有突厥颉利发，契丹、奚、靺鞨首领，日本、新罗、日南等使节。玄宗颁诏，大赦天下，封泰山神为天齐王。

开元十三年（725）十一月甲午，玄宗结束了封禅大典，敕四夷首领各归本地，銮驾返还东都。

銮驾进入兖州地界，玄宗敕高力士率近卫官兵护后宫嫔妃先返东都，自己却领着随驾百官至曲阜，祀祭孔子。

轰动全国的封禅大典，满足了唐玄宗好大喜功的欲望，从而使其骄奢滋长。但受益最多者是宰相张说，他不仅取得玄宗的完全信任，变成红得发紫的大臣，而且在封禅过程中，由于张说"自定升山之官"，把自己的亲戚、故吏带上泰山，从而得到皇帝"推恩"，获得官爵和赏赐，不少人越级升官。

封禅大典从准备到实施，一年有余，宰相和有关人员全力以赴承办此事。特别是开元十三年（725）十一月、十二月期间，皇帝、亲王、百官、四夷首领及其护从几万人骑马、坐轿，往返于东都泰山之间，大量人员食、宿交通都由沿途州县人民供应，从而严重地增加了人民负担。

举国同庆千秋节

在开元十三年十一月的封禅大典中，张说可谓风光无比，同时又获得实惠。为了取宠于皇帝，他又想出新花招。开元十七年（729），他建议把玄宗生日（农历八月五日）定为千秋节，举国同庆。张说建议玄宗把八月五日作为全国的节日，以祈祷万岁寿作为活动中心。

唐玄宗对此非常高兴，立即敕令草拟《答百僚请以八月五日为千秋节手诏》，宣称："自我作古，举无越礼。朝野同欢，是为美事。依卿来请，宣付所司。"从此，便决定每年八月五日，在全国举办千秋节。

开元十八年（730）六月，开始筹备首次千秋节。八月五日，首都第一个千秋节在花萼楼举行庆典，楼上大宴群臣，楼下南北大街，即命内教坊、外教坊于街上演出百戏，与民同庆同乐。

从此以后，全国年年举办千秋节，放假三天，聚宴欢乐，虚耗民脂民膏。

开元二十三年（735）千秋节，玄宗"御花萼楼，宴群臣，制千秋节诗序。"

开元二十四年（736）千秋节，在东都广达楼举办，赐宴群臣，奏九部乐。并且下诏说："今属时和气清，年谷渐熟，中外无事，朝野乂安。不因此时，何久燕喜，卿等即宜坐饮，相与尽欢。"

天宝七年（748），玄宗六十四岁生日，文武百官、宗子及京兆尹建议，改千秋节为天长节。玄宗准奏，八月初一日，正式决定改千秋节为天长节。

令全国各地为皇帝举办千秋节，在历史上是一次空前创举，反映帝王骄奢的滋长，唐玄宗开始逐渐走向堕落。

纵情声色尽豪奢

开元末期，玄宗纵情声色，极端奢侈。每餐要上几千盘山珍海味，一餐之用，相当中等人家十户产业。

夜宴图局部

每至春天，玄宗天天晚间在宫里设宴，命妃子们头上遍插鲜花。玄宗亲自捉粉蝶放开，看粉蝶落在哪个妃子头上，玄宗当天晚上就住在她房里。直到纳杨玉环为贵妃，方止此游戏。

开元二十六年（738）以前，玄宗宠爱宫妓念奴。此女不仅长相出众，而且唱功亦佳，天天伴玄宗左右。她每次打竹板唱歌，顾盼流情，十分妩媚。歌喉婉转动人，钟、鼓、笙、竽等乐器的声音都不能与之比拟。

玄宗专门训练四百匹舞马，分左右两个大队，大队下又分成若干小队。当时西北少数民族进贡的好马，玄宗都派人教它们跳"上杯舞"，曲尽其妙。

有一次，唐玄宗在皇宫设宴，他登上勤政楼。天未破晓，金吾和四军的士兵都排列等候，插好各种旗帜。士兵披着金甲，穿着绣袍。太常寺陈乐，卫尉卿张幕，然后各部落首领就餐。府、县、教坊大摆山车、旱船、寻橦、走索、九剑、角抵、戏马、斗鸡等各种节目。

同时令数百宫女，用珠翠装饰，穿着锦绣衣服，从帐篷走出来，奏《破阵乐》《太平乐》《上元乐》。又有人领着大象、犀牛入场，这些动物既拜且舞，每种动作都随乐曲，符合节拍。

玄宗经常在勤政楼观看杂技表演，当时教坊有个王大娘，擅长顶竹竿。她在头上顶着百尺长的竹竿，竹竿上端放着模仿方丈、瀛州的两座木制小山，叫一个小孩手拿红竹节在山间来回出入，而且不停地唱歌跳舞，真是绝妙已极。

当时刘晏考中了神童科，担任秘书正字，只有九岁。他相貌丑陋，但聪明过人。玄宗把他叫到楼里，杨贵

155

妃把他抱在膝盖上，给他涂脂抹粉、戴头巾，把他化装成女孩。

玄宗笑着问他："你担任正字，正了几个字？"刘晏答："天下字我都正了，只有'朋'字还没有正。"杨贵妃叫他写一首诗咏王大娘顶竹竿。刘晏少停一下，吟道："楼前百戏竞争新，惟有长竿妙入神。谁得绮罗翻有力，犹自嫌轻更著人！"玄宗、贵妃听了都欢笑起来，立即赐他牙笏和黄纹袍。

唐玄宗常观看斗鸡赛马，最宠爱神鸡童贾昌。贾昌，长安人，开元元年（713）生。他父亲是个大力士，自己能拉倒一头牛，是除灭韦党的功臣之一。贾昌自幼随父习武，敏捷过人。

明皇当临淄王时，便喜欢看斗鸡。开元以后，在两宫间建立鸡坊，并挑选五百名年轻力壮的六军士兵做鸡坊小儿，精心饲养千余只金毛、铁距、高冠、翘尾的公鸡，每天训练它们相斗。上有好者，下必有甚焉。

由于皇帝喜欢斗鸡，有不少贵族、官僚、百姓也以斗鸡为乐，甚至有倾家荡产买鸡者。由于购鸡者众，从而使鸡价暴涨。穷人买不起真鸡，只好做木鸡相斗。某日，明皇出游，到了云龙门，看见一个小孩在弄木鸡相斗。这两支木鸡做得惟妙惟肖，像真鸡一样，斗得紧张激烈，比真鸡相斗还活跃。明皇看了一阵，便叫斗木鸡小儿跟他进宫，当鸡坊小儿者，吃穿等都比龙武军优厚。

原来这个小儿不是别人，正是贾昌。他进宫不久，管鸡坊的王承恩就向明皇报告说："贾昌这个三尺小儿，一进入鸡群，就像自己进了小朋友中间，非常了解鸡，哪只鸡体强体弱，哪只胆怯，哪只勇敢，哪个鸡病了，何时喂食，怎样喂食，贾昌都了若指掌。他随便挑出两只鸡来，这两鸡都怕他，十分驯服地听他的命令，好像事先早已驯练好的一样。"

王承恩把贾昌的驯鸡本领说得神乎其神，明皇半信半疑，就把贾昌叫到宫里试验。果然，每个试验项目都令玄宗满意。非常高兴，当场任命他做五百小儿长。由于贾昌为人忠厚，处事谨慎，玄宗非常喜欢他，经常赏他金帛。

开元十三年（725）冬，贾昌用笼子装了三百只斗鸡，跟随封禅泰山。他

唐明皇传

父亲贾忠在泰山下病死。玄宗特准贾昌尽孝，护送棺材回东都安葬。

开元十四年（726）二月，贾昌又穿上斗鸡服装，随玄宗到达骊山。当时人们称他"斗鸡童"，成为远近闻名的人物，正赶上千秋节，当时山上奏乐、唱歌、跳舞。贾昌头戴雕翠金华冠，身穿锦绣襦裤，手拿带铃的拂尘，带领着鸡群，整齐、端正地站在广场上。贾昌两眼炯炯有神，眼珠迅速来回转动，指挥风生。

在贾昌的指挥之下，斗鸡马上竖起羽毛，张开了翅膀，磨完的嘴巴，然后拼死拼活地搏斗起来。斗鸡随着贾昌鞭子的指挥，或进或退，或高或低，都有一定的节奏。

贾昌看着胜败已见分晓了，就在前面带路，率领鸡群回鸡坊。斗胜的鸡在前边，斗败的鸡在后边，排成整齐的两行队伍。当时其他杂技演员，如角抵、万夫跳剑、顶竹竿、蹴球的，都不敢在贾昌前边走。开元二十三年（735），唐玄宗给贾昌娶了梨园弟子潘大同的女儿为妻。

开元末年，大兴土木，扩建温泉宫，把温泉宫改为华清宫，以华清宫为中心，在骊山建设成皇帝、贵族、大官们旅游城。

开元二十六年（738）冬，在长安洛阳建行宫，分别建造一千余间宫殿。天宝元年（742）十二月，敕令冯翊、华阴两县民夫建会昌城，设置为骊山服务的机构。王公都在骊山会昌建立别墅，地价暴涨，亩值千金。

当时，不仅玄宗、贵妃过着骄奢淫逸的生活，而且鼓励亲王、高级官员享乐。宁王李成器是明皇胞兄，有很多歌妓，歌妓宠婢不仅姿色出众，而且歌声动听，最受宁王宠爱，一般客人很少见到。

申王李成义，是唐玄宗亲二哥。宁王有灯婢，申王有烛奴，他叫人用龙檀木雕刻成许多小孩，穿上绿衣，系上腰带，手拿画烛，每当宴会时，把烛奴排列四周。申王每逢外出酒醉时，都叫宫妓用彩锦结成大兜子，抬着送回他自己寝殿，叫作"醉舆"。年冬天降温时，他都叫富宫团团围坐其周围，助其御寒，谓之"妓围"。

岐王李隆范，是玄宗亲四弟。他荒淫好色。每年冬天，手脚发凉，就把手伸到美妓衣服里乱摸，叫作"暖手"，天天这样干。岐王在自己宫中竹林

里悬挂很多碎玉片，每天晚上，听到玉片相碰发出声音，就知道有风，叫作"占风铎"。

每年秋天，宫里妃子因为无聊，都捉蟋蟀玩，把蟋蟀放在小金笼里，放在枕头边，夜里专门听其叫声。

平时，玄宗经常大宴，赏赐百官，他认为国库的钱无穷无尽，怎么也用不完。所以把金钱看成粪土，无限度地赏赐宠妃、及权贵之人。

如开元十八年（730）二月，玄宗规定百官春季休假十天，自己选择名胜去玩乐、宴饮。玄宗并专门摆设十二桌酒席，招待宰相到员外郎的百官，每人赏钱五千缗。随后，玄宗登上花萼楼，看那些官员骑马玩乐，便叫他们停下与自己共同喝酒，并令其跳舞，尽欢而散。

开元二十年（732）四月，明皇在上阳东州宴请群臣，喝醉者玄宗赐他们床及被褥，叫人用轿抬回来，沿途不断，丑态百出。

开元二十八年（740）元宵节，玄宗登勤政楼，招待群臣，连夜点灯，不料被大雪浇灭了。唐玄宗敕令，每年二月十五日点灯。

天宝七年（748）八月，改千秋节为天长节。

天宝八年（749）正月，赐京官绢，准备第二年游玩。

天宝十三年（754）三月，明皇到跃龙殿设宴招待百官，赐右相杨国忠绢一千五百匹，彩罗三百匹。三品官八十匹，四品、五品官六十匹，六品、七品官四十匹，极欢而散。

玄宗与贵族、官僚的豪奢生活，消耗唐政府的大量资财，正赋收入，已经满足不了皇家及大贵族的需求，于是想方设法搜刮民财，杨崇礼、杨慎矜、王鉷等积极为这个风流天子效力。

开元初年，杨崇礼任太府少卿，他"请严善勾剥，虽分寸锱铢，皆躬自省阅检核"。后升太府卿，他为了增加太府的收入，"转输纳欠，折沽渍损，必令征送，天下州县征财帛，四时不止"。

崇礼当了二十年太府卿以后，使国库财物堆积如山，每年勾剥省便出钱数百万贯。崇礼死后，其子杨慎矜，继承杨崇礼，为太府出纳。他为了扩大收入，对全国各州交来的税物验核十分严格，常以"有水渍、伤败及色下"

为由而责成诸州折价赔偿，然后转购当地价廉物美的轻货上交太府。

因此，各州交了正赋以后，还要补交所谓"水渍、伤败"那部分税物，从而大大增加了农民的负担。

天宝二年（743）四月，陕郡太守韦坚，兼知勾当租庸使。他见杨慎矜父子以勾剥财物争行进奉而致恩顾，"坚乃以转运江淮租赋，所在置吏督察，心裨国之仓廪，岁益钜万"。

王𬭚，也专为玄宗额外聚敛财富，数年之间，从小小的县尉升监察御史、户部员外郎、御史中丞，身兼二十余使。王𬭚任户口色役使期间，更进一步勒索百姓。按唐朝旧制，人丁戍边者，免其租庸，一般是六年返乡。

但开元年间，长征健儿死者很多，边将为怙宠故意隐瞒不报，从而戍边者人虽死亡而户口并未注销。王𬭚明知实情，却坚持说这些人丁籍仍存，是长期漏税。

于是利用强权，除了减六年以外，追征征人之家三十年租庸，致使"天下之人苦而无告"。天宝四年（745），玄宗下诏免除百姓赋税，王𬭚却奏请"征其脚钱，广张其数，又市轻货，刁甚于不放。输纳物者有浸渍，折估皆下本郡征纳。"同时又令"高户为租庸脚士，皆破其家产，弥年不了。恣行割剥，以媚于时，人用嗟怨"。

当时，唐玄宗"用度日侈，后宫赏赐无节"，又"不欲数于左右藏取用"。而王𬭚用额外加税的手段"岁贡额外钱百亿万，贮于内库，以供宫中宴赐，曰：此皆不出于租庸调，无预经费"。明皇以王𬭚"能富国，益厚待之"，兼二十余使。

以上几个搜刮民脂民膏的财政官员，都是唐玄宗自己豢养的，这几个官僚所得的禄位，大大超过一般官员。这不仅腐蚀了官员，同时也腐蚀了唐政府，加深了阶级矛盾。

第六章　身居高位弄权术

口蜜腹剑屡得逞

李林甫，出身宗室，其曾祖父叔良，是唐高祖李渊的从父弟，封长平王。可是，到了祖父孝斌，未能袭封王爵，官至原州长史；其父思诲，更是官仅扬府参军。所以李林甫一家在宗室中地位并不显赫。

唐玄宗上台之初，李林甫年龄尚轻，既无资历，亦未立过殊功。但是，毕竟凭着宗室关系，他很快从千牛直长，迁为太子中允。

后来，又得舅舅的帮助和提拔，官运更是亨通。他的舅舅就是当时朝廷中权势极大的楚国公姜皎，姜皎对这个外甥十分喜爱，在官僚面前往往为之延誉。

特别是源乾曜为侍中时，姜皎的妹妹嫁与源乾曜的侄孙源光乘，二大官僚家庭结成了姻亲，李林甫也因此攀上了这层血缘关系，得到了宰相源乾曜的支持。

有一天，源乾曜的儿子源洁对父说："李林甫求为司门郎中。"源乾曜考虑再三，回答说："郎官须有素行才望高者，哥奴岂是郎官耶？"哥奴，乃李林甫小名。可见，这时年轻的李林甫在德才、声望方面都还低微，要任职位较高的郎官，在朝廷中还很难通过。但他毕竟是姜皎的外甥，源家的亲戚，所以过了数日，在源乾耀的推荐下，李林甫还是被任为太子谕德。以后，又累迁至国子司业。

开元十四年（726），李林甫又通过有权势的宇文融的关系，升任为御史中丞，历刑、吏二部侍郎。

这时，在宫廷内部，武惠妃深得玄宗宠爱，想立自己的儿子为太子，因而与太子瑛间的矛盾日趋尖锐。李林甫为了解玄宗的动静和意图，结交宫中宦官，所谓"多与中贵人善"。

当他探知武惠妃的意图，即通过宦官向武惠妃谄媚投靠，提出"愿保护寿王"（支持立惠妃儿子寿王瑁为太子），以换取这位妃子对他的支持。

而武惠妃要想达到废太子瑛立自己的儿子为太子的目的，需要取得外廷官僚的支持，因此对李林甫的投靠十分高兴，便在玄宗面前为他说好话。

此外，李林甫又与侍中裴光庭妻子暗通私情。裴妻乃武三思的女儿，"诡谲有材略"。裴光庭一去世，武氏立即去找高力士，请他向玄宗要求准许以李林甫取代其夫侍中之位。高力士本出武三思家，对武氏的要求无法推却。但是，选择宰相是朝廷的大事，当时的玄宗对此是极为重视的，高力士虽得宠信，还是不敢直接向皇帝提出。

这时，玄宗与中书令萧嵩商量，准备提尚书右丞韩休为侍中。任命的诏书正在起草，高力士赶快将这一消息透露给武氏，要李林甫去转告韩休。韩休任宰相后，果然"甚德林甫"。

李林甫又取得了一位宰相对他的支持。以后，韩休直接出面推荐李林甫为宰相，武惠妃在宫内又"阴助之"，就这样，李林甫得任为黄门传郎。更重要的是玄宗对他"眷遇益深"，在政治上为他提供了一条飞黄腾达的路。

黄门侍郎是门下省仅次于侍中的副职长官，李林甫担任了这一官职，也就踏上了升入宰相高官的最后一个台阶。何时担任宰相，只是时间问题了。

由于李林甫的善于钻营，取得了玄宗的好感与信任，到了开元二十三年（735），玄宗以张九龄与裴耀卿为中书令、侍中的同时，任命李林甫为礼部尚书（寻历户、兵二尚书）、同中书门下三品，正式担任了宰相。

同时，三人并加银青光禄大夫，在朝廷形成三巨头任宰臣的政治格局。从此，李林甫一步步地左右政局，集军政大权于一身。

令人深思的是，最终把李林甫推上相位的居然是以耿直出名，深受名相宋璟赞赏的韩休。显然，连韩休这样一位敢于向玄宗进谏的名臣也被这个手段高明的李林甫瞒过了。

李林甫"面柔而有狡计，能窥伺人主意，故骤历清列，为时委任。而中官妃家，皆厚结托，伺上动静，皆预知之，故出言进奏，动必称旨"。

唐玄宗用李林甫为相之前，曾征求过张九龄的意见，张九龄认为："宰相系国安危，陛下相林甫，臣恐异日为庙社（朝廷之意）之忧。"其实这时玄宗已经看中了李林甫，张九龄反对也无济于事。

李林甫对于张九龄虽然忌恨，表面上仍曲意奉事，因为张九龄"方以文学为上所重"，地位毕竟比自己高，而且在统治集团中有一定影响，不敢掉以轻心。但当他看到张九龄与玄宗在许多问题上存在着分歧，于是，"巧伺上意"，千方百计地附和玄宗，并进而"日夜短九龄于上"，利用各种机会离间玄宗与张九龄的关系，削弱玄宗对九龄的信任。

李林甫与张九龄间的矛盾，就其性质来说，是统治集团内部争权夺利的斗争。也是吏士派与文学派之间矛盾的又一次冲突。李林甫非科举出身，其水平"仅能秉笔"，对于"有才名于时者尤忌之"，所任用的人多是文士中的"阘

张九龄

茸者"。

由于李林甫的学识水平不高，在负责吏部典选时闹过不少笑话。李林甫常把璋写成了麞。璋，乃玉器名，而麞即獐，畜生名。一字之差，失之千里，令很多人暗笑。

李林甫所推荐的户部侍郎萧炅，也是个不学无术的人。有一次，对着中书侍郎严挺之的面，把"伏腊"读为"伏猎"。严挺之遂对中书令张九龄说："省中岂容有'伏猎侍郎'！"于是，萧炅被贬为岐州刺史。这些，看起来打的是"错别字"的官司，其实深刻地反映了文学派官员对吏士派官员鄙视的态度。

当然，以李林甫为代表的吏士派势力并不弱，他们虽然舞文弄墨不及文学之士，但处理朝政的实际才能一般要比他们强。更何况，李林甫得着唐玄宗的眷遇，在宰臣三巨头中，并不是无足轻重的地位。

张九龄与严挺之友善，欲引以为相，对严挺之说："李尚书（李林甫，时任礼部尚书相）方承恩，足下宜一造门，与之款昵。"严挺之一向负气清高，薄李林甫的为人，说什么也不愿去拜访这个宰相，因而李林甫恨之入骨。

张九龄与李林甫的矛盾冲突，是大官僚集团中两大势力争夺最高权力的斗争；另一方面，又是唐玄宗与张九龄在一系列重大问题上（诸如赏张守珪边功、赦免安禄山及边将牛仙客入相、废立太子，等等），产生分歧的折射结果。

李林甫利用一切机会削弱张九龄的势力，而唐玄宗则怂恿李林甫攻击张九龄，终于，使李林甫抓到了绊倒张九龄等人的筹码。

事情是由严挺之引起的。严挺之的前妻，因故离异，重嫁蔚州刺史王元琰。元琰坐赃罪下三司（刑部、大理寺、御史台）审理，严挺之极力设法为之营解。李林甫趁机将此事派人密奏玄宗，玄宗不加查核分辨，即把三位宰相召来，说："挺之为罪人请属所由。"表示要惩办严挺之包庇亲属之罪。

张九龄辩解说："此乃挺之出妻（离婚之妻），不宜有情。"玄宗竟不耐烦地说，虽离婚仍有私情，张九龄无法为严挺之辩白。

于是，严挺之被贬为洛州刺史，王元琰流逐岭南。这还不算，玄宗又以侍中裴耀卿和中书令张九龄"阿党"的罪名，分别罢去相位，贬裴耀卿为尚书左丞相，张九龄为尚右丞相，不再参与政事。同时，玄宗任命李林甫兼中书令，并以张九龄曾竭力反对的牛仙客为工部尚书、同中书门下三品，领朔方节度使。这是开元二十四年（736）年末的事。

第二年四月，监察御史周子谅当廷弹劾牛仙客，认为他无才无学，滥居相位，不能称职，并引谶书为证，说牛姓为相，对唐廷不利。

周子谅是张九龄引荐的，所以他的弹劾，不仅仅是针对牛仙客一人，而是张九龄为代表的文学派对李林甫为代表的吏士派的最后一次反击。然而，一切都无济于事了。玄宗对周子谅的弹劾十分恼火，大发雷霆，当即令侍卫将周子谅痛打于殿庭，死而复苏，旋即又杖之于朝堂，流放瀼州，行至蓝田而死。

李林甫又提醒唐玄宗，"子谅，张九龄所荐也"。于是，玄宗又下令贬张九龄为荆州（治今湖北江陵）长史，逐出京师。

在贬逐张九龄的第二天，玄宗又立即宣布废掉了太子瑛。这也是张九龄在相位时竭力反对的。

这一系列事件的连锁反应，说明张九龄的罢相不是孤立的事件。表面上，这是吏士派官员对支持太子瑛的文学派官员的一次沉重打击；实质上，与其说是李林甫搞垮了张九龄，毋宁说是唐玄宗利用李林甫和张九龄间的矛盾，搬掉了妨碍自己随心所欲的绊脚石。

李林甫任中书令后，欲自专大权，阻止群臣向玄宗进谏，向谏官们明白宣布说："今明主在上，群臣将顺之不暇，勿用多言，诸君不见立仗马乎？食三品料，一鸣辄斥去，悔之何及！"有位补阙杜琎曾不顾李林甫的威严，还是上书言事，当即被黜为下邽县令。从此，"谏争路绝矣"。不仅一般群臣不敢进谏，连专负监察进谏之责的谏官们也只好沉默不言了。

从此，玄宗固然可以随心所欲地行事，听不到臣下的反对声；李林甫也如法炮制，得以自专大权，听不到反对声。这是玄宗所没有料及的。

当然，这种局面的形成，归根结底正是唐玄宗本人造成的，也是他长期当政后志得意满、自以为是的结果。如自从开元二十四年（736）玄宗从东都洛阳回到长安后，由于长安积蓄稍丰，不需要再做"逐粮天子"东巡洛阳，免除君臣上下的劳顿，玄宗以为这都是宰相李林甫的功劳。

有一天，玄宗对宦官高力士说："朕不出长安近十年（自开元二十四年至天宝三年），天下无事，朕欲高居无为，悉以政事委林甫，何如？"高力士本是玄宗的内廷心腹，玄宗经常向他征求有关政事的意见。因此，高力士率直地回奏说："天子巡狩，古之制也。且天下大柄，不可假（借）人，彼（李林甫）威势既成，谁敢复议之者！"高力士的这些回答并没有错，这也是玄宗以往维护皇权专制的策略。

唐三彩鼎盛

但是，一向善于窥测形势的高力士，这时却不察玄宗在思想上已起的变化，他对处理实际政务已逐渐失去兴趣，对没完没了的政事已感到厌烦了。

因此，高力士的话一出，玄宗即面露"不悦"之色。高力士知道闯了祸，立即顿首自陈："臣狂疾，发妄言，罪当死！"玄宗复又眉开眼笑，为高力士摆酒，以缓和他和高力士之间的尴尬局面，左右宦官也趁机高呼"万岁"。

从此，高力士"不敢深言天下事矣。"这不仅是因为高力士害怕城府深邃、手段阴狠的李林甫，还在于他深知，这一切都是主子玄宗的旨意！

身居高位揽大权

开元末至天宝初这一时期，唐玄宗本身发生了一些较大的变化，但这时经济上仍然很繁荣、政治上也相对稳定的时期，开元二十五年（737）七月，大理寺少卿徐峤上奏：今岁天下断死刑五十八人，大理狱院有鹊巢其树。百官以"几致刑措"，上表称贺。玄宗归功于上台不到一年的宰相，赐李林甫爵晋国公，牛仙客豳国公。

九月，李林甫和牛仙客主持与法官删修的《律令格式》，正式颁行。这是唐王朝健全封建法典的又一大事。接着，在这一月，牛仙客又建议，在关中行和籴法，以岁稔谷贱伤农，命增时价十分之二三，和籴东、西畿粟各数百万斛，并停输当年江、淮所近租米，以节省运费。下令河南、河北地区原先应输含嘉仓和太原仓的租米，也皆留输本州。由于关中地区的丰收，蓄积充溢，在一定程度上可以满足京师长安朝廷公私的需要。在经济繁荣、政治稳定的情况下，李林甫、牛仙客之流的政治地位也就巩固了。

第二年，即开元二十六年（738）正月，牛仙客被任命为侍中。不过，牛仙客也有自知之明，他深知自己得以任高官要职是李林甫引荐的结果，因而，在朝廷上讨论军国大政时，"专给唯诺而已"，不敢多发表自己的意见，一切都随附李林甫，军国大政的决断都以李林甫的意见为定。而李林甫在朝廷中独秉枢衡大权，在外又兼领陇右、河西节度使。或兼领安西大都护、朔方节度使，直接控制了边陲一些军事重镇的大权。

天宝年间改易官名，李林甫称右相。天宝六年（747），加开府仪同三司，赐实封三百户，受到非常优异的待遇。

此外，玄宗还常常派人往他家里送御府膳羞、远方珍味，来回送礼物的宦官"道路相望"，接连不断。李林甫在京城的家产不可胜计。城东的薛王旧宅，园林幽邃，是京师长安城中最佳的私人宅园，玄宗又特赐予李林甫。总之，开元以来宰相的权力之盛，"未有其比"。

由于李林甫事事能按照玄宗的意图去办，使得玄宗对他特别放心。加上所谓天下大治、一片盛世景象，更迷住了玄宗的双眼，他自己在位多年，对繁重的政务日感厌倦。尤其是上朝接对群臣时，礼仪拘检，"难徇私欲"，所以有了善承旨意的李林甫以后，他便"一以委成"，让李林甫独揽相权。应该说，李林甫的全权处理政事，方便了玄宗的纵欲；而玄宗的纵欲，又方便了李林甫的专权。李林甫的专权实际上又是玄宗有意无意和怂恿的结果。

李林甫担任宰相要职，有整整二十年之久。与他同时担任宰相职务的，前后有牛仙客、李适之和陈希烈等人。李适之与李林甫同为宗室，但适之为人轻率，议论时政，"多失大体"，不为玄宗所信任。陈希烈"性便佞"，任宰相前曾曲事李林甫，因此，在他担任宰相后，对军国大政，也"不敢参议，但唯诺而已"。

当时玄宗常不上朝，李林甫常在家，"百司悉集林甫第门，台省为空"。而陈希烈"虽坐府，无一人入谒者"。在这样的人事安排下，国家的军政大权，便不能不归李林甫所掌握和操纵了。

自唐初以来，选择宰相往往从功绩卓著的边帅中选用，唐太宗、唐高宗时是如此，开元早、中期也是如此，如玄宗选用薛讷、郭元振、张嘉贞、王晙、张说、杜暹、萧嵩、李适之等，皆以边帅入相。

唐代精美楼阁

李林甫为了巩固自己的地位，杜绝边帅"出将入相"之源，遂启奏玄宗说："文臣为将，怯当矢石，不若用寒畯坊人；胡人刚勇决习战，寒族则孤立无党，陛下诚以思洽其心。彼必能为朝廷尽死。"玄宗对这一建议深以为然。开元二十八年（740），即任命安禄山为平卢兵马使，授营州都督、平卢军使。

天宝元年（742），以平卢为节度，以安禄山摄中丞为使。天宝三年（744），安禄山代裴宽为范阳节度，河北采访、平卢军等使如故。

这是唐初以来军事制度上的一项重要变化。高祖、太宗时，军队中虽重用善将带兵，但却另派重臣为统帅，以使控制，即使如阿史那社尔、契苾何力等忠于唐室并有杰出才能的少数族将领，也不专委边帅之任。

可是，自安禄山领节度使以后，开了禁戒，安思顺（杂胡）、高仙芝（高丽族）、哥舒翰（突厥族）等蕃将，皆被委以节度使的重任。这在军事上，或许不无可取之处，因为蕃将悉边境地理情形，适应性也较强。但是在政治上，一旦中央集权削弱、民族矛盾恶化，将造成严重的后果。

李林甫"耽宠固权"，权势欲极强，尽管他在当时恩宠莫比，握有重大的权力，可是仍不时担心别人夺了他的相位和大权。因此千方百计地排斥异己力量，凡"朝廷受主恩顾，不由其门，则构成其罪；与之善者，虽厮养下士，尽至荣宠"。

李林甫的特点是"好以甘言啗人"，背后即"中伤之，不露辞色"，成语"口蜜腹剑"即由李林甫而来。当时朝廷中的贵戚官僚，"虽老奸巨猾，无能逃于其术者"。可见李林甫是巧用心计，嫉贤妒能，惯于整人的老手。

如户部尚书裴宽，"素为上所重"，李林甫恐其入相，对他十分怨恨。有一次，刑部尚书裴敦复击"海贼"有功，班师后，接受一些朝廷官员的请托，"广序军功"。裴宽知道后，在奏章中"微奏其事"，但是并没有将问题完全挑明。

李林甫将这一情况告诉裴敦复，裴敦复听后不快地说，裴宽也曾请他帮过忙。李林甫乘机煽风点火，劝他说："君速奏之，勿后于人。"结果，裴宽果然被贬睢阳太守。可是，不到半年，裴敦复自己也被贬淄川太守了。原来，裴敦复以平"海贼"之功，深受玄宗嘉赏，这同样是李林甫所忌恨的。李林甫略施小计，一箭双雕，把两人都搞下去了。

又如，新立太子李亨的妃兄韦坚，其妻系姜皎之女，即李林甫的舅舅的女儿，所以李林甫"引居要职，示结恩信"。后来韦坚以通漕至长安有功，得宠于玄宗，遂有入相之志。李林甫采取明升暗降的手法，擢授韦坚为刑部尚书，罢其诸使之职，表面上是升官，实则"夺之权也"。使韦坚吃了亏还说不出。

再如，左相李适之与韦坚友善，又是李林甫的政敌，两人皆成了他的眼中钉。于是他利用李适之"性疏率"的弱点，用阴谋诡计加以陷害。

有一天，李林甫对李适之说："华山有金矿，采之可以富国，主上未之知也。"过了几天，李适之便向玄宗建议开华山金矿，以为自己立一功。

不料，玄宗听后脸色顿变。原来，华山乃玄宗生辰八字的王命所在，

他曾亲制《华岳碑》曰："予小子之生也，岁景戌，月仲秋，膺少昊之盛德，协太华之本命，故常寤寐灵岳，肸响神交。"这些底细，李林甫是一清二楚的。

当玄宗问他时，他即恭恭敬敬地奏道："臣久知之，但华山陛下本命，王气所在，凿之非宜，故不敢言。"玄宗听了转怒为喜，"以林甫为爱己，薄适之虑事不熟"，责备李适之道："自今奏事，宜先与林甫议之，无得轻脱。"从此，李适之失去了玄宗对他的信任。

以后，李林甫又指使杨慎矜暗中监视韦坚等人，罗织罪状，必欲置于死地而后快。

杨慎矜虽然投靠了李林甫，但由于后来杨慎矜逐步取得了玄宗的信任，"权位渐盛"，李林甫妒心又起，遂设计加以陷害。李林甫起用王鉷为御史中丞，托为心腹。王鉷本杨慎矜表侄，青少年时两人感情很好。

李林甫画像

但是到了后来，杨慎矜每每以长辈自居，王鉷心有不平。李林甫探悉内情，知道王鉷与杨慎矜之间有矛盾。王鉷对李林甫的包藏祸心是了解的，但他为了除掉杨慎矜，接受了李林甫的指使，利用与杨镇矜的亲戚关系暗中监视，以便"伺其隙而陷之"。

杨慎矜对王鉷无话不谈，"尝话谶书于鉷，又与还俗僧史敬忠游处"。王鉷遂诬陷杨慎矜是隋家子孙，企图复辟隋室，所以"蓄异书，与凶人来往，而说

国家休咎"。玄宗听后，大为震怒。结果将杨慎矜与兄弟慎余、慎名三人并赐自尽，时在天宝六年（747）。

王鉷后来深获玄宗定信，身兼二十余使，威权转盛，连李林甫也畏避三分。不过，王鉷很了解李林甫害人的本领，故"事林甫谨，林甫虽忌其宠，不忍害也"。王鉷与弟户部郎中王銲，曾勾结长安县尉，暗杀定安公主的儿子韦会。韦会本是李唐皇室外甥，其同母兄弟王繇又是驸马都尉，所尚永穆公主，又是玄宗爱女，然而王繇对此事竟也"钳息不敢言"。

可见王鉷权势之大。但王鉷的好景并不长。就在他害死杨慎矜一家之后，过了五年，即天宝十一年（752）四月，因涉嫌邢峙谋逆案，王鉷、王銲不仅本人被杀，家族也全遭诛灭。

为了对付政敌，李林甫还豢养了两个酷吏吉温和罗希奭。吉温始为新丰县丞，太子文学薛嶷推荐他有才能，玄宗接见之后，认为"是一不良人，朕不用也"。不过，吉温"素与高力士相结"。当他调任万年丞不久，萧炅接任京兆尹，成了顶头上司。吉温曾整过萧炅，颇为担心，然而靠了高力士的帮助，两人尽弃前嫌，结为胶漆之交。

当李林甫"欲除不附己者，求治狱吏"时，萧炅将吉温推荐给李林甫，李林甫得之大喜。吉温公然说："若遇知己，南山白额虎不足缚也。"罗希奭是杭州人，"为吏深刻"，李林甫引为心腹，自御史台主簿迁为殿中侍御史。吉、罗两人完全秉承李林甫的意志，将他欲去之人，"锻炼成狱，无能自脱者，时人谓之罗钳吉网"。

由于李林甫当政时屡起大狱，结怨太多，常心神不定。担忧仇人派刺客前来暗杀。因此，他居住的地方，"重局复壁，络板甃石"，设计了许多机关暗道，住室有好几处，"一夕屡徙"，神出鬼没，并无定处，连家人也搞不清楚。李林甫的儿子李岫也看不下去了，一次随李林甫游后园时，指着一批役夫说："大人久处钧轴，怨仇满天下，一朝祸至，欲为此得乎！"

在选拔官吏方面，李林甫基本上是按照裴光庭"循资格"的一套办法。

"百官迁除，各有常度，虽奇才异行，不免终老常调，其以巧谄邪险自进者，则超腾下次，自有他蹊矣。"李林甫这样做，主观上的目的在于压抑人才，便于排斥异己力量，培植自己的势力。

天宝六年（747），玄宗曾想广求天下之士，命通一艺以上的人皆可到京师长安，参加考试。

李林甫恐怕草野之士对策时，指斥自己的奸恶，进建言："举人多卑贱愚聩，恐有俚言污浊圣听。"下令郡县官吏先从严挑选，然后送至尚书省，由尚书复试，御史中丞监试，取名实相副者，方奏皇上。

这样一来，考试便完全控制在李林甫手上。其结果，虽试以诗、赋、论等，竟无一人能够中选。李林甫这样做，不仅不感到对不起朝廷和参加考试的士人，还厚颜无耻地上表祝贺，说什么皇上圣明，"野无遗贤"。

李林甫妒才忌贤，每每是不择手段的。如兵部传郎卢绚，"风标清粹"仪表堂堂，玄宗看见他十分赏识。李林甫生怕玄宗重用，便对卢绚的子弟放口风说：交、广之地正缺长官，令尊素望清崇，皇上很看中他。言下之意是要派他到远离京师的交、广地区去。吓得卢绚只好请授太子詹事一职，跑到东都洛阳去了。

又如张九龄死后，玄宗曾向李林甫打听严挺之的下落，说此人有才，尚可一用。挺之当时降职为绛州刺史。李林甫退下后，把严挺之的弟弟损之找来说。"上待尊见意甚厚，盍为见上之策，奏称风疾，求还京师就医。"

损之兄弟没想到这又是李林甫害人的花招。当严挺之照办后，李林甫便拿着严挺之的奏状对玄宗说："挺之衰老得风疾，宜且授以散秩。使便医药。"玄宗不知李林甫做了手脚，对严挺之的"病"久为叹息，只好任命他为太子詹事，于东都洛阳养病。

李林甫不仅是政治舞台上玩弄权术的老手，在处理实际政务时也有一套严密的办法。如果撇开他的为人不说，仅就其能力而言，也可说是一个强干之才。史称他"每事过慎，条理众务，增修纲纪，中外迁除，皆有恒度"。

他"自处台衡，动循格令，衣冠士子，非常调无仕进之门。所以秉钧二十年，朝野侧目，惮其威权"。

李林甫控权、理政，能力极强，这也是他能获得唐玄宗信赖的重要原因。在他执政时间里，朝廷行政效率较高，社会经济仍在继续发展。由于李林甫专权过甚，特别是不择手段排斥异己，屡起大狱，这就加深了统治集团内部的矛盾，在官僚集团中是如此，在他与太子李亨集团间的斗争则尤为激烈。

玩弄权术排异己

开元二十六年（738）六月，忠王玙立为太子。次年九月，太子易名曰绍；天宝三年（744）二月，又改名亨。

由于李林甫最初竭力主张立武惠妃所生的儿子寿王瑁为太子，想不到在武惠妃死后，唐玄宗改变了主意，立李亨为太子。使得身居宰相重位、握有国家大权的李林甫颇不自在，深恐新立的太子对他进行报复，也就结下了怨

贵妃出浴图

恨。李林甫与太子李亨间的矛盾，又酿成了朝廷中官僚集团间的冲突。

玄宗立李亨为太子，主要的是政治上的考虑。玄宗的目的是不让宰相与储君之间的关系扣得太紧，避免形成不利于皇权的政治势力。

玄宗在立李亨为太子之后，又不撤换与太子结怨甚深的宰相李林甫，使两者互为制约，暴露了唐玄宗防备储君势力膨胀的隐衷。因为唐玄宗本人继帝位，实际上是他利用政治手腕逼迫而得。

所以，他当了皇帝以后，自然要防备自己的太子。加上玄宗在位的时间长，太子亨的年龄已不小，于是玄宗的戒备心更加重了。显然，玄宗所安排的政治格局，是他经过周密考虑的，其目的是在于利用双方的对立、牵制，以便从中操纵。

李亨立为太子，他在政治上处于有利地位，只要不出现重大的差错，继位不过是时间问题。但是，就其当时的境遇来说，上受制于玄宗，外朝又是极难对付的李林甫。如果听其自然发展，势必受制于人，坐以待毙。何况废太子瑛的悲惨下场，殷鉴未远。因此，他采取悄悄地培植自己势力的隐蔽办法。他清醒地认识到朝廷中有些官员为了对付李林甫的专权。必然会自然而然地逐步汇聚到自己的周围来。但是，自己羽翼未丰，行动必须十分小心谨慎。

太子私党的主要人物是韦坚、李适之、皇甫惟明和王忠嗣等人，其中最活跃的是韦坚。韦坚是太子妃兄，开始负责江淮租庸转运，以通漕有功为玄宗所宠信，"遂有入相之志"。韦坚又"与李适之善"。李适之是恒山王承韩之孙。承乾即太宗时的废太子。李适之与李林甫常"争权不叶"，矛盾颇深。韦坚交结了左相李适之，就使太子亨在朝廷相臣中，取得了一位重要的支持者，这在当时是颇不容易的。

皇甫惟明与王忠嗣是西北重填的军事长官，手中握有边镇重兵，是太子亨在军事集团中的有力支持者。

玄宗时，由于边镇战争的长期性，天下军镇（九节度使）逐步演变形成三大军事集团。西北包括安西、北庭和河西、陇右、朔方等节度使，其任务主要是防御突厥、吐蕃、大食等。河东节度使在天宝初期以前，常参与防御吐蕃或突厥的战争，因而它也属于西北军事集团。东北包括范阳、平卢节度使，其任务主要是防御奚、契丹，河东节度使于天宝后期则属于这一集团。西南方面主要是剑南节度使，其主要任务是防御吐蕃和南诏等。

各军事集团的镇将为了自身的利益，都分别在朝廷中寻找靠山。剑南节度使章仇兼琼就曾露骨地说过："苟无内授，必为所危。"

杨国忠就是由他们派赴长安，与杨氏姊妹勾结起来，以取得杨贵妃的支持而成为他们的内援的。

同样，朝廷官僚集团中的人物为了巩固自身的地位，也要在军镇集团中寻找支持者，有些人更直接兼任边镇的军事长官。于是，朝廷中不同官僚集团与边镇军事集团纠结起来，互为倚靠，而且壁垒森严，各有一定的势力范围。

天宝以后，东北诸镇为安禄山所领，安禄山与李林甫关系十分密切，而且是受其控制的，因而东北诸镇自然是李林甫集团的势力范围。西南边帅为章仇兼琼和鲜于仲通，与杨国忠关系密

唐代望贤迎驾图

175

切，自然是属于杨国忠的势力范围。

西北诸镇，在开元末李林甫虽曾遥领过河西、陇右节度使，但时间不长；在相当长的一段时间内，驻镇这一地区主要的是王忠嗣和皇甫惟明，所以在北军镇成了太子亨的势力范围。可能是玄宗想利用西北诸镇的军事力量，牵制东北安禄山的军事力量，故不让李林甫插手，致使逐渐落入太子李亨集团的控制之下，这根可能是玄宗有意安排的，目的是使边镇各军事力量互相牵制，以便于自己操纵控制。

李亨还在被封为忠王时，于开元二十五年（737）领过朔方大使、单于大都护，而早在开元十八年（730）兼任过河北道元帅之职。当然，这些都只是名义上的，实际上没有与有关的将领发生密切联系。可是，在李亨当了太子后不久，两位与他关系非同一般的将军，即皇甫惟明与王忠嗣分别担任了河西、陇右节度使和河东、朔方节度使。

皇甫惟明原为忠王府的属僚，职为"王友"，从五品上，职责是掌陪侍规讽。以后出任边将，颇有战功。他见李林甫专权跋扈，冤狱屡兴，"意颇不平"。天宝五年（746）正月，皇甫惟明趁回长安奏报战事情况时，"乘间微劝上（玄宗）去林甫"。

王忠嗣初名训，父亲王海宾是开元初陇右一著名勇将，后战殁于陈。唐玄宗闻而怜之，遂将年仅九岁的王忠嗣收养于宫中。忠嗣之名即为玄宗所取。其时，李亨年龄与王忠嗣差不多，遂"与之游

唐三彩釜

处"，两人从小在一起长大，友情自然是很深的。

王忠嗣长大后，颇有"武略"，玄宗以其勇将后嗣，常与之讨论军事，忠嗣"应对纵横，皆出意表"，玄宗听后颇为高兴，嘉奖他说"尔后必为良将"。

开元十八年（730）以后，王忠嗣即开始服役于河西、河东军中。开元二十八年（740），即李亨立为太子后的第二年，王忠嗣当上了河东节度使，担负起边帅的重任。不久兼领朔方、河东节度使，以后又兼领河西、陇右节度使。他一身"佩四将印，控制万里，劲兵重镇，皆归掌握"是位出色的统帅，"得士卒心"，战功卓著。

他在任河东节度使时，曾对朔州刺史魏林说过："早与忠王（李亨）同养宫中，我欲遵奉太子"。其政治倾向十分明显是支持太子李亨的。

西北军镇的地位十分重要，其兵力大大超过东北和西南军镇的兵力。皇甫惟明、王忠嗣拥护太子李亨的态度又是如此明朗，因此，不能不使李林甫紧张起来。而唐玄宗对皇甫惟明和王忠嗣的政治态度似乎也不高兴。

很可能就是皇甫惟明"劝上去林甫"时，使他预感到事态的严重，感到有必要及时采取措施，阻止太子势力的进一步发展。这是天宝五年（746）正月初的事。到了正月十五，一场倾覆太子私党的大狱，便由李林甫发动，勃然而起。

这天正是长安一年一度的观灯佳节。入夜，太子李亨出宫门至长安街中游乐，途中适巧"与（韦）坚相见"。随之，韦坚又与皇甫惟明"会于景龙观（位于长安城中崇仁坊）道士之宝"。李林甫早已派遣杨慎矜监视韦坚等人的行动，所以这一切都被杨慎矜所位知。

李林甫得报，立即启奏玄宗，控告韦坚戚里与边帅皇甫惟明结谋，"欲共立太子"。玄宗明知韦坚与皇甫惟明"有谋"，但采取了"不显其罪"的做法，借口以韦坚"干进不已"、皇甫惟明"离间君臣"等罪名，下制大加责罚。

太子亨的几个主要党羽均遭贬抑。玄宗此时的态度还相当克制，还不想株连过多的人，因为罪状毕竟不十分明显，他还在静观形势的进一步发展。

先是，韦坚贬缙云太守，皇甫惟明贬播州川守，李适之则被罢去左相职务，降为太子少保。这时，李适之的儿子却出面盛宴请客，可是，所请的客人都畏惧李林甫的凶焰，"竟日无一人敢往者"。

约过半年，韦坚的两个弟弟韦兰、韦芝又出面为其兄讼冤，"且引太子为言"。韦氏兄弟这就是自认了他们与太子李亨有联系，也就激怒了玄宗，因此，旧案重办，吓得太子李亨赶紧表请与韦妃离异，割断与韦氏兄弟的关系。

玄宗将太子事放在一边，而再贬韦坚为江夏别驾，韦兰、韦芝放逐岭南。而李林甫趁机火上加油，说韦坚与李适之为朋党，因此再将韦坚长流临封，李适之贬宜春大守。

此外，太常少卿韦斌贬巴陵太守，嗣薛王韦玶（韦坚外甥）贬夷陵别驾，睢阳太守裴宽贬安陆别驾，河南尹李弃物贬竟陵太守。被当作韦坚亲党（太子私党）坐流贬者数十人。

值得一提的是，裴宽即早在天宝三载（744）被李林甫排挤出京的一部尚书，此次再被贬，是李林甫利用这一案件进一步陷害，还是裴宽确为太子党羽？如果是后者，那么裴宽为了反对李林甫而投入太子集团，其政治意图是十分明显的。

这一年岁末，太子良娣（太子内宫，从三品）杜氏的父亲赞善大夫杜有邻，与女婿左骁卫兵曹柳勣，皆奉事太子。柳勣喜交结豪俊，与淄川太守裴敦复（此人的背景与裴宽相类），以及当时名士北海太守李邕、著作郎王曾等，皆结为友。

后柳勣与杜氏不和，遂诬告杜有邻"妄称图谶，交构东宫，指斥乘舆（即玄宗）"。玄宗下令严查，查下来柳勣乃是首谋。

于是，杜有邻、柳勣、王曾等都被杖死于大理寺，太子亨被迫出良娣为庶人。裴敦复与李邕在各自的治所被李林甫的爪牙杖死。邺郡太守王琚，即当年玄宗的亲信、开元功臣，因与李邕"皆自谓耆旧"，也被贬江华司马。此案一出，使"中外震栗"，影响甚大。

李林甫还不肯收手，启奏玄宗分遣御使将已贬出京师的太子李亨的党羽，通通"赐死"，以除后患。玄宗也表示同意。于是，皇甫惟明和韦坚兄弟等人在贬所被杀。

李林甫又派人在青州杀了李邕后，又领命马不停蹄驰往岭南，去处决李适之等人。驰至江华，王琚也赶忙服药自杀，但未能即死，痛苦万状，当闻知李林甫的爪牙已抵达时自缢而亡。后来，李适之的儿子迎父丧至洛阳，也被李林甫诬告害死。还有给事中房琯"坐与适之善"，被贬宜春太守。

李林甫对韦坚非常仇视，将他杀了后还不罢休，又派人沿着漕河在中原及江、淮州县，罗织韦坚主持漕运时的所谓罪行。

结果遭殃的是一大批无辜小史和平民百姓，被抓的是"纲典船夫"（十船为一纲，以吏为纲，典船夫），"溢于牢狱"，酷吏们"征剥逋负，延及邻伍"，使许多无辜之人"皆裸露死于公府"。这场冤狱闹得漕河沿途的州县鸡犬不宁，直至李林甫死后方才休止。

太子李亨的重要支持人物王忠嗣，在天宝五年（746）时，虽幸免于难，还接任了河西、陇右节度使，稍后又兼河东、朔方节度使，似乎在这场冤狱中可以不被波及了。可是，最后仍没有逃脱李林甫所布下的罗网。

其时安禄山已被李林甫引为党羽，日益得到玄宗的宠信和重用。王忠嗣曾"数上言，（安）禄山必反"，李林甫"益恶之"。

天宝六年（747）的十月，玄宗命王忠嗣出兵夺取吐蕃所占据的石堡城。王忠嗣久在边镇，熟悉石堡城的情况。

它是一座地形十分险要的军事要地，易守难攻，吐蕃驻有精兵，防守十分严密，若要攻打，唐兵必伤亡太大，"所得不如所亡"。他对玄宗

说："石堡险固，吐蕃举国而守之。若顿兵坚城之下，必死者数万，然后事可图也。"

王忠嗣认为以数万之众争一城，"得之未足以制敌，不得亦无害于国"，因而不同意派兵攻打。对此，玄宗"意不快"，遂改派将军董延光率兵攻打石堡城，命王忠嗣分兵助之。王忠嗣不得已奉诏，但他深知这是一场代价重大的错误军事行动，所以并不尽力支持。后来董延光果然兵败而归，遂怪罪于王忠嗣"阻挠军计"。

玄宗大怒，李林甫乘机买通已调任济阳别驾的魏林上告王忠嗣当年曾扬言，"欲拥兵以佐太子"。玄宗听了虽说"吾儿居深宫，安得与外人通谋，此必妄也"，但仍将王忠嗣召回京师，令三司审讯。本来王忠嗣是难逃极刑的，由于"特承恩顾"的新任陇右节度使哥舒翰的竭力营救，向玄宗"力陈王忠嗣之冤，且请以己官爵赎忠嗣罪"，言与泪俱，辞甚恳切，玄宗被说动了心，王忠嗣这才被免一死贬为汉阳太守。第二年（天宝七年，748年），王忠嗣暴病而死，年仅四十五岁。

至此，太子李亨党羽的势力基本上被玄宗和李林甫肃清了。

这起震撼朝廷内外的大狱，一方面是李林甫一手制造的；另一方面又是玄宗本人授意和怂恿酿成的。史称李林甫因太子亨之立，非自己的意思，"恐异日为己祸，常有动摇东宫之志"。

然而问题的关键还在于唐玄宗。假如玄宗真心实意要支持太子，他就不会计较太子势力的扩大，更不会容忍李林甫危及太子的地位。纵使大臣与太子之间有矛盾，两者关系一为君臣，一为父子，按照封建纲常和惯例，玄宗完全可以运用手中的权力，加以调整和妥善处理。然而，事实恰恰相反，玄宗所采取的措施，是清除太子的党羽，遭殃的是储君，得宠的却是权臣。更何况，李林甫得宠的诀窍，正是在于"善伺上动静"，"奏对常称旨"。

因此，李林甫的"动摇东宫之落"，实即窥知了玄宗的心思，才敢放手大胆地打击支持太子的大臣和军事将领，他做了玄宗想做而不便亲自出面做的事。

李林甫狡诈，唐玄宗更狡诈，他通过李林甫之手达到了自己的目的，遭人痛恨和挨骂的却是李林甫。以后的事实也证明了这一点，杨国忠得势后，照样排斥太子亨，也是玄宗继续猜忌太子的结果。

安禄山权势大增

李林甫不断扩张自己的权势，大起冤狱排斥异己，其实有两个人物却特别"走运"，一个是少数族出身的将领安禄山，一个是杨贵妃的堂兄杨国忠。

安禄山，是营州柳城（今辽宁朝阳）的混血种胡人。父为康姓胡人。母阿史德氏，突厥巫师，以占卜为业。据说，其母是在轧荦山祭神后生下安禄山的，故初取名为"阿荦山"（亦作"轧荦山"）。轧荦山是突厥人崇拜的战神象征。不过，"阿荦山"从未用过康姓，又从小即以孤

文苑图

儿寡母的在突厥部落中游荡，所以，"阿荦山"很可能是个私生子。后来其母嫁给突厥安波注（一作安波至）的兄弟安延偃。

开元初，安延偃部落破散，突厥将军安道买的儿子安孝节和安波注的儿子安思顺、安文贞带着"阿荦山"逃至岚州。安孝节的弟弟安贞节在岚州担任别驾的官职，故收留了他们。其时"阿荦山"年仅十余岁，遂与安孝节、安贞节和安思顺并为兄弟，冒姓安氏，改名禄山。

安禄山长大后，"奸贼残忍，多智计，善揣人情"。因其从小在多民族聚居的地区混迹，因而"能解九蕃语"（一作"六蕃语"）。与安禄山一起逃出来的还有一位史思明，与安禄山为邻里相好，前后一日生，史思明除日（除夕之日）生，安禄山元日（正月初一日）生。两人长大后，情谊甚深，皆为当地诸蕃互市牙郎（市场管理小吏），又善于打仗，以骁勇著称。

开元二十年（732），张守珪为幽州节度使，任安禄山和史思明同为捉生将。安禄山熟悉当地"山川井泉"，对奚、契丹的情况也很了解，故命其出战必有克获。有时只带三五骑兵，也能生擒契丹兵数十人。张守珪"每益以兵，擒贼必倍"。

张守珪是长期转战边境的宿将，颇赏识安禄山的骁勇之才，故提拔他为偏将。每战，据说是"所向无不摧靡"，深得张守珪的宠信，继而将其收为自己的养子，并以军功加员外左一骑卫将军，充衙前讨击使，视为自己的心腹将领。

史思明也是个奸诈诡谲的人。有一次，他只身混入奚族部落中，骗取了奚王的信任，将其部下良将琐高及将士三百余人，诱至平卢（治柳城），然后密报平卢军使裴休子，用计生擒琐高，全歼奚兵三百余人。张守珪以其有功，上奏擢授为果毅，累迁为将军。后张守珪派他入京奏事，玄宗见他奏事称旨，十分高兴，遂赐名叫史思明。

开元二十四年（736），安禄山为平卢讨击使、左骁卫将军，奉命前去进攻奚、契丹军。他按照惯例恃勇冒进，不料奚、契丹摸清了安禄山作战的规

律，集中兵力将其击败，致使唐军损失惨重。张守珪按军法奏请将他斩首。

玄宗核准，中书令张九龄所拟《赐守珪敕》云："禄山等轻我兵威，曾不审料，致令损失，宜其就诛；卿既行之，军法合尔。"又《赐平卢将士敕》云："安禄山之诛，缘轻敌太过，勿因此畏懦，致失后图。"

眼看安禄山即将被杀，但临刑时，安禄山急忙大呼曰："大夫不欲灭奚、契丹邪，奈何杀禄山！"张守珪是个军人统帅，本来就爱惜将才，他上奏玄宗请批准杀安禄山，虽是按军法规定行事，但他希望玄宗能念其过去军功，赦免他的死罪，以戴罪立功，只是不便直接提出来。

临刑时，张守珪听了安禄山的呼叫，更觉手软。可是，自己的奏状玄宗已经批准，不杀也不好办。于是，他干脆将安禄山直接押送京师，让玄宗自己去处理。中书令张九龄见了很不高兴，在公文上又批道："穰苴出军，必诛庄贾；孙武行令，亦斩宫嫔。守珪军令若行，禄山不宜免死。"在这里，张九龄实际上是责备了张守珪"推诿于上"的做法。

可是，玄宗亲自见了安禄山后，果然惜其骁勇，意欲赦免。张九龄以宰相的身份力争说："禄山失律丧师，于法不可不诛。"还说："臣观其貌有反相，不杀必为后患。"

其实，安禄山这时不过是个平卢军讨击使，未必已有谋反之志，而张九龄也不是神仙，能看到二十年后所发生的事。张九龄之所谓"貌有反相"云云，不过是托词，以冀说服玄宗而已。不料玄宗反而提出说："卿勿以王夷甫识石勒，枉害忠良。"

张九龄无奈，只得重拟《赐守珪敕》云："禄山勇而不谋，送至失利，衣甲资盗，挫我军威，论其轻敌，合加重罪。然初闻勇斗，亦有诛杀，又寇戎未灭，军令从权，故不以一败弃之，将欲收其后效也。"

由此，安禄山被免其一死，只是撤了官职，准许以"白衣将领"带兵打仗，立功赎罪，这是安禄山生涯中的一个重要转折点。

开元二十七年（739），幽州节度使张守珪的部将矫称玄宗命令发兵攻

奚，结果遭受惨败。张守珪隐瞒实情，谎报获捷。玄宗派宦官牛仙童前往核查。张守珪以重金贿赂牛仙童，牛仙童回京后便谎称确实获胜。不料，真情泄露，结果，牛仙章被杖死，张守珪被贬括州刺史。李林甫又乘机株连太子太师萧嵩（曾任宰相），贬为青州刺史。

张守珪被罢军职后，安禄山倒未因养父子和部将关系受到连累，反而在开元二十八年（740），擢升为平卢军兵马使。从此，他重新寻找政治上的保护伞。

安禄山性乖巧，善于讨好人，因而"人多誉之"；另一方面，他对朝廷中的情况不断深入了解，朝中官僚们的情况他也颇为熟悉，采取各种办法满足他们的要求。御史中丞张利贞为河北采访使，至平卢巡视，安禄山即"曲事"张利贞，卑恭屈膝地向他献殷勤，甚至连张氏的左右随员，也皆大肆贿赂，致使人人欢喜。张利贞回朝后，当然是"盛称禄山之美"。

开元二十八年（740）八月，安禄山即被提升为曹州都督，充平卢军使，并兼两蕃（奚、契丹）、勃海、黑水四府经略使。不到半年，即天宝元年（742）的正月，玄宗将平卢军镇升级，设为节度使，任命安禄山为首任平卢节度使。

天宝二年（743），安禄山入朝，谎奏云："去年营州生紫方虫，大食禾苗，臣焚香祝天云：'臣若操心不正，事君不忠，愿使虫食臣心；若不负神祇，愿使虫散。'祝罢即有群鸟从北飞来，食虫立尽，请朝廷宣付史官。"这本是荒诞不经的一派胡言，目的在于向玄宗表白自己的忠心。这件事对玄宗来说也不难揭穿，可是，玄宗听了居然大喜过望，并以其忠直，大加重赏，加授骠骑大将军。

由于安禄山讨得了玄宗的欢心，于天宝三年（744）三月，又被授范阳（幽州）长史，充范阳节度、河北采访使，原任平卢节度使依然如故。特别在安禄山离京出镇的时候，玄宗亲自下令中书门下三品以下正员外郎长官、诸司侍郎、御史中丞皆往饯行。

对安禄山礼仪的隆重，为历来对待武臣所少有。这大大提高了安禄山在朝廷文武官员中的地位。玄宗这样对待他，也是安禄山始料所不及的。

第二年，安禄山又奏："臣昨讨契丹，军次北平郡，梦见先朝名将李勣、李靖向臣求食。乃令立庙，兼伸祷祈。荐奠之日，神宝梁生芝草，一本十茎。状如珊瑚盘叠。臣当重寄，誓殄东夷，人神协从，灵芝瑞应。伏请宣付史馆，以彰幽赞之功。"这一回的梦见李勣、李靖"求食"和"庙梁产芝"，与前次"飞鸟食虫"如出一辙，都是安禄山精心设计的欺君罔上的伎俩，目的都是为了取媚于玄宗。而这次玄宗也和前次一样，欣然领受了。这倒不在于玄宗的昏蔽，而是玄宗需要这样忠于自己的蕃将。

在朝臣中，积极保荐安禄山的，除了张利贞外，还有礼部尚书席建侯、户部尚书裴宽和右相李林甫三人。席建侯担任过河北黜陟使，曾表荐安禄山是所谓"公直、无私、严正、奉法"的好节度使，是难得的统军人才。裴宽与李林甫"皆顺旨称其美"。史称："三人皆上所信任，由是山之宠益固不摇矣。"不过，真正起主要作用的还是握有重权的李林甫。

李林甫其时正在军镇边帅中物色自己的支持者，他见玄宗如此宠信安禄山，又认为安禄山的情况可资利用，遂积极进行拉拢。

有一次寒冬，安禄山去见李林甫，李林甫带他到中书厅（亦作政事堂，宰相们议政和办公的地方）坐下，亲自脱下自己身上的长袍披在安禄山的身上，以示对他的关怀和宠信。

李林甫在朝廷中举足轻重的地位，安禄山是十分清楚的。李林甫如此亲切对待他，他自然是受宠若惊。他正要找这样的人作为保护伞，以便在政治上增强保险系数。

因此，安禄山对李林甫推心置腹，无所不谈，直呼李林甫为十郎。而李林甫也的确在保护他。

天宝六年（747），当王忠嗣告安禄山欲"谋反"时，李林甫就公然出面保护他。据说，李林甫起大狱迫害太子亨党羽时恐怕出意外，故曾暗告安禄山，"思作难，约令其子引兵来援"。

这条记载虽不足征信，但安禄山成为李林甫所拉拢的党羽，是十分显然

的。关于这一点，《安禄山事迹》中也有明确的记载，它说："右相李林甫素与禄山交通，复屡言于玄宗，由是特加宠遇。"

另外，玄宗自开元后期起，开始在边镇施行改用蕃将代替汉族文臣武将为节度使的政策，李林甫是这一政策的建议者和执行者。在这样的政治气候和条件下，安禄山的走运是很自然的。唐玄宗正是按照这一政策来对待安禄山，即宠以恩信，使其效死。

唐代越窑瓷器

在玄宗和李林甫看来，蕃将不识字，头脑单纯简单，最能以恩宠笼络其心。只要这些将领愿意向唐廷效忠，其他一切如愚昧、无知、粗野、丑陋等等，皆可不计较。而安禄山呢，是个善用心计的人，完全摸透了玄宗一套的想法，并千方百计地投其所好，甚至装蠢卖傻，以突出自己的愚忠。

安禄山入京，常被玄宗邀去参加深宫内宴，在酒醉肉饱之余，禄山向玄宗说："臣蕃戎贱臣，受主宠荣过甚，臣无异才为陛下用。愿以此身为陛下死。"玄宗虽未作答，内心则感到他十分可爱，对他十分满意，遂叫他晋见皇太子李亨，希望这位储君也能赏识他。

可是，安禄山见了太子李亨居然不拜，因为他知道玄宗并不怎么满意这位太子，而且处处加以制约，使太子的政治处境十分孤立。及至左右催促安禄山下拜，他仍挺着身子拱立道："臣胡人，不习朝仪，不知太子者何官？"玄宗提醒说："此储君也！朕千秋万岁后，代朕君汝者也。"安禄山赶紧说："臣愚，向者唯知有陛下一人，不知乃更有储君。"

安禄山以少数族人朴野的面目出场，伪装"不知太子为何官"，是经过

一番深思的，他正是以"谁知陛下一人"，所谓愚忠、"纯诚"，博得了玄宗对他的进一步宠信。

安禄山外若凝直，内实狡黠，在玄宗面前，"应对敏给，杂以诙谐"，看起来说话很随便，其实每一句话都用过心计，而玄宗似乎也颇喜欢安禄山这副讨好自己的"傻样"。

安禄山长得肥胖，腹垂过膝，自称腹重三百斤。他进宫上朝，中途必得换一次坐骑，否则马要被压坏。驿站为安禄山准备坐骑时，要用五石土袋试过，能驮得起的，方可乘用。因其腹大，马鞍前又置一小鞍，以承其腹。

有一次，玄宗指着安禄山的大腹开玩笑道："此胡腹中何所有？其大乃尔！"安禄山立即回奏道："更无余物，正有赤心耳！"玄宗听了大悦。安禄山虽然十分肥胖，但行动还很敏捷。为了讨得玄宗的欢喜，在参加宴会时常跳"胡旋舞"，据说是旋飞自如，"其疾如风"，根本看不出是一个肥胖过度的人。

对安禄山这样一个丑陋粗俗而野心勃勃的人，朝臣中并非没有议论。然而，玄宗却认为这样的人愚而可制，所以并不在乎。

玄宗为了提高安禄山在朝臣中的突出地位，在兴庆宫勤政楼设宴欢宴群臣时，百官列坐楼下，独为安禄山在御座的东间特设金鸡屏障，安排了一个坐席，还命卷起垂帘以示荣宠。

太子李亨对这种情形实在看不下去，向玄宗进谏说："自古正殿，无人臣坐之礼，陛下宠之太甚，必将骄也。"玄宗提出了一条歪理，回答太子亨说："此胡骨状怪异，欲以此厌胜之耳。"

这很能反映安禄山在玄宗心目中的"价值"。所谓"厌胜"，无非是想将让安禄山在外守边抵御奚、契丹，在内则借以威慑群臣，缓冲朝廷官僚集团间日益尖锐的矛盾。

安禄山为了取悦玄宗，夸耀自己的战功，常将俘虏押送京师长安，以邀奖赏。同时还向玄宗敬献大量的宝物。安禄山每年派人进献俘虏、杂畜、奇禽、异兽、珍玩之物，"不绝于路"，致使所经"郡县疲于递运"。

天宝九年（750）天长节，玄宗生日，安禄山进献山石功德及幡花香炉

等。他知道玄宗信奉道教，特别又进献玉石天尊一套。玄宗命分别置于大同殿和内暖殿。

安禄山在边镇也多用狡诈的办法，诱骗奚、契丹的酋长前来宴会，在酒中浸以莨菪子，待其昏醉，加以杀害，为不使人知，暗中挖坑埋掉，动辄数十人。这样的做法，前后有十余次之多。

天宝九年十月，安禄山将入朝献俘，玄宗亲自在临潼温泉宫等候。在这之前，玄宗早已令有关部门于温泉为安禄山专造居宅一所。当安禄山将到的时候，又命杨国忠兄弟妹妹至新丰迎接。

这月十六日，玄宗驾幸望春宫，安禄山在观风楼下献俘八千人，又另献金银器物、婢女、驼马等。玄宗也厚加赏赐。住在温泉官的那些日子，玄宗每食一味，遇有珍美者，必令赐予安禄山。是时，又适逢吏部考课，安禄山被定为最高一级的"上考"，以宠异之。

对于安禄山，玄宗可谓关怀备至。除在临潼温泉为安禄山造宅的同时，又在长安为其造宅。安禄山原在长安有一旧的府第，玄宗以其陋隘，于宗仁坊选了一块空旷之地，出御库钱物，为其建造新的府第。安禄山这次入朝，适逢新宅落成，正式迁居这天，安禄山大摆宴席，并要求玄宗降墨敕命宰相亲自赴宴庆贺。

这天，玄宗原预定宰相陪他击毬，遂为之罢戏，命宰相前往赴宴庆贺。不仅如此，为使安禄山高兴，还特召安禄山的儿子安庆绪入京。

这次安禄山在长安居住的时间较长，既享尽皇上的恩宠，又极尽谄媚之计。此前玄宗曾特许安禄山在上谷郡起五炉铸钱。这时。安禄山便及时进献钱样一千贯。这年冬天久无雪，至十二月十四日才下了一场大雪，安禄山赶紧进表恭贺，玄宗大喜，期望来年出现一片丰收的太平景象。

由于玄宗的宠信和李林甫的保护，安禄山在数年之间，平步青云，节节上升。

天宝六年（747），安禄山以范阳、平卢节度史加御史大夫。次年，封柳城郡开国公，实封三百户，并赐钱券。天宝九年（750）五月，又赐封东平郡王。这是唐将帅中第一个得到封王殊荣的人。

不仅给予王爵的最高荣誉，而且增加和扩大其实权。八月，即命安禄山兼河北道采访处置使。采访处置使享有该道的行政权和财富权，是个十分重要的职务。

天宝十年（751），安禄山求兼河东节度使，玄宗也欣然同意。从此，平庸的安禄山居然一身而统三镇（范阳、平卢、河东），又兼河北道采访处置使，刑赏、财赋，乃至官吏的任免，皆由他垄断专制，其势力迅速增长，成为独霸一方的军阀。

安禄山在玄宗的支持下在朝中有恃无恐，目空一切，对朝廷官员皆"慢侮之"，唯独惧怕李林甫。王鉷与安禄山一样，同为御史大夫，王鉷畏惧李林甫，所以在礼仪方面一点儿也不敢怠慢。王鉷来了之后，果然"趋拜甚谨"。安禄山见了方知自己有失礼仪，从此再也不敢傲慢了。

李林甫为了对付安禄山，是颇费了一番心思的。每当安禄山与他谈话，总被他"揣知其情"，先予道破。因此，安禄山以李林甫为"神明"，惊服得五体投地。安禄山见到李林甫时，总不免战战兢兢，甚至盛寒天气，也常常汗湿内衣。安禄山担任御史大夫后，专派部将刘骆谷常驻北京，伺察朝廷旨意动静，并代为处理公文，京中有什么消息也即予通报。

安禄山身居范阳，对李林甫的一举一动都非常重视，每逢刘骆谷从京师回范阳，即先问："十郎（李林甫）何言？"闻有好言则欢喜雀跃，若李林甫说"大夫（指安禄山）须好检校"，安禄山就急得反手据床呼道"阿与，我死也"，这在当时朝中传为笑闻。

由此可见，尽管安禄山在玄宗的宠信和李林甫的卵翼下权势日增，但由于权相李林甫的恩威并用，安禄山基本上被李林甫所住制，还不敢胡作非为。对于这一点，玄宗当然看在眼里，喜在心头。这也是安史叛乱没有在李林甫专权时爆发的原因。

第七章　三千宠爱集一身

明皇重色思倾国

　　自从开元二十五年（737）十二月武惠妃死后，玄宗长时间闷闷不乐，虽然后宫数千人，但却没有一个中意的。因此，三年来玄宗郁郁寡欢，精神不振，内心感到十分孤独。高力士猜透玄宗的心思，遂到外宫寻觅物色。

　　高利士在寿王府见到寿王妃杨玉环"姿色冠代"，又善歌舞，遂向玄宗奏报。玄宗经过一番考虑，选择了一个时机。

　　开元二十八年（740）十月，玄宗按例到骊山温泉宫行幸，住下后，便派

贵妃出浴图

人到长安寿王府将杨玉环召来。见面后果然"姿质丰艳"，而且"善歌舞，通音律，智算过人"。玄宗喜出望外，当即将杨玉环留下，为了掩人耳目，命她服道士装，取号"太真"。

　　当夜，玄宗赠予玉环金钗钿盒，以为定情信物。又拿着磨金步摇（耳环），跑到梳妆间，为玉环亲自戴上。玄宗视得玉环，"如得至宝"，为此还作了一首曲，名曰《得宝子》。

　　这年玄宗已五十六岁，杨玉环刚刚二十二岁。杨玉环出生在四

川，生父杨立
琰原为蜀州司
户。她出生不
久，父亲即逝
世，由家居河
南的叔父杨玄
璬收为养女，
所以，她从小
在河南长大。
杨玄璬其时任
河南府士曹，
是一个小小的
衙吏。其官职

唐明皇与杨贵妃雕像

虽然卑微，但他的祖先是隋朝宗室的后裔，所以身份还是高贵的。

　　杨玉环长到十七岁，便被纳为寿王瑁的妃子，时在开元二十三年（735）十二月。这时寿王的母亲武惠妃尚在世，而杨玉环的养父杨立璬则已亡故。

　　寿王瑁在其母亲武惠妃未死以前，是很得玄宗宠爱的，差点被立为皇太子。可是，武惠妃死后，寿王瑁就被父皇逐渐冷落了。玄宗娶杨玉环，在今人看来，无疑是父夺子媳的丑闻。

　　古代少数民族中，遗有子娶父妻、兄纳弟妇的风俗。在民族融合的影响下，唐初皇室中颇染这种风习，出现过类似的事情。如威名显赫的唐太宗曾纳弟弟齐王元吉的妃子杨氏为后宫；高宗所立的皇后武则天（也就是玄宗的祖母），则本是其父太宗的妃嫔。

　　所不同的，玄宗这次是父夺子媳。杨玉环与寿王瑁结合五年以来，始终没有生育，所以杨玉环的被夺，并没有子女的牵累，寿王瑁似乎也不敢有何怨言。

　　杨玉环初入宫，并未立即册立为妃嫔，而是让她住在"太真殿"，其所号"太真"，也是道士的身份。初次到临潼温泉宫被召幸时，还是穿着道士

服装去的，这或许是当时女子离异后进行再嫁的一种习俗。

当然，这也包含有玄宗掩人耳目，禁人闲言碎语的意思。当年武则天在太宗死后，也是先至感业寺削发为尼，然后再被唐高宗召入宫中的。

杨玉环虽然以道士的身份居住在"太真殿"，实际上还是在宫内，往来十分方便。特别是得到玄宗的爱幸后，在玄宗的安排下，不到一年的时间，杨太真即"礼遇如惠妃""礼数实同皇后"，在宫廷妃嫔中她的地位上升得最快，宫中皆称她为"娘子"，和皇后称娘娘仅一字之差。

又过了四年，即天宝四年（745）七月，玄宗先为寿王正式娶韦昭训的女儿为王妃。八月，适逢玄宗六十一岁生日，他便抛弃了杨太真的道姑伪装，正式册封为贵妃。这在后妃中仅次于皇后。杨玉环从初次到温泉宫被召幸，到正式入宫册为贵妃，差不多等了五年时间。

自从杨玉环入宫以后，唐玄宗就把其他妃嫔丢在一边，天天和杨玉环厮守在一起，形影不离。百官宴会，朝廷大典，无不带在身边。杨贵妃每次乘马，皆由玄宗的亲信高力士亲为执辔授鞭。

玄宗每年十月幸骊山，则必与贵妃同辇，以显示其地位和身份。玄宗在骊山华清宫（温泉官）造端正楼，为贵妃梳洗之所；又置莲花汤，专为贵妃沐浴之室。

杨贵妃在生活上也非常奢侈，别的不说，单是宫苑内专为她织造锦绣的工匠就有七百多人。据说杨贵妃爱吃新鲜荔枝。荔枝产于南方，壳如红缯，膜如紫绡，瓤内洁白如冰雪，浆液甘酸如美酒。然而荔枝水分多，不易保鲜，摘下后一日而色变，二日而香变，四五日外色香味尽去。

为取悦贵妃，玄宗于每年夏天兴师动众派人从四川涪州将荔枝运往相隔遥远的长安。那时，运输条件差，要将荔枝运往长安而色香味不变，确是一件难事。办法终于想出来了。先是将快要成熟的荔枝树整棵连根带土挖出来，培植在大缸内，使其继续生长，再用船快速运往长安，然后计其成熟程度，算好天数，摘下荔枝，派人快马加鞭，如期送到杨贵妃手中。所以，杨贵妃能吃到"色味不变"的荔枝，也就不奇怪了。

杨贵妃究竟有多大的魅力，使玄宗对她如此痴迷深情呢？首先，自然不外乎是杨贵妃倾国倾城的天生丽质，尤其是当杨贵妃"回眸一笑百媚生"时，顿使"六宫粉黛无颜色"，这就使好色的玄宗得而难以自持。

杨玉环初至温泉宫，玄宗诏赐浴，"既出水，体弱力微，若不任罗绮"，她那丰润细白的肌肤和妩媚娇艳的体态，"光彩焕发，转动照人"更使唐玄宗醉迷。

《长恨歌》曰："春寒赐浴华清池，温泉水滑洗凝脂；侍儿扶起娇无力，始是新承恩泽时。"虽然诗人的描写有所夸张，但是透过夸张不难想见当时玄宗痴迷的心情。

作为皇帝的玄宗对杨贵妃的迷恋几乎到了痴迷的程度，如果仅从杨贵妃的美貌，似乎还不能完全说明问题。因为杨贵妃虽说是姿色出众，但后宫中的绝色佳丽并非没有。何况，唐玄宗毕竟年逾花甲，情欲的追求已非昔日可比。他之所以对杨贵妃如此醉心，应该说重要的是感情上、志趣上的情投意合。

杨贵妃是一位"善歌舞，通音律"的贵妇人，这正是颇有音乐造诣的玄宗所需要觅求的知音。杨贵妃的歌舞才能、音乐修养皆属上乘，深为玄宗所赏识和喜爱，可以说这是她被玄宗觅为晚年知音的重要原因。

唐玄宗极为珍爱经过

唐代建筑

自己改编的《霓裳羽衣曲》，杨贵妃就善于表演，她对此曲似心有灵犀一点通。玉环初被召见时，玄宗命奏《霓裳羽衣曲》，玉环当即起舞，舞来如仙女飘逸，极尽其美，似乎把玄宗真的带入了月宫，观看了仙女的起舞。这自然获得了玄宗无比的欢心。

以后，当杨贵妃舞《霓裳羽衣曲》时，玄宗常常兴致勃勃地亲自操鼓击节，立在一旁伴奏，可见他的高兴劲。

可以说，玄宗与杨贵妃在一起尽欢，最经常的莫过于歌舞声乐了。

贵妃不但喜歌舞，而且善奏琵琶和击磬。一次，兴庆宫东沉香亭前的木芍药（牡丹）花方盛开。玄宗乘心爱的坐骑"照夜白"，贵妃乘步辇，带着梨园弟子，兴致勃勃地前往玩赏。

李白奉命进《清平乐词》三篇助兴，李龟年与梨园弟子当场配乐以歌。杨贵妃则手持七宝杯，酌凉州葡萄酒，边饮边领歌。玄宗也吹玉笛伴奏，"每曲遍将换"，则悠扬其声以媚之。

又有一次，新丰进献女伶谢阿蛮，善舞。玄宗召于清元小殿，由宁王吹玉笛，贵妃琵琶，马仙期方响，李龟年觱篥，张野狐箜篌，贺怀智拍板，玄宗自己击羯鼓，为谢阿蛮伴奏。

唐玄宗腰鼓舞

自旦至午，欢洽异常。其时只有贵妃姐姐秦国夫人端坐观看。曲罢，玄宗对她开玩笑道："阿瞒（玄宗在禁中自称）乐籍，今日幸得供养夫人。请一缠头！"意思是要她"赏钱"。秦国夫人说："岂有大唐天子阿姨，无钱用耶？"遂出钱数百万。

贵妃琵琶演技颇出色，当时诸王、郡主、贵妃的姊妹，皆拜她为师，自称"琵琶弟子"。她所用的琵琶，制作十分考究，材料用逻逤檀木，乃寺人白季贞从蜀中带来，其木"温润如玉，光耀可鉴"，上有金缕红纹，绘成双凤。其所用琴弦，乃末诃弥罗国所献，用渌水蚕丝制作，"光莹如贯珠瑟瑟"。

贵妃善击磬，拊搏之音泠泠然，多新声，虽梨园弟子，莫能及之。玄宗特命采蓝田绿玉，为其琢成磬，饰以金钢珠翠，"一时无比"。

此外，杨贵妃智慧过人，富于缠绵之情，善于察颜观色，她侍候玄宗，无不投合玄宗的心意。史称她"每倩盼承迎，动移上（玄宗）意。"这也是她能深得宠爱的原因之一。陈鸿《长恨歌传》有云，贵妃"非徒殊艳尤态致是，盖才智明慧，善巧便佞，先意希旨，有不可形容者"。可见贵妃之得宠，并非徒靠姿色。

当然，玄宗毕竟是封建帝王，除了杨贵妃之外，身边还有一大批妃嫔。因此，玄宗虽然宠爱杨贵妃，但并不排斥对其他女子的调情。而杨贵妃呢，本着玄宗对她说过的甜言蜜语，痴想着绝对地独占。这就不免要产生龃龉。有时，杨贵妃妒心大发，还真惹得玄宗大发脾气。

天宝五年（746）七月，就有"（杨贵妃）以妒悍不逊，上怒，命送归兄（杨）铦之第"的记载。杨铦是她的再从兄。天宝九年（750），又有"贵妃复忤旨，送归外第"的事发生。这两次事件的具体原因，史载有缺，难知其详。不过，根据其他有关材料的推测，可能与梅妃和虢国夫人有关。

据说梅妃姓江，名采萍，福建莆田人，父祖辈世代行医，并有一定的文化修养。采萍自幼读诗，其名字就是父亲江仲逊取自《诗经》中的采萍二字。开元中，采萍二十岁时，被高力士选中，从福建来到京师长安，进入后宫为妃。

唐代宫女塑像

杨玉环初入宫时，采萍已被册立为梅妃，是武惠妃死后，在妃嫔中比较起来最受宠幸的人。

梅妃虽在许多方面不如杨贵妃，但自有江南女子惹人喜爱的气质。她身材苗条，亭亭玉立，仪态端庄。又精于作诗，长于绘画。所以，玄宗在宠爱杨贵妃的同时，对梅妃时有接触和来往。

梅妃喜梅花，在自己的宫廷前亲自手植梅花数枝，玄宗曾御笔亲题"梅亭"二字，制成匾额，悬其门上，以示对梅妃的宠异。

虢国夫人是杨贵妃的姐姐。杨贵妃得宠后，她在四川的同胞姐姐也被迎至长安。大姐被封为韩国夫人，三姐被封为虢国夫人，八姐被封为秦国夫人。由于三个姐姐都才貌出众，姿色美丽，故"并承恩泽"，经常出入深宫内院，玄宗每逢与贵妃宴欢，总要令三夫人陪伴。

其中，虢国夫人最为轻佻狐媚，又丧夫寡居，玄宗对其颇为动心，据说亦有调情合欢之事。故当时人曾有诗云："虢国夫人承主恩，平明骑马入宫门。却嫌脂粉污颜色，淡扫蛾眉朝至尊。"

此外，还有说杨贵妃在天宝九载的被遣，是因为玄宗的大哥宁王宪的关系。宁王宪长于吹笛，而且演技十分高超。以往，玄宗与几位兄弟亲王相处融洽，常在一起奏乐欢愉。自从杨贵妃进宫以后，欢宴时，玄宗又常邀宁王宪前来吹笛，自己击鼓，为杨贵妃歌舞伴奏。

玄宗刚做皇帝时，为表示不忘兄弟手足之情，曾在兴庄宫一卧室内置一大床，上放长枕大被，名"五王帐"，与兄弟抵足共寝。有一次，贵妃无事独自走入这个房间，见有宁王宪留下的玉笛，出于好奇，便拿来吹。被玄宗发现，认为杨贵妃吹宁王宪吹过的笛子，有伤自己的尊严，遂大为不悦。

贵妃第一次被赶出宫后，玄宗忽然感到人走楼空，有一种不可名状的孤独和寂寞感；有时又忽而觉得自己失去了一件今世不可复得的无价之宝，感到无限的懊恼。因而心情由大怒转为不安，又变为焦躁，到了正午时，玄宗犹不想进食，这可急坏了左右侍候的宦官。玄宗对身边的宦官，平时觉得挺不错，但这时怎么也看不顺眼，动辄捶挞。

亲信高力士明白，这是由于玄宗心里想着杨贵妃的缘故。于是试探着，先请将贵妃宫中平日起居的有关用具如供帐、器玩等，一一送到杨铦家赐予贵妃，玄宗果然同意，装载下来有百余车之多。玄宗又将自己还没有吃的御膳，分了一半赐予贵妃。于是天一黑，高力士就进劝迎贵妃归院，这正中玄宗下怀，送下令开禁门接回贵妃。贵妃一进门就伏地谢罪，玄宗即欢然慰抚。经过这一场闹剧，杨贵妃在玄宗心目中的分量更重了。

天宝九年（750），杨贵妃第二次被遣外宫，高力士等惶惶无计，不知如何是好。已升任户都郎中的酷史吉温，向玄宗进言："妇人智识不远，有忤圣情，然贵妃久承恩顾，何惜宫中一席之地，使其就戮，安忍取辱于外哉！"因为吉温与高力士关系相当密切，对玄宗的内心隐衷应当是了解的。

所谓"妇人智识不远"，是在为贵妃开脱过失；而"久承恩顾，安忍取辱于外哉"云云，恰又说到了玄宗的痛处。因此，吉温不过是换了个激将法在帮贵妃的忙。何况吉温其时正在投靠杨国忠。是不会去害贵妃的。

果然，玄宗听了遂派太监张韬光送御膳给贵妃，一方面借此机会了解她回第后的情况。贵妃十分乖巧，见了玄宗派往探视的太监，哭得十分伤心，似乎很懊悔自己的过失。当看到玄宗送御膳给她，深深了解到此时的玄宗仍

在思念着自己，遂哭着要张韬光转告玄宗说。"妾罪当死，陛下幸不杀而归之。今当永离掖庭，金玉珍玩，皆陛下所赐，不足为献，唯发（头发）者父母所与，敢以荐诚。"说完便剪下长发一缕，要张韬光代献给玄宗。

玄宗见到了贵妃所剪下的头发，更为动情，赶紧命高力士把杨贵妃接回宫中。

经过这两次波折，杨贵妃学得聪明了一些，对玄宗更为体贴迁就，而玄宗对她也"宠待益深"。两人之间那种难分难舍的感情却是更深了一层。

实行多妻制的封建帝王，对妃嫔宠幸，按理说也不过是一时的，若要废黜一两个爱姬，那是弃之如敝屣，十分容易。唯独玄宗对杨贵妃如此情深意长，如此专一，他俩之间的感情，似已超过了一般封建帝王与后宫妃子的关系，不能不说在他俩之间有极深的感情

有一年七月七日乞巧节的深夜，宫内寂无一人，只有玄宗与贵妃在长生殿凭栏依偎，窃窃私语。他俩久久望着夜空中璀璨的银河以及两岸渐渐靠近的牛郎、织女星座，这时，玄宗和贵妃面对着天空双双跪下，对天立誓说："在天愿作比翼鸟，在地愿为连理枝。"两人愿天长地久永为恩爱夫妻。

这段七夕盟誓的故事，在诗人白居易的《长恨歌》中及陈鸿的《长恨歌传》中，皆有动情的描写，虽然不免夸张，但玄宗与贵妃之间生死与共、超乎寻常的真诚情感的确是存在的。

宠遇外戚荒国政

唐玄宗作为一个操持着国家最高权力的君主，如此沉湎于声色，迷恋于一个年轻女子，在政治上带来严重的后果。本来玄宗执掌政权以后，鉴于武周后期特别是中宗神龙以来的政治动乱，严格禁止后宫及外戚干政。但是，自从杨贵妃入宫以后，玄宗的这种戒心就荡然无存了。

杨贵妃家族的门庭，本来十分寒微。为了显示自己对贵妃的宠爱，同时也是为了抬高贵妃的身世，玄宗毫不吝啬地对杨家父母、兄弟、姐妹大加封赏。杨贵妃在四川的生母及三个姐姐，被迎至京师长安居住。三个姐姐被

封为国夫人。大姐韩国夫人，原嫁崔姓人家；三姐虢国夫人嫁裴家，夫亡寡居；八姐秦国夫人则嫁柳氏人家。

天宝初，杨贵妃正式册封后，其生母封为凉国夫人，其亡父杨玄琰累赠大尉、齐国公，叔父玄珪升授光禄卿，再从兄杨孃为殿中监（后授三品、上柱国），杨锜为传御史，尚武惠妃女太华公主，以母爱，礼遇过于诸公主，赐甲第，连于宫禁。

天宝七年（748），贵妃的三个姐姐被册封为。韩国夫人、虢国夫人、秦国夫人，杨铦、杨锜等五家，玄宗“皆赐第京师，宠贵赫然”，成为权势显赫的新贵族。

贵妃的三个姐姐，玄宗呼之为姨。每年给韩国夫人、虢国夫人、秦国夫人钱千贯，作为脂粉之资。她们三人还特蒙恩顾，可以随便出入宫掖。玄宗每得四方上贡的珍异之物，都分赐予杨家姐妹兄弟，每家一份，“五家如一”。

玄宗每年十月都要到临潼温泉去度假，自从有了杨贵妃，他不但每次都带着她去，还要贵妃姐妹兄弟五家随行。出发时，五家每家为一队，穿一色衣服，五家合队，“照映如百花之焕发”。

而人马过后，“遗钿坠舄，瑟瑟珠翠，璨Yes芳馥于路”。这些新贵的豪奢之情由此可以想见。这在正直的官僚群中，不能不引起很大的反感，而人民更对其憎恨。

在京师长安，杨氏姐妹兄弟五家的宅第，极其豪华。他们每造一堂一室，动辄花费千万。这还不算，见谁家的房子胜过自己，便拆掉重盖，致使“土木之工，不舍昼夜”，劳民伤财，毫不在乎，骄奢淫逸到了极点。而虢国夫人这个寡妇，更为豪荡霸道。

有一天，她亲自带领工徒，闯入韦嗣立私宅，下令撤去旧屋，自盖新房，除了给韦家十亩空地外，其他一概不问。但是，中堂盖成后，虢国夫人故意挑剔，谩骂工匠，克扣工钱，只给了二百万。工匠复求赏钱，虢国夫人答应给五百段绛罗，但有一个条件，要工匠捉一些蝼蚁、蜥蜴放在屋中，记好数字，若走失一个，则赏钱分文不付。其蛮横无理竟至如此！

每逢朝廷举行大典，百官五更便汇聚朝堂等待天明，而这时杨氏五宅总是炫耀自己，抢在百官之前，"倩妆盈巷，蜡炬如昼"。甚至连李唐宗室事务，她们也经常插手干预，如"十宅诸王百孙院婚嫁，皆因韩、虢为绍介"，只要向她们先纳贿赂千贯钱，则奏请无不称旨。

这些贪得无厌的杨氏新贵，还仗着贵妃威势，滥用特权，谋求私利。她们骄横霸道，有恃无恐，甚至连宗室皇亲都不放在眼里。

天宝十年（751）正月元宵节，是长安城中的灯会，京城热闹非常。杨家五宅的国夫人之类都出门观灯。一行人在闹市中横冲直撞，百姓们为之侧目。行至西市门，与广平公主的骑从相遇，双方争道。杨氏的家奴竟依仗主势，挥鞭乱抽，连公主也不放在眼里，鞭及其衣服，公主受惊堕马，驸马程昌裔赶紧上前扶公主，竟又遭数鞭。

广平公主受此侮辱回宫向父亲玄宗哭诉。玄宗不问情由曲直，各打五十大板，一方面下令杀杨氏奴，另一方面又停程昌裔的官职。

然而，杨贵妃家属中最为得势的要数杨国忠。如果说韩、虢、秦三夫人及杨铦、杨锜二兄弟还仅限于生活上的豪侈荒淫，那么杨国忠除了这些方面之外，在政治上所起的作用和影响，就远非她们可比了。

杨国忠，原名杨钊，山西蒲州永乐人。武则天时的幸臣张易之，即其舅父。杨钊从小不学无术品行不正，嗜饮酒赌博，杨氏家族中对这个小无赖十分鄙视。

杨钊在家乡混不下去，乃"发愤从军"，到蜀郡当屯田兵，以屯优当迁。益州长史张宽因"恶其为人"，先借故打了他一顿，然后才授予新都尉。杨钊与杨玉环是从祖兄妹关系，是一个宗族关系疏远的远亲。

贵妃生父玄琰死后，杨钊即往来其家，"与其中女通"，根据后来的情况看，中女即杨玉环的三姐。因杨玉环生下不久便被居住于河南的叔父领去，所以她长大后并不认识杨钊。总之，杨钊的青少年时期，过着穷困潦倒的生活，一直被人歧视。

自从杨贵妃得幸，杨钊的时运也来了。在蜀中时，杨钊曾结识了四川的豪富鲜于仲通，在经济上时常得到他的接济和资助。鲜于仲通名向，以字行，据说他"颇读书，有材智"，剑南节度使章仇兼琼任他为采访支使，委以心腹，遇事多和他商量。

章仇兼琼虽在四川地区握有重权，但宦途险恶，朝廷中又无靠山，故对自己的前途颇为担忧，总想在朝廷的重臣或其他方面能找到一个靠山，以保全自己的官宦前程。

当他了解到杨贵妃的老家在四川，于是便想通过贵妃在四川的亲属，打通这一条内线的关系。他推心置腹地和鲜于仲通说。"今吾独为上所厚，苟无内援，必为李林甫所危。闻杨妃新得幸，人未敢附之，子能为我至长安与其家相结，吾无患矣。"

唐代彩色描金

可是，鲜于仲通是个交游并不广的地方土豪，和杨妃家素之交往，在长安认识的人也不多。因此对鲜于仲通说："仲通蜀人，未尝游上国，恐败会事。"表示自己无法完成这个重任。

但当鲜于仲通提出找杨妃戚属的关系时，他想起了杨钊，并将杨钊介绍给章仇兼琼。章仇兼琼接见杨钊时，见他"仪观丰伟，言辞敏给"，干这类差使，条件很适合，遂即任杨钊为推官，在感情上又加意结纳，关系一天天融洽。

章仇兼琼见时机成熟之后，即派杨钊上京师长安向朝廷贡献蜀锦。临行，对杨钊说：我备了一些东西在郫县，以供一日之粮，"子过，可取之"，即可由他自己支配使用。

杨钊至郫县，见章仇兼琼已备好价值万缗的上等蜀货，完全出乎他的意

201

料之外，大喜过望，昼夜兼行，很快抵达长安。他一一拜访杨氏诸位兄妹，将蜀货分别亲自送上门，说这是"章仇公所赠也"。他与虢国夫人是"老相识"，遂住在虢国夫人的家里，将蜀货的一半留给这位贪财的夫人。

于是，杨氏诸兄妹日夜在玄宗面前夸奖章仇兼琼，博得了玄宗对他的好感，杨氏兄妹也就成了章仇兼琼政治上的后台。杨钊也因此获利，他的兄妹称赞他"善樗蒲"，引他去晋见皇帝。

玄宗见又冒出来一位贵妃的亲属，便留下在京师充职，可以随供奉官出入禁中，旋即任为金吾兵曹参军。只是杨钊系疏属，也没有什么社会地位，所以玄宗在初时并没有像杨铦、杨锜那样给予高官厚禄的封赏。这是天宝四年（745）秋天的事。

杨钊在长安站稳脚跟以后，便凭借贵妃及杨氏姐妹得宠的条件，巧为钻营。在内，他经常入宫接近贵妃，小心翼翼地侍奉玄宗；在朝廷，则千方百计地巴结权臣。每逢禁中侍宴，杨钊掌管樗蒲文簿（一种娱乐活动的记分簿），"钩校精密"。

玄宗对他在运算方面的精明十分赏识，曾称赞他是个"好度支郎"。度支郎中乃户部负责统计核算财赋收支的官吏，其实杨钊并没有任度支郎中，玄宗这样说，不过是借此比喻他的算计精明，可是，杨氏姐妹却抓住玄宗的这句戏言不放，说什么君无戏言，"数征此言于上"。

与此同时，杨钊已巴结上了宠臣王𬭼，王𬭼以户部郎中为户口色役使，遂奏请任他为自己属下的判官，玄宗在诸杨的要求下顺水推舟，同意杨钊担任这一官职。不久，又擢升为监察御史。监察御史品位虽不高，却是一种清要之职，也是进入高级官员的必经阶梯之一，一般都以素有名望的士大夫担任。而杨钊为人卑微，完全凭借着裙带关系，"骤履清贯，朝士指目嗤之"。

天宝时期，权相李林甫陷害太子李亨，利用杨钊怙宠敢言，引以为自己的党羽，而杨钊也乘机投靠，作为自己向上爬的机会，因而与杨慎矜、吉温等人充当打手，积极参予迫害太子李亨势力的各种行动。他们在京师另设立推院，屡兴大狱，株连太子党羽数百家。

这些都是杨钊首先发难的。而在背后指使的则是李林甫。因为有杨

氏诸姐妹作靠山，杨钊有恃无恐，"乘而为邪，得以肆意"，既巴结了权臣李林甫，又有利于杨贵妃，自己也可树立威权，在他看来，此事是一举三得。

在玄宗面前，杨钊则想方设法投其所好。玄宗因年岁渐大，"意有所爱恶"。杨钊通过杨氏诸姐妹"探知其精"，事先做好准备，故"动契所欲"，讨得了玄宗的青睐，很快由监察御史迁升检校度支员外郎、兼侍御史，一监水陆运及司农、出纳钱物、内中市买、招募剑南健儿等使。一身兼数要职，成为统治集团中的重要官员。

不久，玄宗又认为他干得不错，正式擢升为度支郎中。总之，在不到一年的时间里，杨钊便兼领十五余使，转给事中兼御史中丞，专判度支事。天宝八年（749），玄宗召集公卿百官参观左藏库藏之物，见物资、钱币山积，大为高兴，以杨钊理财有方，当即面赐金紫，兼权太府卿事。

从此开始，杨钊得专钱谷之任，出入探宫内院，宦官们在玄宗面前为他说好话，因而玄宗对他更日加亲幸。

天宝九年（750），杨钊上奏请为自己的舅父张易之兄弟昭雪，玄宗居然表示同意。接着，杨钊以自己的名字钊字，含图谶"金刀"，有犯上讳，请更名，以显示自己的"忠诚"，玄宗遂赐名"国忠"。

杨国忠经过一番苦心的经营，自己的羽翼逐渐丰满，有了一定的政治力量，便开始不择手段地倾轧与自己分宠的同僚。李林甫指使王鉷整治杨慎矜时，杨国忠就已经积极参加了。

以后王鉷遭殃，杨国忠更是上蹿下跳的凶恶打手。因为当时王鉷任御史大夫，兼京兆尹，恩宠在自己之上，官位声望也在自己之上。遂借邢𫟅"谋乱"的案子，投井下石，以达到自己的目的。

王鉷的弟弟王焊与邢𫟅友善，杨国忠抓住这一条控告王鉷与邢𫟅谋乱有牵连。玄宗初以王鉷委任很久，理财又有"功"，未必知情，为其开脱罪责，认为王锝与王鉷是同父异母兄弟，可能是王锝妒忌王鉷富贵，故意陷害他的。因此，玄宗想原宥王鉷之罪不问，但必须要王鉷先奏请罪，然后再加赦免，遂密令杨国忠将此意告知王鉷。

203

可是，杨国忠不仅没有将玄宗的真正意图透露给王铁，相反劝王铁忍痛割爱，以保存自己。王铁想了很久，没有答应，结果，王铁兄弟皆被处死。而杨国忠呢，却因此而得以代王铁官御史大夫，并夺得了京兆尹的重要职位，凡王铁所领众使务，悉归国忠。这是天宝十一年（752）的事。

从此，杨国忠"权倾内外，公卿惕息"。杨国忠是天宝四年（745）贵妃册封之后进京的，他在短短的五六年间，便从一个地位低下的新都尉，一跃而成唐朝中央政府的新贵显要。由于他所依靠的是贵妃和杨氏姐妹的力量。因此，他虽身任显官仍为人看不起。他与杨氏五姐妹兄弟勾结在一起，形成一股外戚集团的腐朽势力，又通过杨国忠的肆意干预朝政，致使政事日非。

在统治集团内部，由于李林甫的长期排斥异己、专断朝政，矛盾本来已经十分激化，加上杨国忠为首的一股恶势力，矛盾就更加尖锐，而朝政的腐败，更是越发不可收拾。

杨贵妃本人直接干预政事，她不像韦后、太平公主之流那样具有政治野心，从未和外廷的官僚发生政治上的联系。但是，她客观上助长了杨国忠为首的腐朽官僚集团势力的兴起。

杨国忠等人之所以能保住那种"暴发户"般的新贵显赫地位，如果没有杨贵妃在宫内的支持是不成的。而杨贵妃为了巩固自己在内宫的专宠地位，同样需要外戚势力在朝廷中的支持。

在初时，杨贵妃的这种政治倾向或许不甚明显，但这不以人的意志为转移，随着形势的发展，切身利益的需要，迫使她不能不那样去想、那样去做了。杨国忠恰恰提供了这样的条件，成为自己政治上的支持力量。反过来，自己也必须竭尽全力支持杨国忠为首的官僚集团势力。

对唐玄宗来说，宠遇杨氏外戚，固然有其取悦于贵妃的一面。然而这种宠遇已大大超过了一般应付的限度。通常情况下，授予外戚的官职，仅限于闲职，散官，玄宗开元初对王皇后家属，开元中对武惠妃的家属，都莫不如此。

唯独此时对杨氏外戚一族，玄宗禁网大开，授予实职，任其扩大权势，尤其是对杨国忠，重加擢用。玄宗是否由于女色而昏庸糊涂到如此地步呢？

不是。他那样做，目的是在朝臣中培植一股新的势力。

有事实表明，天宝后期玄宗已开始逐渐疏远李林甫，他扶植杨国忠，一方面借以牵制李林甫的专权；另一方面也为取代已经衰老了的李林甫做准备，这是玄宗惯用的手腕。

杨贵妃专宠以后，不少官僚趋炎附势，讨好贵妃及其外戚。但李林甫的态度颇微妙，从现存史籍资料中几乎找不到他积极支持纳杨玉环入宫的记载（说来也不怪，寿王瑁本来是他保护的对象）。如果同他当年积极讨好武惠妃的态度相比，两者形成鲜明的对照。

显然，杨贵妃同李林甫之间存在着一段不小的距离。在这种背景下，杨国忠在朝廷势力的膨胀，就不能不对专权独断的权相李林甫构成威胁了。

在封建君主专制的政体下，帝王对于大臣的既信任又不完全信任，或者在信任重用之后，随着条件和形势的变化，随时都可加以抛弃，这在中国封建社会的政治中是司空见惯的。

唐玄宗对于杨国忠如此的宠信，除了讨好贵妃等因素之外，还有着借以控制朝臣的一面，这还明显地表现在对待安禄山的态度上。

安禄山天宝六年（747）入京朝见玄宗时，杨玉环已正式册封为贵妃，安禄山早就知道这是当今宠冠六宫的娘娘，对玄宗的影响力巨大，遂别出心裁地请求为贵妃的养子。其实，贵妃的年龄比安禄山还要小得多。

有一次，安禄山入禁中，见玄宗与杨贵妃共坐，便先拜贵妃，再拜玄宗。玄宗好生奇怪，问其何故？安禄山对道："蕃人先母后父耳。"唐时北方少数民族部落中，还残留着母系氏族社会的习俗，故有先母后父之说。

可是，安禄山是懂得唐朝廷封建礼仪的，他这样做，并不是风俗习惯问题，而是出于政治的目的，想以此讨好杨贵妃，从而进一步讨好玄宗。他这样做，玄宗果然大为高兴。

从此，安禄山每入内晋见，玄宗总让贵妃陪坐，还命杨铦、杨锜和韩、虢、秦三夫人皆与安禄山约为兄弟。在君臣关系之上，又结成了薄薄的亲属关系。

天宝九年（750）冬，安禄山再次入朝，这次是先到临潼温泉宫。玄宗先

命杨国忠兄弟及韩、虢、秦三姐妹以亲属情谊同赴新丰迎接。一路上"飞盖荫野，车骑云屯。所止之处，皆赐御膳，水陆毕备"，好不威风。

到了温泉宫，玄宗又让杨国忠及贵妃姐妹陪他游宴。天宝十年（751）正月初一日，适逢安禄山生日，玄宗赏赐大量器物衣服，贵妃也送了一份厚礼。第二天，又赐陆海所产山珍海味，皆用金银盛器装载，连盛器一起赐予。

第三天，杨贵妃又以母亲的身份将安禄山召入宫内，以绣绷子绷在安禄山身上，还叫了一群宫女用彩舆将笨重的安禄山高高抬起，戏谑声"欢呼动地"。笑闹声传到玄宗耳朵里，急忙派人去问，报云："贵妃与禄山作三日洗儿，洗了又绷禄山，是以欢笑。"

原来，当时的风俗，在婴儿生下第三天，要施沐浴礼，还要请亲朋好友去观看热闹。贵妃也如此做。玄宗听了兴致勃勃地前去观看，畅怀大笑，并赏赐贵妃洗儿金银钱物，"极乐而罢"。

从此，宫中皆戏称安禄山为"禄儿"，可见他和玄宗、杨贵妃之间的关系又进了一层，蒙上了一层父子和母子的关系。因而安禄山可以随意出入官掖不受禁止，安禄山得与贵妃对食，甚或通宵不出，由是"颇有丑声闻于外"，而玄宗呢，既不怀疑，也不加追究。

杨贵妃与安禄山之间究竟有无"丑事"，只是历史的传闻，无确切的资料可作说明，按情理推测，安禄山此时主要是向杨贵妃谄谀，目的在讨好玄宗，不至于敢对杨贵妃有所非礼。

而杨贵妃明白玄宗笼络安禄山的政治意图，因此才敢如此与安禄山戏狎，也主要是从感情上拉拢安抚。这一切都是有限度的，也是玄宗所默许的。一般人不从他们的政治关系上去探究，而好从隐私方面着眼。自然免不了捕风捉影，实在是不值一笑。

总之，在对待安禄山的关系上，杨贵妃不过是唐玄宗笼络、控制安禄山的一个工具。但是，依靠这种手段建立起来的君臣关系，其结果如何，就不是玄宗所能预料的了。由于非分的恩遇宠待，安禄山在政治军事地位方面迅速上升，随之，政治野心便逐渐在他的胸中滋长发展起来。

第八章　外戚新贵得重职

插足军政取相位

杨国忠在朝廷混到了高官重职以后，随着权力的扩大，接触面也广了，对上层统治集团内部情况的了解也更深更细了。他发现权相李林甫有安禄山东北方镇军事力量等的支持，太子李亨也有西北方镇军事力量若明若暗的支持，这两大军事集团自己是无法打进去的。

如果没有地方镇军事力量的支持，自己在朝廷中的权力、地位就有很大的局限。特别是发生一些不测事件时，更是如此。因此，杨国忠极想笼络些军事力量，作为自己政治上的后盾，目标很自然就是他所熟悉的剑南军镇了。

当时，南诏王已归附唐朝廷，南诏诸王常带妻女来谒见汉族地方长官，路过云南郡时，太守张虔陀总要强留其妻，供其奸宿，并"又多所征求"，敲诈勒索。偏偏南诏王阁罗凤不肯屈从。张虔陀恼羞成怒，向朝廷奏报反诬其罪。阁罗凤非常"忿怨"，遂发兵攻陷云南郡，杀死张虔陀，还攻占夷州三十二个。玄宗闻报大惊，欲发兵攻讨。

这时正是天宝九年（750）年末，杨国忠上任京兆尹不久，遂乘机推荐自己的老友和党羽鲜于仲通为剑南节度使，命其率兵攻打南诏。在杨国忠看来，这样做可一举两得：既安插了同党，又可借此树立军功，以培植西南军镇势力。

鲜于仲通既无政治才干，又不懂军事。他率兵八万，分两路出戎州（今四川宜宾市）和隽州（今四川西昌），当大军分别进至曲州（今四川昭通）和靖州时，南诏王阁罗凤看见唐大军压境，深惧不敌，赶忙派使者前来谈

和，表示愿送还俘掠的人口和物资，修复云南郡城归唐。并且提出："今吐蕃大兵压境，若不许我，我将归命吐蕃，云南非唐有也。"

不料，颟顸的鲜于仲通对阁罗凤的话不加理睬，自以为亲率大军八万，想一举讨平南诏，既不明南诏的兵力情况，又未考虑南诏若和吐蕃联合的后果，扣押南诏所派使者，轻率地拒绝南诏王阁罗凤的和谈请求，下令继续进兵。

天宝十年（751）四月，鲜于仲通大军进至西洱河，与南诏军接战。结果，唐军大败，士卒死者六万人，统帅鲜于仲通差点被打死，狼狈逃还。阁罗凤怕唐攻击，遂投向吐蕃。吐蕃命阁罗凤为"赞普锺"，尊他为"东帝"，给予金印。南诏语称弟为"锺"，赞普锺即吐蕃王弟的意思，表示两个政权间平等的联合，以共同对付强大的唐廷。

然而，南诏与唐的关系一向较为友好，这次阁罗凤的叛离，与张虔陀、鲜于仲通处置错误关系极大。即使在当时的情况下，阁罗凤不得已而叛唐，为了表白自己的心迹和态度，特为刻了一块碑，说："我世世事唐，受其封爵，后世容复归唐，当指碑以示唐使者，知吾之叛非本心也。"

由于这次攻南诏的失败，尤其是南诏的投附吐蕃，使唐朝在西南地区的军事压力更大了。可是，杨国忠对于鲜于仲通却百般包庇，不仅"掩其败状"，而且仍"叙其战功"，使他得到了奖赏。

在杨国忠的策划下，强调四川地位的重要，由鲜于仲通出面奏请杨国忠遥领剑南节度使，玄宗便授杨国忠权知蜀郡都督府长史，充剑南节度副大使，知节度事。杨国忠则荐鲜于仲通入长安，代替自己担任京兆尹。

杨国忠又请求第二次发兵攻打南诏。玄宗下制，在两京（长安、洛阳）及河南、河北地区募兵。关中及中原地区的后备兵员，不仅身体强壮，而且善于战斗。但北方士兵不服南方的水土，尤其害怕南方的瘴疠之气，北方士兵到达四川、云南地区时，往往还未上战场，在途中十之八九便死于这种瘴疫。

因此，听说是去南诏打仗，许多人不肯应募。杨国忠依仗着权势，派御史分道督捕，"连枷送诣军所"，强行征募。

按制度规定，百姓有勋者可免征役，但由于唐长期在边镇用兵，可征的对象越来越少，杨国忠便奏请"先取高勋"。于是，"行者愁怨，父母妻子送之，所以哭声振野"。激起关中和中原百姓的强烈不满。

对于杨国忠来说，当然是希望这次战争能侥幸取胜，以树立自己的声威，如果失败也无关紧要，因为天高皇帝远，他可以谎报军情，掩败为胜。重要的是，他可以利用边镇的多事，从此控制剑南地区的军镇集团，培植成仅次于东北军事集团、西北军事集团的第三大军事力量，作为自己政治上的后盾。

天从人愿，不久，杨国忠又从玄宗那里讨得了山南西道采访使的重要职务，增强了自己的实力。

随着杨国忠政治地位的改变和军事实力的增长，他与一贯操纵军国大权的宰相李林甫之间的矛盾也日益尖锐起来。

李林甫与杨国忠都是腐朽的贵族、官僚、统治集团的代表，他们之间的差别仅在于李林甫代表着旧贵族官僚的利益，杨国忠则代表带着外戚色彩的新贵族的利益。一个要竭力维护既得的权益，一个则千方百计地要发展自己的势力，于是，新贵与旧贵之间争权夺利的冲突就无法避免了。

在天宝八年（749）时，原为李林甫的党羽吉温，目睹杨国忠"恩遇浸深"，遂看风使舵，脱离李林甫集团而投靠杨国忠。他建议杨国忠先设法剪除李林甫的羽翼，逐步削弱其实力，然后才能取李林甫相位而代之。

这年六月，刑部尚书、京兆尹萧炅坐赃贬汝阴太守，第二年（天宝九年）四月，御史大夫来瑱也坐赃流放潮阳。萧炅、来瑱皆李林甫在朝中的亲信党羽，李林甫眼见得他们被贬，却无法相救。

在这同时，还发生了一件对李林甫十分不利的事。天宝八年（749）四月，咸宁郡（本丹阳郡）太守赵奉璋上表朝廷，列举李林甫罪行有二十余条之多。

可是，表章未能呈至玄宗之前，就落到了李林甫手里。李林甫一面将表章扣住，一面派御史将赵奉璋抓进监狱，诬其妖言惑众，用乱棍将他打死。可以肯定，此事的发生与李、杨之间新、旧贵族官僚间矛盾的尖锐化有一定

关系，而杨国忠开始向萧炅开刀，正是在稍后的六月，仅隔两个月，恐怕不会是偶然的。

天宝十一年（752）二月，李林甫鉴于当时恶钱泛滥，奏请禁之。当时由于商业发展迅猛，货币的需要量大增，而官府铸造的铜钱又不敷流通，故恶钱大量在市场流通。因私铸可以大获厚利，因而恶钱的数量大增，成为当时十分严重的社会经济问题。

开元、天宝以来，朝廷一再下令禁止，始终未能解决。特别是在商业繁荣的江淮地区，靠私铸恶钱发财的人特别多，成为全国私铸恶钱的主要基地。

一些贵戚官僚和巨商，纷纷带着良钱到江淮地区，用一比五的兑换率，换取恶钱。然后将它运到长安市场，牟取暴利。以致恶钱在长安亦泛滥成灾，"市井不胜其弊"。

于是，李林甫从官府拿出粟帛及库钱数十万缗，在长安东西两市回收恶钱，并限期一个月，不上缴恶钱的将按法治罪。可是，恶钱既已在市场加入流通，欲行禁止谈何容易。于是两市"商贾嚣然，不以为便"。杨国忠抓住这一机会，作为倾轧李林甫的借口之一。

有一天，杨国忠大摇大摆地骑马从市内经过，商人们便纷纷拦马诉苦。杨国忠回去即添枝加叶地报告玄宗，玄宗立即下令废除禁令，改命"非铅锡所铸及穿穴者，皆听用之如故"。杨国忠在与李林甫的明争暗斗中，又取得了一次胜利。

过了二个月，即这年的四月，发生了王铼的案件（邢䀍谋叛事件）。这本是上层官僚贵族间为争权夺利而互相倾轧的丑剧。王铼由于宠遇太深，既成了杨国忠升官的绊脚石，又是李林甫的眼中钉。

整治王铼，原本也是李林甫的心意。可是，随着内部斗争形势的发展，李林甫见杨国忠别有用心，感到保留王铼在中央政府中的官职，可以用来牵制杨国忠，因而当玄宗最初表态认为王铼未必预谋时，李林甫就顺水推舟地为他开脱罪责。但是，后来由于杨国忠做了手脚。王铼还是没有逃脱死亡的命运。

唐代开元寺建筑

　　案子本来到此已可了结，但杨国忠却不肯罢休。王铁虽与李林甫不和。但他过去是由李林甫提拔的，并且曾经是李林甫的亲信。杨国忠利用审讯案犯的便利，逼着他们招出李林甫与王铁兄弟"交私"之状，从而把李林甫牵连进去。

　　在此之前的三四月份，又发生了朔方节度副使、奉信王李献忠叛唐的事件。李献忠原是突厥部落首领，名叫阿布思。他率所部大掠仓库库藏，叛归漠北，玄宗对此大为恼火。其时朔方节度使恰由李林甫兼领，李林甫只好引咎辞去朔方节度使的职务，推荐安思顺接任。

　　杨国忠抓住这两个把柄不放，弹劾李林甫，还买通陈希烈和哥舒翰为其做证。陈希烈得为左相，原是李林甫引荐的，李林甫以其柔弱易于控制，所以在李适之被害之后，推荐他担任这一要职。

　　初时，陈希烈"政事常随林甫左右"，但杨国忠得宠以后，即转而与杨国忠为友，在政治上一改过去的常态，与李林甫为敌。哥舒翰是曾为王忠嗣冒死辩诬的突骑施著将，后代王忠嗣为陇右节度使。由于李林甫陷害过王忠嗣等人，所以哥舒翰对他非常不满，这次有机会，自然要报复一番。

唐玄宗这次对李林甫的问题，采取了慎重宽大的态度，没有对他大加责罚，不过，"由是疏薄"，开始对他冷淡了。一向权势咄咄逼人的李林甫遭到杨国忠打击，杨国忠自然是更加趾高气扬，"贵震天下"，令人侧目。

李林甫原认为杨国忠虽是外戚，然而毕竟是"微才"，难成气候，原想加以利用，作为支持自己的党羽，以便为自己在玄宗面前助一臂之力，"故善遇之"，积极进行拉拢。不想自己失算，"养虎为患"，深为后悔。但他毕竟是个城府很深，诡计多端的人，默默地躲在一旁，伺机报复。

这年十月，因为南诏不断骚扰，蜀人不胜其苦，遂表请剑南节度使杨国忠亲赴剑南坐填，以安定四川、云南的局面。李林甫趁机奏遣，其用意是十分明显的。杨国忠有苦难言，找不出借口推诿不去。

临行前，他跪到玄宗面前，哭诉着说：自己"必为林甫厉害"，杨贵妃"亦为之请"。玄宗安慰他尽管放心前去，不会让他在四川待得很久。玄宗亲自赋诗送别，诗末还暗喻"连当入相"，这就使杨国忠放心地奔赴四川了。显然，这时玄宗欲安排杨国忠任相、排斥李林甫的决心已下定了。

李林甫探知其情后，"心尤不悦"，但自己这时已年老多病，并且正带病陪玄宗游幸临潼温泉宫。杨国忠走后，李林甫病情不仅没有减轻，反而日渐加重，卧床不能起，因此更加"忧懑不知所为"。玄宗因念林甫给他驱使近二十年，本想满足他的要求，亲临李林甫昭应私第，可是左右极力反对。于是，玄宗要李林甫的家人将卧在床上的李林甫抬到庭院，玄宗自己登上降圣阁遥望，以红巾招之，算是见过了。李林甫则只好请家人代为拜谢。

杨国忠前脚刚到蜀郡，还没安顿下来，玄宗即派中使后脚赶到，宣诏召回京师。其时玄宗仍在临潼，杨国忠先至临潼，知道李林甫病重，即至其私第探望，拜于病榻之下。

李林甫见杨国忠不出短短数月即回朝，知道这一切都是皇上事先安排的，自忖大势已去，便流涕对杨国忠说："林甫死矣，公必为相，以后事累公！"杨国忠这时虽然很得意，但毕竟害怕李林甫的威严，见李林甫一语道破真情，竟连连"谢不敢当，汗出覆面"。

十一月丁卯日，李林甫终于在临潼私第一命呜呼。而在庚申日，即李林

甫尚未断气的前七天，玄宗就在华清宫任命杨国忠担任右相了。

杨国忠一登上宰相重位，即对李林甫及其势力进行清洗。天宝十二年（753）正月，他诬告阿布思谋反是李林甫指使的，还说李林甫与阿布思私下里曾约为父子。玄宗见李林甫既死，对此事也不再细察，即令下吏按问。李林甫的女婿杨齐宣害怕受连累，遂出面做证。

当时，李林甫的灵柩刚从临潼运回长安，尚未下葬。二月，玄宗下制削夺李林甫的所有官爵，子孙有官者皆除名，流放岭南及黔中，只准许携带随身所需衣粮，其余资产皆没收。

因此，唐廷在李林甫死后还得了他家一笔相当可观的财产。李林甫近亲及党羽坐贬者五十余人。杨国忠为了报复，还派人劈开李林甫的棺材，抉嘴取出含珠，改用小棺材，按庶人的待遇草草下葬了事。而右相杨国忠和左相陈希烈，却因为陷害李林甫有功，被玄宗赐爵魏国公和许国公。

李林甫城府深密，口蜜腹剑，被其陷害的贵族官僚不知其数。结果，在自己死后也同样被人陷害。李林甫以害人始，以害己终，这是历史给予他的极大讽刺。

李林甫这样一个人物的出现，和最高封建统治者玄宗是分不开的。李林甫虽然最终被玄宗抛弃了，然而，玄宗这时扶植起来的杨国忠，在政治上比李林甫更为专横，更为腐朽。

肆无忌惮乱朝政

杨国忠这个外戚新贵，"强辩而轻躁"，表现出一个暴发户的明显特征。当了宰相以后更是得意忘形，踌躇满志，自我标榜"以天下为己任"。他志大才疏，"裁决机务，果敢不疑"，草率了事，"事务鞅掌，但署一字，犹不能尽，皆责成胥吏"。杨国忠在朝廷，常常"攘袂扼腕"，"颐指气使"，表现出的霸道，比起李林甫来真是有过之而无不及。唐廷中央政府的台省官员中，凡有才行时名，不能为己用者皆被清除。真是"顺杨者昌，逆杨者亡"。

唐代御制西岳华山碑铭

杨国忠不仅控制了唐廷中央，对地方也千方百计地加以控制，如派亲信司勋员外郎崔员任剑南留后，实际行使节度使的职权，以协助他管理西南的老窝；又任曾经投靠他的魏郡太守吉温为御史大夫，充京畿、关内采访等使，帮助他控制束畿地区。这样，杨国忠就在朝廷中枢，到京畿要地，又延伸到西南川蜀之地，形成了一个进退可据的势力网。

李林甫任相时的许多弊政，杨国忠皆承之不弃。按制度，宰相都以有功德声望者担任，不务威权，出入骑从皆简易行之。自李林甫任相开始，每次出入都车骑满街，高级文武大员，如节将、侍郎向宰相"有所关自，皆趋走辟易，有同属吏"。

按旧例，宰相上朝堂处理军国大事，要自早朝至午后六刻（约当下午二时二十六分）方始回家接待四方延见之士和宾客，一天的工作是很忙碌的。可是，李林甫借口国家太平无事，上午巳时（上午十一时）即回家，一切机要重务，皆决于私第，其他大臣无法参决。

杨国忠上任，也是依照这一办法，于是宰相商议政事的政事堂，被搬到了私家宅第，而宰相的私宅依然成了小朝廷。其贻误朝政，弊端百出是不言而喻的。

为笼络人心，扶植自己集团的势力，杨国忠首先在选官制度方面大做文章。他上台才一个月，即恰逢一年一度的吏部铨选。他提出："文部（吏部）选人，无问贤不肖，选深者留之，依资据阙注官。"一班因为各种原因久久滞淹不能升级的人，按照杨国忠的建议都铨选上了，故"翕然称之"。

按惯例，兵部、吏部尚书知政事（任宰相），负责决策性的军国重务，至于铨选官吏的事悉委侍郎以下属吏办理。为慎重起见，规定的手续十分严格，必须经三注三唱，反复进行，杨国忠为自示精敏，先叫胥吏到自己家里来，预先定好名单。然后，把左相（侍中）陈希烈及给事中、诸司长官都叫到尚书都堂，唱注选人，读一名便定一名，一日而毕。

当全部结束后，杨国忠便当着大家的面说："今左相、给事中俱在座，已过门下矣。"于是，选官大权通过这一过程便全由杨国忠一人垄断。而实际上，杨国忠根本不懂具体的铨选条例，自夸"一日而毕"，结果却谬误百出。然而百官也只好任其弄权，"无敢言者"。

第二年春天正式注册时，杨国忠又在私第大集选人，令杨氏诸姐妹在旁"垂帘观之，笑语之声，朗闻于外"。吏部侍郎韦见素和张侍郎皆衣紫高品官员，这一天，却与本司下属曹郎官一起，被杨国忠随意差使，"趋走于屏树之间"，弄得狼狈不堪。

事毕，他们告退后，杨国忠问诸妹："两员紫袍主事何如人？"诸杨姐妹七嘴八舌挖苦一番，"相对大噱"。一国乌烟瘴气，视国家大事如儿戏。

另一方面，由于杨国忠"曲徇人欲"，使得一部分善于钻营的士大夫得到非分的好处，因而"颇得众誉"。杨国忠任宰相后施行的许多政策，大多如此，他就是靠这种办法来收买人心的。

选事告终，杨国忠的亲信京兆尹鲜于仲通和中书舍人窦华、侍御史郑昂之流授意选人，为杨国忠献了一块颂碑，立于省门，吹捧杨国忠的所谓"铨综之能"。玄宗知道此事后，命鲜于仲通撰其辞，玄宗又亲自动笔改定数字，鲜于仲通以金粉填之。

杨国忠一旦权在手，就肆无忌惮不择手段地攫取私利。他的儿子杨暄

参加明经考试，因学业荒陋，没有及格。礼部侍郎达奚珣畏惧杨国忠的权势，便派儿子达奚抚去探杨国忠的口气。一天，达奚抚见杨国忠正准备上马入朝，急趋至马下，杨国忠还以为自己儿子已经中选，达奚抚是来讨好的。达奚抚说："大人（指他父亲）白相公，郎君所试，不中程式，然亦未敢落也。"

杨国忠听了顿时转喜为怒，骂道："我子何患不富贵，乃令鼠辈相卖！"说完，策马而去。达奚抚碰了一鼻子灰，赶快写信劝父亲道："彼恃挟贵势，令人惨嗟，安可复与论曲直。"达奚珣无奈，只好让杨暄中第。

后来，杨暄又被破格提拔，很快擢升至户部侍郎，而曾做过他主考官的达奚珣才刚从礼部侍郎转为吏部侍郎。就是这样，杨暄还不满意，埋怨自己还不如达奚珣升迁得快。

为了巩固自己的政治地位，杨国忠和李林甫一样，也是不择手段地排斥、打击异己。从天宝十二年（753）至十三年（754），关中水旱相继，致成饥荒。当时的京兆尹已换成李岘，李岘平时不愿依附杨国忠，杨国忠便将灾害的责任归咎于李岘的失政，乘机将他逐出京师，贬为长沙太守。

杨国忠在李林甫为相时即参与了陷害太子李亨集团的勾当，他担任宰相后，继续排斥太子亨。太子李亨自从天宝五年（746）受到严重打击后，政治上失势，身边羽翼几乎全被剪除，在朝廷中十分孤立。

天宝中，有一位嵩山隐士李泌，上书论当世时务，颇有见地，玄宗亲自召见，令他待诏翰林，并为东宫供奉，算是在太子身边安排了一位官员。

李泌，字长源，祖上是辽东襄平人，西魏太保、八柱国司徒何弼是他的六世祖。父亲李承休任吴房令，移居京师长安。

李泌少聪敏，博涉经史，特别是研究《易象》颇精，善属文，尤工于诗。他"以王佐自负"，志气不凡，颇有政治见解。曾受到张九龄、韦虚心、张廷珪等人的器重。

而李泌本人则"操尚不羁，耻随常格仕进"，不甘随波逐流，有一种孤芳自赏的脾气。所以，太子李亨对他优礼有加，视为自己的师友，李泌也颇为太子亨的遭遇抱不平。

一次，李泌赋《感遇诗》，讥讽了杨国忠等人。杨国忠知道后十分忌恨，亲自上奏弹劾，于是玄宗下令将李泌贬到蕲春郡去了。杨国忠打击李泌，目的是为了排斥太子李亨，不让他身边留下一个不利于自己的有用之才，使太子孤立无援，不能有所作为。

杨国忠在私生活上更是一个十分腐朽糜烂的人。他作为外戚，每次杨氏诸姐妹陪玄宗、贵妃游幸临潼温泉时，总是先在他家汇集，车马仆从，充溢数坊，锦绣珠玉，鲜花夺目。出行时，杨国忠还以剑南节度使的旌节（皇帝授予特使的权力象征）在前耀武扬威，喝道开路。

杨国忠初入京师时，住在昔日情人虢国夫人家里。而虢国夫人丧夫寡居，两兄妹公开在一起鬼混。后来杨国忠在长安兴造私宅，故意选在宣义里虢国夫人宅的西面，并使两宅相连通，极尽豪奢。既然两宅相连，两人的来往就更方便了，从此"昼会夜集、无复礼度"。有时两人坐车并辔入朝，甚至还在马车上戏谐调情，旁若无人，致使街上人观之，"无不骇叹"。

杨国忠还利用职权大肆搜括聚敛财物，"中外饷遗辐辏，积缣至三千万匹"。供他挥霍浪费。

杨国忠曾对人说："吾本寒家，一旦缘椒房至此，未知税驾之所，然念终不能致令名，不若且极乐耳！"因为杨国忠明白，自己并没有什么才能，完全是靠着贵妃的关系，也不可能有什么好名声，倒不如尽情享乐了。杨国忠这番心里话，惟妙惟肖地勾画了他那副外戚新贵暴发户的丑恶嘴脸。

也正如杨国忠自己所预料的那样，在他执政以后很不得人心，遭到了朝野正派的官员和士大夫的鄙视和反对。还在他执政的第一年，有人劝陕郡进士张彖去拜谒杨国忠，说："见之，富贵立可图。"张彖回答道："君辈倚杨右相如泰山。吾以为冰山耳！若皎日既出，君辈得无失所恃乎！"于是，头脑清醒的张彖宁愿不去追求高官，跑到嵩山当隐士去了。

诗人杜甫也写过许多诗，讽刺杨国忠及杨氏诸姐妹。如《丽人行》写到杨氏兄妹车骑路过大街时，说："炙手可热势绝伦，慎莫近前丞相嗔。"就刻画了杨国忠在百姓面前横行霸道的嘴脸，同时也宣泄了百姓的不满情绪。诗中还有一句"杨花雪落覆白萍，青鸟飞去衔红巾"，则是影射杨国忠与虢

国夫人之间的暧昧关系的。

总之，杨国忠在担任宰相重任后的短短数年间，使天宝年间的政治更加腐败，统治集团中的许多官员离心离德，正直的士大夫更是愤懑不已，唐王朝的威望日落千丈，政治、军事方面的危机重重，大有山雨欲来风满城的味道。但是，唐玄宗仍然支持杨贵妃这位令兄。

天宝十年（751），杨国忠在关中、中原地区好不容易凑足了七万兵力，派司马李宓为帅，第二次出动大兵进攻南诏。天宝十三年（754）六月，李宓率大军渡过泸水后深入冒进，中了南诏的诱兵之计，在大和城不战而败，李宓本人也死于乱军之中。杨国忠故技重演，又隐瞒败状，"以捷上闻"。这本是当时朝廷中一件大事，但是，玄宗却不闻不问。

纸里是包不住火的，连同上次鲜于仲通的两次出兵南诏的战争，发兵总数近二十万，多数是从关中和中原地区征调的，结果"弃之死地，只轮不还"。因此，"人衔冤毒，无敢言者"。但是，时间一久，尤其是一些幸免于难的败兵逃归关中，打败仗的消息也就纷纷传开，连居于深宫的高力士也听到了。

一天，玄宗对高力士说："朕今老矣，朝事付之宰相，边事付之诸将，夫复何忧！"高力士乘机将云南败报的实情奏告玄宗，说："臣闻云南数丧师，又边将拥兵大盛，陛下何以制之！臣恐一旦祸发，不可复救，何得谓无忧也！"玄宗沉思许久，觉得高力士的话也有一定道理，但这时的玄宗年老力衰，暮气沉沉，没有再振作起来励精图治的锐气，只是搪塞一下，回答说"卿勿言，朕徐思之"。

这年的九月，关中大雨，玄宗很不放心，担忧久雨不晴，有害秋稼，杨国忠便挑选了些长势稍好的庄稼给玄宗看，说，"雨虽多，不害稼也"，以此蒙骗玄宗。

另一方面，他又压制地方官吏不准报灾，如扶风太守房琯奏报所管地区的灾情，杨国忠立即派御史去整治，结果地方官吏吓得"无敢言灾者"。可是，天气偏偏久雨不停，杨国忠本事再大，也难以一手遮天。玄宗内心很着急，对高力士说："淫雨不已，卿可尽言。"高力士对曰："自陛下以权假

唐代建筑背猴石人

宰相，赏罚无章，阴阳失度，臣何敢言！”玄宗听后也默然无语。

　　尽管这两次对话以后，玄宗并未责备杨国忠，然而对于杨国忠的乱政，内心是比较清楚了。以高力士来说，自从建议玄宗不要委政于权相李林甫碰了钉子以后，再也不敢过问军国大事。

　　只是在宫内尽心为玄宗服务，而和执掌大权的李林甫始终保持着一定距离。后来他倾心侍奉杨贵妃，那也只是为了满足唐玄宗的欢心，对于杨国忠仍然采取保持一定距离的做法。只是在玄宗急急乎连续两次（仅相隔三个月）主动要高力士对朝政发表意见时，他体会到玄宗是有感而问，也许在筹谋对策，这才敢于直言相告。

　　高力士作为一个宦官，没有什么可称道的，然而他反映的实情及所提意见，的确是击中要害。可惜的是，玄宗听了虽有所动心，但也无可奈何，拿不出良策来对付。因为他心中明白，目前这种局面的造成，无论是李林甫或杨国忠的乱政，还是边镇节将的权盛（包括安禄山的坐大），等等，都是自己一手直接和间接造成的，“冰冻三尺，非一日之寒”。

　　再说，唐玄宗这时已年届古稀，唯一的办法就是墨守成规，硬撑门面，

以维持现状。他似乎有一种模糊的感觉或希望，当时执掌军政大权的新贵都是自己用恩宠扶植起来的，自己只要继续示以厚恩，在人情上或许能换来自己屈指可数的晚年的太平。当然，想用所谓恩宠的办法来弭乱，只能是玄宗个人的意愿。事态的发展，怎会以玄宗的意志为转移呢？

推波助澜蓄异志

杨国忠与安禄山都是天宝年间的新贵，一起受到了玄宗的宠遇。然而，杨国忠发迹的起步，比安禄山要晚。当杨国忠还没有担任高官要职时，安禄山便在天宝元年（742）正月即升任平卢节度使，接着又兼任范阳节度使、河北采访使、加御史大夫，稍后又兼河东节度使，天宝九年（750）一跃即被封为东平郡王。

杨国忠是依靠外戚的关系，但迟至天宝七年（748）始迁给事中，兼御史中丞，专判度支事，才"恩幸日隆"。肥胖的安禄山上下宫殿的石阶时，身为御史中丞的杨国忠还亲自搀扶过，这不仅没有讨好他，相反被安禄山所轻视。

安禄山本是李林甫的党羽，李林甫死后，杨国忠曾设法拉拢过他。所谓李林甫与阿布思串通谋叛的案子，就是杨国忠派人叫安禄山诬告并提供证人的。

可是，安禄山并非一个简单的人物，他握有重兵坐镇东北。以前之所以成为李林甫党羽，是由于"李林甫狡猾逾己，故畏服之"。杨国忠任相后，本来并非没有争取甚至制伏安绿山的可能，但他无论在威望或政治手腕上，远不如李林甫高明。

杨国忠只能算是一个十分平庸的封建官僚政客，故安禄山"视之蔑如也"。杨国忠既然不能制伏安禄山，于是只好采取下策，在清除李林甫在朝廷的势力之后，立即向玄宗"屡言禄山有反状"，想借玄宗之手来除掉安禄山。

另一方面，又奏请让陇右节度使哥舒翰兼河西节度使，哥舒翰素与安禄山、安思顺不和，杨国忠想利用他们之间的矛盾，厚结哥舒翰，增强其实力，以共同对付安禄山。这样，杨国忠与安禄山之间的矛盾就日趋尖锐起来。

起初，玄宗并不怎么相信杨国忠所说安禄山将造反的话。但是，杨国忠一再坚持说"禄山必反"，还对玄宗说："陛下试召之，必不来。"玄宗遂召安禄山翌年正月来朝。谁料，天宝十三年（754）正月，安禄山居然闻命来朝。

原来，这时安禄山谋反的条件还没有成熟，一切准备还不充分，他不想过早地暴露自己的政治企图。因此，在策略上还需要麻痹玄宗君臣，使其无备。

另一方面，安禄山看到玄宗一向宠信自己，自己又没有什么谋叛的证据落在杨国忠之手，只要自己应付得当，估计还可继续得到玄宗的宠信。再说，安禄山早已在朝廷中安插了耳目，向他密报了玄宗和杨国忠召他入朝的意图。

因此，安禄山朝见玄宗，对杨国忠之流来说却是出乎意料的。安禄山一到临潼华清宫面拜玄宗时就哭着说："臣本胡人，陛下宠擢至此，为国忠所疾，臣死无日矣！"玄宗居然怜悯起安禄山来，一面百般进行抚慰，一面赏赐巨万，继续用恩宠来笼络他。

由于这次安禄山用自己的实际行动使杨国忠的预言失灵，结果反而使人感到这似乎是杨国忠有意在陷害安禄山。从此，玄宗"益亲信禄山"，而杨国忠的话"不能入矣"。当时，太子李亨根据自己的观察也言安禄山必反，可是玄宗照样置若罔闻。

那么，是不是杨国忠的话没有事实根据，安禄山果真没有谋叛的意图呢？不是！安禄山自担任高级将领开始即怀有一定的野心，只是这种野心有一个由小而大的变化过程，至于他想彻底叛唐，则是后来逐步发展的结果。

开始时，安禄山以"愚忠"的面目向玄宗、杨贵妃大献殷勤，想得到玄宗的宠信，成为坐镇东北边镇的节将，这一目的，他经过几年的努力终于实

现了，从一个边镇的小军官，一跃而为兼领三镇的节度使，一个手握重兵威震一方的边镇统帅。

因为玄宗的处置失当，一味姑宠，安禄山的胃口也越来越大，他想进一步挤身中央政府，担任宰相重任。

天宝十年（751），那位背弃李林甫，投靠杨国忠的政客吉温，目睹安禄山势力渐大，暗中又去投靠了安禄山，两人称兄道弟，关系十分密切。他摸透了安禄山的政治野心，给他出主意说，李右丞相（李林甫）虽以时事亲三兄（指安禄山），必不肯以兄为相；温虽蒙驱使，终不得超擢。兄若荐温于上，温即奏兄堪大任，共排林甫出之，为相必矣。

安禄山听了非常兴奋，于是"数称（吉）温才于上"，而玄宗也把过去说过的不能重用吉温的话忘得一干二净，安禄山领河东节度使，便推荐古温为节度副使、知留后，以另一亲信大理寺直张通儒为留后判官，"河东事悉以委之"。

或许，这时的安禄山看见李林甫年老多病，行将离开人世，才敢提出这种要求，其目的是想在李林甫之后继任为宰相。边帅继任为宰相，是玄宗在开元以来长期的惯用做法。因此，安禄山认为自己任相的机会也是存在的。后来吉温改魏郡太守。杨国总担任宰相后，调任他为御史中丞，充京畿、关内道采访使等要职。

但杨国忠不了解吉温早已和安禄山相勾结，还把他

唐代粉彩官人茶壶

视为自己的党羽。吉温在担任新的官职前，亲到范阳向安禄山话别，安禄山命儿子安庆绪送出境外，还亲为吉温"控马出驿数十步"。吉温到长安后，便成为安禄山在朝廷的又一高级坐探，"凡朝廷动静，辄报禄山，信宿而达"。

然而，想当宰相重任，毕竟不像弄个节度使的官职那么容易。再说，玄宗皇帝春秋已高，寿命也不会太长，而未来的君王太子李亨，安禄山又曾故意"不拜"得罪过，安松山心中"颇内惧"。何况朝廷中还有一位咄咄逼人的对手杨国忠，李林甫如果死后，朝廷将会发生怎样的变化，一时吉凶难卜，不好估计，对此，安禄山不能不加考虑。如果宰相的重职到手，那么事情就好办得多，只是要做到这一点并不容易。

另一方面，安禄山看到自己所直接控制的三镇兵力将近二十万，几乎占了全国兵力的三分之一；而他多次入朝，亲眼看到关中、中原地区"武备堕弛"，对唐王朝"内轻外重"尾大不掉的军事形势和中央集权削弱的情况了如指掌，遂"有轻中国之心"，萌生走举兵作乱以遂其政治野心的邪念。

安禄山的部下孔目官严庄和掌书记高尚，也"为之解图谶"，一再煽动叛唐，"劝之作乱"。安禄山更为之心动，积极进行准备。于是乎，安禄山在其所统辖的地区内，大肆招兵买马，扩充实力。

要进行招兵买马，并不需要找借口或掩饰，因为唐天宝年间的节度使，特别是兼了采访使之后，享有筹集军赋、招募兵员，乃至任命幕府、属吏等方面的权力，而这一切大权，又都是玄宗本人所授予的。

安禄山首先豢养了同罗、奚、契丹的降卒八千余人，称为"曳落河"，即蕃语"壮士"的意思。又选家童教弓矢者（武教头）百余人，皆骁勇善战。这些都是他的贴身保镖和随从禁卫，也是作战时的精锐部队。安禄山推以恩信，"厚其所给"，因而"皆感恩竭诚，一以当百"。

为了筹集军备，安禄山在范阳筑雄武城。"外示御寇，内贮兵器。"还在天宝六年（747）时，安禄山即筑过一次雄武城，可能是因王忠嗣的弹劾，而暂时作罢。到了天宝十年（751）以后，时机成熟，安禄山复又兴役筑城。还畜养了精壮习战的高头大马数万匹。牛羊五百余头。这些战马，都是安禄

山利用一批商胡从北方少数民族产马地区选购来的。

另一方面，安禄山还通过这些商胡，暗中代理他"诣诸道贩鬻"，购置军需物资，每年要支出"珍货数百万"。这些商胡每次来见。安禄山总是"胡服坐重床，烧香列珍宝，令百胡侍左右，群胡罗拜于下，邀福于天"，俨然以少数民族的土皇帝自居。

在组织方面，安禄山长期来用各种办法罗致了一大批文武人才，供自己壮大实力之用。如文人高尚、严庄、张通儒、李廷望（又作李庭望、李廷坚）、平洌、安史鱼、独孤问俗等为幕僚，帮他出谋划策；安太清、安守忠、李归仁、孙孝哲、蔡希德、牛庭玠（一作牛廷玠）、向润容（一作向润客）、高邈、李钦凑、李立节、崔乾祐、尹子奇、何千年、武令珣、能元皓、田乾真、田承嗣、阿史那承庆等拔于行伍，署为将帅。安禄山以高尚、严庄、张通儒及将军孙孝哲为心腹，密议叛唐事宜，其余文人、武将则分别成为他的爪牙。

在这些心腹爪牙中，既有许多胡人，也有不少汉人；既有武将，又有文人。可以确知的，如孙孝哲是契丹人，阿史那承庆是突厥人。还有安太清、安守志、独孤问俗等都可能是北方少数民族人。另一方面，安禄山又以少数民族首领的身份，利用民族矛盾，挑拨他们反唐，以便自己从中取利。

不过，投在安禄山麾下为其效命的汉人武夫或文吏数量也不少，其中有些人都很有才干，安禄山亲自加以提拔。如田承嗣，为卢龙小校，安禄山擢升为前锋兵马使，治军甚严。

有一大雪天，安禄山巡视诸军，至田承嗣营寨，寂若无人，入阅士卒，无一人不在，因而安禄山对他十分器重。又如安禄山的主要谋士高尚（典笺奏）、严庄（治簿书，即负责理财）和张通儒，都是封建士大夫出身。高尚还是一个"颇有辞学"的文人，张通儒据说是唐初以典厩牧出名的张万岁的后裔。

为什么这些封建文人会愿意背叛朝廷，去为一个蕃将卖命呢？这又与天宝时朝政的腐败及上层统治集团内部矛盾的尖锐有着极大关系。

李林甫和杨国忠以宰相重位执政以后，不断排斥异己，使统治集团内都不断分裂，失去人心，统治的社会基础越来越狭小。玄宗时科举制度虽发达，然而由于李林甫、杨国忠之流竭力排斥文士，因而使一些本来胸怀抱负、想效命王朝的士大夫，很难登进仕路，或虽出任官吏但很难崭露头角。一方面，由于唐代的边镇节度使，皆有辟署幕府属吏的权力，而且待遇一般也不低。这样，一些不得志的士大夫纷纷流向边镇节度使下谋职，这是当时颇为普遍的现象。

当然，不是所有流向边镇的士大夫，都是唐王朝的离经叛道者。但这些人才流向边镇，与天宝年间朝政的腐败有着密切的关系，则是毫无疑问的。

安禄山遇着这些人参与谋议，就如虎添翼。如高尚，本名不危，范阳郡的雍奴县（天宝元年更名武清县）人，颇有才学，曾"薄游河朔，贫困不得志"，常叹道："高不危当举大事而死，岂能啮草根求活邪！"成为安禄山的高级幕僚后竭力为其效命，故能"出入卧内"，备受重用。

据史载，安禄山叛唐，主要是由高尚、严庄之流煽动起来的，这虽然有

唐三彩骆驼

夸大之处，但他们对安禄山的叛唐确实有重要影响。因为安禄山是个武夫，缺乏政治上的远见卓识。其谋叛的组织部署、出兵的口号和策略，发动叛乱时机的选择等，无疑是这些"有才能"的文武幕僚为安禄山出谋划策的。

李林甫死后，安禄山曾与杨国忠合作过一次，派了原阿布思部落的降将至朝廷，证实李林甫确与阿布思"约为父

子"。但安禄山这次与杨国忠却是同床异梦，各有所图。杨国忠意在李林甫，而安禄山则在阿布思。阿布思手下有一批同罗的精兵悍将，在朔方地区颇为出名。安禄山一直想吞并这支部队。

天宝十年（751）秋天，安禄山率兵六万击契丹，结果惨败，不仅士兵死伤殆尽，就是安禄山本人也被乱箭射中坐鞍，折断簪冠，连脚上穿的鞋子也丢了。后只带领二十余骑狼狈不堪地逃回平卢，史思明拼死相救，方免一死。

安禄山为报这一次失败之仇，第二年三月，又发蕃、汉步骑二十万进攻契丹。借此机会他向玄宗奏请派朔方节度副使阿布思率同同罗数万精兵，协同作战。

阿布思素有才略，不甘居于安禄山之下，两人一向不和。阿布思深知安禄山这次包藏祸心，"恐为禄山所害"，因此不肯发兵。他对朔方节度留后张㕁说，张㕁不同意，阿布思别无办法，只好率部逃归漠北。

显然，阿布思的叛唐，其原因本与安禄山有关。当杨国忠要他出面诬告时，安禄山正中下怀，遂对阿布思投井下石。后来阿布思被回纥击破，安禄山乘机招诱其部将散卒，大大增强了自己部队的实力，史载，从此"禄山精兵，天下莫及"。这是安禄山招兵买马、扩充军力以来最为得意的一着棋，对他而后的叛乱行动起着重要作用。

史称安禄山叛唐，还为杨贵妃姐妹的美貌而动了心，如果这是因素之一，那也是极其次要，甚至不值得一提的因素。若仅为一两个美女而兴兵谋乱，未免太"天方夜谭"了。驱使安禄山谋叛的根本原因主要是他那欲壑难填的政治野心，同时还有着统治集团内部矛盾尖锐、中央集权削弱、吏治腐败以及范阳、平卢等地区民族关系紧张等复杂的社会原因。

唐玄宗对于长期来兵权内轻外重的后果早已看到了，安禄山蠢蠢欲动，他也不会不了解。然而，祸患已久，觉得唯一的办法只有稳住局面，不让矛盾迅速激化。他还是想用示以恩宠的办法，去消弭或者延缓事变的发生，他希望至少将眼下暂时太平的现状拖到自己离世以后。玄宗正是抱着无可奈何、心存侥幸的心理来进行应付的。

对于这种侥幸，玄宗似乎抱有很大的希望。当时的节度使，特别是西北地区的镇将，多数还是忠于自己的，所以玄宗觉得应该而且可以依靠西北的边帅势力来牵制安禄山。陇右节度使哥舒翰与安禄山、安思顺不和，玄宗是了解的，但是，他们是否会联合起来对付自己，还缺乏足够的把握，他想考验一下他们之间的关系。

天宝十一年（752）冬，哥舒翰与安禄山、安思顺同时至京师长安，玄宗要高力士在城东设宴调解他们之间的关系，使约为兄弟和解之。

席上，安禄山对哥舒翰说："我父胡，母突厥，公父突厥，母胡，族类颇同，何得不相亲？"安禄山想乘此机会拉拢哥舒翰。可是，哥舒翰回答说："古人云，狐向窟嗥不祥，为其忘本故也，兄苟见亲，翰敢不尽心！"意思是暗示他不要忘本，不要背叛唐廷。

安禄山不仅不以为然，而且"以为讥其胡也"，开口大骂哥舒翰："突厥敢尔！"哥舒翰准备还嘴，高力士以目光暗示哥舒翰，哥舒翰才作罢，佯醉而散。

这件事表面看来，玄宗似在命高力士调解他们两人之间的关系，实际上是故意用哥舒翰来警告安禄山。第二年八月，杨国忠奏请哥舒翰兼河西节度使，也是为了达到同样的牵制安禄山的目的。

在另一方面，可以说是更为重要的，玄宗仍然想用恩宠的办法去笼络安禄山。玄宗自以为只要恩宠不减，安禄山就不可能在他在世时叛唐，而且在他看来，只有满足安禄山所提出的各种要求，才能拴住安禄山的野心。

玄宗这种估计也有一定的道理，安禄山其时虽已具备了举兵的条件，但玄宗毕竟是在位四十余年的老皇帝，有一定的号召力。因此，安禄山最初的如意算盘，的确是想在玄宗作古以后再起兵的。

就在天宝十三载（754）春，安禄山入朝装模作样地向玄宗哭诉杨国忠"陷害"自己后，玄宗即打算擢升安禄山为宰相（加同平章事），并令太常卿张垍草拟诏敕。但是杨国忠根本不赞成这一办法，他不能容忍安禄山政治地位再上升，与自己平起平坐。

他提出的理由是："禄山虽有军功，目不知书，岂可为宰相。制书若

唐明皇传

舟中夜雪图

下，恐四夷轻唐。"玄宗这才作罢，不过仍加安禄山为尚书左仆射，并赐一子三品、一子四品官。

安禄山似乎摸透了玄宗的心思和想法，便乘此机会进而求兼领闲厩、群牧使，玄宗果然同意，立即任命安禄山为闲厩、陇右群牧等使。安禄山又求兼总监，玄宗也照样批准。所谓闲厩、群牧使是专管国家军马的，总监是其最高官员。

安禄山谋求这些官职，完全是别有用心的。他奏以御史中丞吉温为武部待郎，充闲厩副使，并密遣亲信选"健马堪战者"数千匹，精心喂养，随时备用。

二月，安禄山又进奏："臣所部将士讨奚、契丹、九姓、同罗等。勋效甚多，乞不拘常格，超资加赏，仍好写合身付臣军授之。"于是，玄宗又答应安禄山除授其属下将军者五百余人，中郎将者二千余人。安禄山为部下讨了功，也就为进一步收买了部众，史称"禄山欲反，故先以此收众心也"。

从以上情况来看，玄宗的本意是为消减安禄山的野心而满足他所提出的各种要求，然而所满足的这些要求，又恰恰为安禄山的谋反提供了更为有利的条件。一代明皇居然完全听从目不识丁的粗野蕃将的"摆布"，这真是历史的讽刺。玄宗干了这些蠢事之后又纵虎归山，铸成了他终生的遗恨！

三月，安禄山在一切安排妥当之后，向玄宗告辞欲回驻地范阳。处于此时的玄宗，还唯恐对安禄山恩宠不够，临别时，脱下自己的御衣赐予安禄山，还命高力士为其在长安城东的长乐坡饯别。

安禄山这次入朝，本来是冒险而来的，在这两个多月的日子里，虽然化凶为吉，仍然受到玄宗无限的宠遇，可毕竟是度日如年，天天提心吊胆。加上玄宗本想任他为相、后又变卦的事，他已知道，深恐夜长梦多，担心他的对手们又会出什么点子留住他。

因此，他一出长安城门，就犹如囚犯逃出牢笼，赶忙"疾驱出关，乘船沿河而下，令船夫执绳板立于岸侧，昼夜兼行，日数百里，过郡县不下船"，直奔范阳老巢而去。

高力士送安禄山，一方面固然出于礼仪，同时也是受命观察其言行。故高力士一回宫，玄宗便急乎乎问道："禄山慰意乎？"高力士对曰："观其意怏怏，必知欲命为相而中止故也。"此事本来十分机密，知道的人不多。玄宗问杨国忠，杨国忠说一定是草拟诏敕的太常卿张垍泄露的；结果张垍及其兄弟刑部尚书张均都被贬黜。

可是，玄宗对安禄山的态度却一如既往，"自是，或言禄山反者，玄宗缚送禄山"，以表明自己对他的信任。从此，人们虽然皆知安禄山即将谋叛，但却无人敢说了。玄宗用自己的手遮掩了自己的耳目。

天宝十三年（754）八月，左相陈希烈因与杨国忠不和，上表辞职。玄宗初欲以武部传郎吉温接任。吉温作为安禄山的宾佐，玄宗并非不了解。而杨国忠自从安禄山荐他为闲厩、群牧副使之后，才看清了吉温的真面目，故极力反对。结果，换了文部侍郎韦见素，任其为武部尚书、同平章事。因为韦见素"和雅易制"，所以杨国忠乐意支持他为相。

安禄山自从回到范阳后，好不容易才从一场虚惊中恢复过来，史称他自此"忧不自安，始决计称兵向阙"。当然，这也是他起兵条件已具备和成熟的结果。因而朝廷派使者前往，"皆称疾不出迎"，或者是"盛陈武备，然后见之"。河北宣慰使裴士淹至范阳，"二十余日乃得见，无复人臣礼"。

天宝十四年（755）二月，安禄山派副将何千年入奏，请以蕃将三十二人代汉将。玄宗仍然是有求必应，命中书赶快草敕送来御批。韦见素知情，便与杨国忠商量说："禄山久有异志，今又有此请，其反明矣。明日见素当极

言；上未允，公其继之。"杨国忠当场许诺。

第二天，杨国忠与韦见素入见玄宗。玄宗知道他们的来意，见面就说："卿等有疑禄山之意邪？"韦见素便痛陈"禄山反已有迹，所请不可许"。玄宗听了很不高兴。而杨国忠呢，这时反而一声不吭，将已草就的诏文留下就告退下来。

原来，他知道玄宗不愿听"安禄山谋反"的话，便改变策略，干脆不说。他巴不得安禄山早些举兵反叛，以证明自己的先见之明，同时这样也可促使玄宗放弃幻想，及早抛弃安禄山，以了却自己的心愿。

韦见素眼见社稷将危，而右相杨国忠撒手不管，退到中书厅堂，呜咽流涕，痛哭一场。过了一会儿，玄宗派中使袁思艺向书见素和杨国忠解释说："此一度姑容之，朕徐为图耳。"所谓"徐为图耳"，不过是一句推托之词，因为没有见玄宗在后来拿出什么措施来。

同意安禄山以蕃将换汉将的诏书发出后没几天，韦见素、杨国忠又去找唐玄宗，提出说："臣有策可坐消禄山之谋。"其策一是追召安禄山来京师，以任其为宰相（左仆射同平章事）为名义，俟安禄山入京后，严加控制；二是夺其兵权，改命贾循为范阳节度使、吕知诲为平卢节度使、杨光翙为河东节度使。玄宗听了觉得不妨一试，便要他们去起草诏书。

不过，此事成败与否，毕竟关系重大，玄宗放不下心，私下里又派中使辅谬琳以御赐甘果为名，进一步到范阳察看情况。杨国忠和韦见素将诏书拟好了，可是辅谬琳还未回来。玄宗与杨国忠、韦见素待在一起，将用白麻封札的诏书放在案前，紧张地等待着。辅谬琳终于回来了，"盛言禄山竭忠奉国，无有二心"。

原来，玄宗自以为可以信赖的宦官辅谬琳在范阳接受安禄山的重赂，被收买了，所以讲了假话。玄宗听了竟如释重负，当即将诏书焚毁，又对杨国忠、韦见素二人说："禄山，联推心待之，必无异志。东北二房，借其镇遏。联自保之。卿等勿忧也。"当然，即使辅谬琳不说假话，玄宗凭一纸任相诏书，安禄山也未必会再来京师；至于三镇的武装力量，早已被安禄山及其亲信所牢牢掌握，派他人夺其兵权，谈何容易。

杨国忠见唐玄宗如此坚持己见，对安禄山也就更为忌恨。还在天宝十三年（754）的年末，杨国忠先指使人告发河东太守兼本道采访使韦陟贪污，"下御史按问"。韦陟贿赂吉温，请吉温再"求救于安禄山"。

　　杨国忠早已料到韦陟会出此策，已派人监视韦陟的一举一动，因此趁机将吉温贬为澧阳长史，韦陟贬为桂岭尉，目的是为了清除安禄山在朝廷中的重要党羽。安禄山得知这一情况后，即直接上书玄宗，为吉温讼冤，"且言国忠谗疾"。对此，玄宗"两无所问"，不了了之。

　　据说按治吉温时，玄宗命高力士于朝堂宣慰百官说："吉温凶忍之人也，自伯父已来，世为酷吏，朕任人不明，比刑滥，悉温所为。今为卿等除酷吏，卿其悦乎？"

　　吉温乃安禄山的死党，玄宗如此处理吉温，丝毫不触及其他问题；只抓住酷吏这一条罪状，免去其官职，估计是可以得人心的，安禄山也不便说话。当然，玄宗这样做，与他对安禄山一贯的怙宠政策是相矛盾的，是否此时玄宗已改变了政策呢？

　　玄宗当时怙宠安禄山，是出于无可奈何，出于违心，出于形势所逼。但是，安禄山的问题总得解决。在对安禄山不刺激太大的前提下，他认为可以逐步消除其在朝廷中的羽翼。

　　所以，他支持了杨国忠处理吉温的做法，又派高力士去宣慰百官，以不

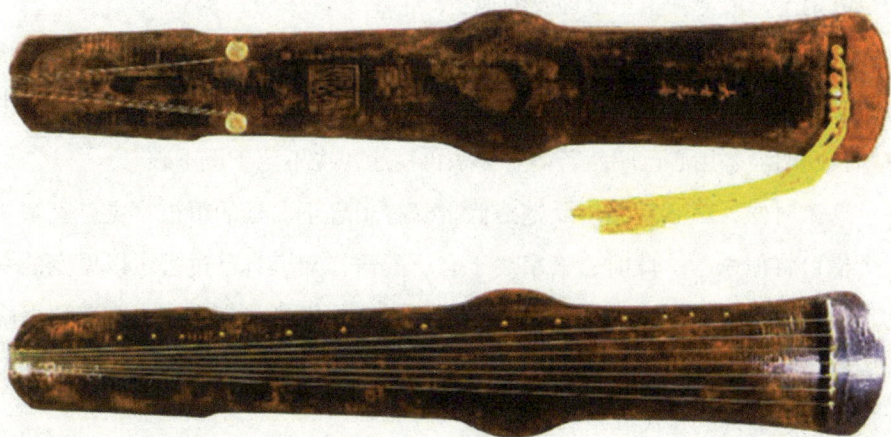

唐代太古遗音琴

231

引起百官的议论猜测，在政治手腕方面不失为高明的一着。

然而，杨国忠所做却粗鲁露骨得多。他在处理了吉温之后，接着便派门客蹇昂、何盈做暗探，严密监视安禄山在长安的私宅，所谓"日夜求禄山反状"。然后，矫称玄宗圣旨，命京兆尹派人包围安禄山的私宅，进行搜查，抓住了安禄山的门客李起（一作李超）、安岱、李方来等人，送御史台"潜杀之"。与此同时，又告吉温"坐赃七千匹，及通士人女为妾"等罪状，将他杖死于狱中，时在天宝十四年（755）正月初九日。

但是，杨国忠在军事上却没有采取任何措施，以制止或防御安禄山的谋叛，对洛阳、长安的防卫毫无考虑，河北等中原地区的防卫就更不用说了。无谋无勇的宰相杨国忠，只是单纯地一味"激怒禄山，幸其速反"。至于反后的结果如何，杨国忠并未顾及。

当时安禄山的儿子安庆宗尚荣义郡主，住在京师，便将朝廷中所发生的事密报其父。安禄山闻之大怒，叫严庄上表申辩，且指斥杨国忠罪状二十余事。对此，玄宗十分紧张，惧怕安禄山立即生变。只得将其责任归咎于京兆尹，又一次做了让步。

玄宗在上述事件之后，又想诱骗安禄山至京师长安。在这一年的六月，安禄山的儿子安庆宗与荣义郡主成婚，玄宗手诏命安禄山入京观礼。安禄山这时哪里敢冒险，"辞疾不至"。至此，安禄山叛后的准备工作已完成，决心也下定了，形势到了一触即发的地步。

七月，安禄山上表请献马三千匹，每匹派两名士兵护送，并派蕃将二十二人带队。送三千匹马，要派蕃将、士卒六千多人护送，其欲突然袭击京师长安的险恶用心已昭然若揭。玄宗再糊涂，也不至于识不破。

这个时候，宦官辅谬琳受贿赂假报安禄山忠于唐廷的事被察觉，玄宗找了个借口将他杀了。此时，玄宗终于有所醒悟，知道自己过去示以恩宠的一切努力均成泡影，安禄山叛后再也无法控制了。于是，玄宗亲自起草诏书晓谕安禄山：献马宜等至冬天，由朝廷调拨马夫，不必派本军将卒护送。这是按河南尹达奚珣的建议起草答复的。

另外，又加上一句："朕新为卿作一汤，十月于华清宫待卿。"继续示以恩宠，想把安禄山骗来。中使冯神威拿着玄宗的手诏专程送到范阳，宣旨时，安禄山傲慢无礼，"踞床微起，亦不拜"。

在听了诏敕之后，安禄山只是不冷不热地问："圣人安隐？"又阴阳怪气地说："马不献亦可，十月灼然诣京师。"说完即令左右将冯神威安置于馆舍，不复再见，还派武士严加看守，冯神威吓得要死。隔了数日，安禄山才放冯神威回长安，但对诏旨一字也不作答。冯神威回到朝廷，哭着对玄宗说："臣几不得见大家。"

安禄山并非等闲之辈，是不会自投罗网的。他接到诏旨之后心中明白，玄宗不让他献马，又"邀"他上华清宫，意味着玄宗对他已有所警觉，对他的态度也有所改变，何况杨国忠又抄了他在长安的家，自己在朝廷的党羽被清除了不少。斗争的序幕已经揭开，停顿下来已不可能了。

因此当冯神威离开范阳以后，安禄山便与严庄、高尚及将军阿史那承庆关起门来，加紧密谋，其他将佐皆不知情，"但怪其自八月以来，屡飨士卒，秣马厉兵"，出现了一种紧张气氛。

然而，这时的玄宗还没有采取任何加强军备的措施，急剧变化的事态，弄得玄宗不知所措，仍然跑到华清宫去"守株待兔"，梦想安禄山在十月能到华清宫来。事将临头，玄宗仍可笑地抱着幻想行事。然而，他等到的却是无法躲避的一场惊天动地的大动乱！

第九章　安史之乱惊天地

攻陷洛阳

自从天宝十三年（754）三月安禄山回到范阳后，就决计发动武装叛乱，那时，他并没有立即亮出反唐的旗号，其行动十分诡密，只与几个心腹密谋过。知道内情的只有孔目官、太仆丞严庄、掌书记、屯田员外郎高尚与将军阿史那承庆三人，其余将佐尚没人知晓。从天宝十四年（755）八月起，安禄山经常犒劳士卒，厉兵秣马，好像大战在即的样子，有些人对安禄山的举动感到很奇怪。

十一月六日，安禄山召集大将们举行了盛大宴会。在酒酣耳热的时候，他拿出了事先准备好的地图让将领们看，图上标明了从范阳至洛阳沿线的山川形势、关塞要冲，向将领们暗示了他的进兵路线。宴会结束时，安禄山向每个将领赏赐了金帛，并分别授予了一张地图。

安禄山的军事准备已经成熟，只是万事俱备，只欠东风了。十一月八日，奏事官胡逸从京师回来，安禄山灵机一动，很快伪造了一份敕书，并展示给诸将，声称"有密旨，令禄山将兵入朝讨杨国忠，诸将宜即从军"。

诸将听后面面相觑，谁也不敢说个"不"字。接着安禄山命范阳节度副使贾循守范阳，平卢节度副使吕知诲守平卢，别将高秀岩守大同，其余将领一律随他出战。除了动员本部兵马外，他还征调了部分同罗、奚、契丹、室韦人马，总计约十五万，号称二十万，星夜出发。于是，在一阵紧锣密鼓声中，拉开了叛唐的帷幕。

十一月九日，安禄山出了城南，在那里检阅了军队，举行了誓师，以讨杨国忠为名，并张榜于军中："有异议煽动军人者，斩及三族！"之后，即挥师南下。安禄山乘着铁甲战车，威风八面，一路上杀气腾腾，烟尘飞扬，鼓噪声惊天动地。

安禄山已派遣将军何千年、高邈、臧均率领二十余名奚族骑兵以献射生手为名，于十日乘驿马到达太原。北京（唐称太原为北都）副留守杨光翙出城迎接，被何千年等人劫持而去。安禄山责备他依附杨国忠，斩首示众。太原将安禄山反叛的事立即星夜驰报京师。

对于安禄山的进军路线，一些将领曾向他提出了建议。高邈认为朔方节度副使李光弼智勇双全，请安禄山把他调来任左司马，没被采纳；他还建议以献射生手为名，直取洛阳，不杀杨光翙，免得把起兵事过早地张扬出去，又未被采纳。

何千年也建议命高秀岩率兵三万出振武，下朔方，诱使诸蕃攻取盐、夏、鄜、坊等郡；派李归仁、张通儒率兵二万出云中，取太原，以团弩士十五人下蒲关，以动摇关中；还劝安禄山亲自率十五人南下河阳，攻取洛阳；再命蔡希德、贾循率兵二万渡海攻略淄、青二郡，以动摇江淮。

这种多路出击，全面开花的战略，对于武备松弛、素无防备的唐王朝来说，确实是一种致命的威胁，只是因安禄山刚愎自用，都被他一一拒绝了。

十一月十五日，安禄山叛乱的消息传到了临潼的华清宫。玄宗开始还将信将疑，杨国忠却偷偷得意，暗自庆幸，以为过去上奏安禄山的反状终于成为事实，显示了自己的远见卓识。

杨国忠还盲目乐观地说："今反者独安禄山一人，将士皆不欲反，不过旬日，必将其首级传送到京师。"昏聩的玄宗一时轻信了他的狂言，而大臣们却相顾失色，惴惴不安。玄宗似漫不经心，只派特进毕思琛赴东都，金吾将军程千里赴河东，各自招募数万人，以阻止叛军。

十一月十六日，安西节度使封常清入朝奏事，到华清宫朝见。玄宗询问他讨伐叛军的方略，他回答说："安禄山叛军十几万，进犯中原，天下太平斯久，人不知战，但事情有逆顺，臣请走马赴东都，招募骁勇，齐力出战，计日可献逆胡之首。"

封常清分析军事形势，认为太平斯久，人不知战，这是正确的，正因为

如此，这场平叛战争将是十分艰难的。但他却认为自己提个马鞭过河，灭掉安禄山是指日可待，这就未免太轻狂了。玄宗又相信了他的大话，当即任命他为范阳节度使，他也迅即走马上任。

十一月二十一日，玄宗返回长安，下令处死了安禄山的儿子安庆宗，又杀死其妻荣义郡主。接着又罢免安禄山堂兄弟安思顺朔方节度使的职务，调入京师任户部尚书。因为他曾告发安禄山有反状，未受株连，但因他平日与安禄山关系密切，玄宗对他不放心，调任京官是便于对他的监督。

这时，玄宗似乎认识到局势的严峻，头脑也清醒了，他觉得以前的军事部署欠妥，不得不再调兵遣将，重新部署。

于是，任命朔方右厢兵马使、九原太守郭子仪为朔方节度使，右羽林大将军王承业为太原尹，程千里改任潞州长史；新设置河南节度使，统管陈留等十三郡之地，由卫尉卿张介然充任。

在这些任命中，任命郭子仪为朔方节度使可以说是玄宗独具慧眼。郭子仪武举出身，历任诸军使、左卫大将军，后兼任朔方节度右兵马使，是一位智勇兼备又有威望的将军。同时，在一些要冲之地也增设防御使，以阻挡叛军。

唐三彩三足盘

次日，玄宗又任命第六子荣王李琬为元帅，右金吾大将军高仙芝为副元帅，统领诸军东征。他还慷慨解囊，拿出内府库钱帛，在京师招募了十一万人，号称天武军，应征入伍的大都是商贩或无业子弟。

不久，高仙芝率领飞骑、彍骑及朔方、河西、陇右勤王兵马五万多，继封常清之后出潼关征讨，屯守陕郡，命宦官边令诚为监军。

安禄山率十五万大军浩浩荡荡南下。由于天下承平岁久，以致老百姓多年不摸兵器；而州县府库的铠杖因长年不用，保管不善，皆腐蚀锈毁不能用。因此当突然听到范阳起兵的消息，不少官吏吓得魂飞魄散，丢弃城池，四处逃匿。兼之河北道又是安禄山管辖之内，故叛军所过郡县，有的望风瓦解，有的开城出迎，有的被擒杀，一路所向披靡。

叛军经过博陵、藁城等城，基本上没遇到抵抗。至十二月三日，进至河南道灵昌郡（今河南滑县）黄河北岸。时值隆冬，天寒地冻，黄河水浅，叛军用长绳连接破船，夹杂草木，横绝河流，一夜间，冰冻后如同浮桥。第二天，叛军轻易过了黄河，攻下灵昌郡，从此进入了河南道境内。

叛军马不停蹄，乘胜进攻陈留（今河南开封东南）。河南节度使张介然刚上任不几天，匆忙率兵守城，兼守要害之处。但守城兵士从未经过沙场，一听到叛军的号角鼓噪之声，吓得连盔甲也穿不上了。故叛军一到，立刻土崩瓦解，张介然被俘，兵士投降者近万人。

当安禄山得知安庆宗被杀的消息，不禁捶胸顿足痛哭一场，接着进行了血腥的报复，张介然及上万名降卒接连倒在叛军的刀光剑影之中，"流血如川"。

攻下陈留以后，叛军气焰更加嚣张。安禄山命其将李庭望留守陈留，又挥兵西攻荥阳（今郑州西）。荥阳太守崔无诐登城拒战，但守城士兵一听见鼓角声纷纷"自坠如雨"，崔无诐及官吏全被叛军擒住。荥阳是东都的屏障，荥阳的陷落，给叛军打开了通往洛阳的道路。

安禄山杀了崔无诐后命其将武令珣镇守荥阳，命田承嗣、安忠志、张孝忠为前锋，杀奔洛阳而来。守卫洛阳的新任范阳节度使封常清率兵出城，扼守洛阳东的虎牢关以拒叛军。但封长清所统率的六万兵士都是新招募的庸人或商贩，没受过训练，更无战斗力，被安禄山的铁骑一冲，即七零八散。封常清收集溃散的士兵，在葵园再与叛军搏战，又败，他退守城东北侧上东门，又被叛军击败。

十二月十三日，叛军攻入了洛阳，纵兵杀掠。封常清节节败退，虽然在

都亭驿、宣仁门两次与叛军浴血奋战，终是抵抗不住，只好从宫苑西残垣处西退。

叛军攻占了洛阳。河南尹达奚珣是个没有气节的人，他不战而降，向安禄山摇尾乞怜。东都留守李橙正气浩然，他虽知独木难支，仍收集了几百名残兵，欲以死战。但兵士一个又一个地溜走了，唯剩他自己，还独自一人端坐在府中。

御史中丞卢奕是开元初宰相卢怀慎之子，也守死节，他打发妻子怀揣官印抄近道送往京师，侍从也逃得精光，独他一人穿着朝服坐在御史台中。

安禄山把他俩提来，卢奕在安禄山面前仍大义凛然，痛斥他背叛朝廷的罪恶，并大声对叛军说："凡为人当知逆顺。我死不失节，夫复何恨！"李橙、卢奕与采访判官蒋清皆惨死于安禄山的屠刀之下。

封常清率残兵败将狼狈不堪地退至陕郡（治所在今河南三门峡市西），太守窦廷芝已闻风而逃，他急忙去见屯守陕郡的高仙芝。连日苦战，又一再败北的封常清这才真正认识到叛军力量的强大，纠正了自己的麻痹轻敌思想，并劝高仙芝说：贼锋锐不可当，潼关无兵驻守，叛军突入潼关，长安则十分危险，不如引兵先据潼关，以抗拒叛军。

封常清的这一建议是非常重要而及时的，陕郡本无险可守，而作为长安的门户潼关却无重兵驻守。高仙芝采纳了他的建议，急忙退守潼关。在撤退的途中，叛军尾追而至，官兵不战而乱，队不成列，人马相践踏，死伤甚多。

高仙芝等好不容易进入潼关，立即抢修工事，增强守备。叛军也很快赶到，见已修好守备，无法攻入，只得退回。

后来安禄山命其将崔乾祐屯兵于陕郡，与潼关遥遥对峙。不久，河南的弘农、临汝、濮阳、济阴与河东的云中等郡也相继陷落于叛军之手。

安禄山从范阳起兵，长驱直入，只用了三十五天的时间就攻陷了东都洛阳，轻而易举地控制了河北大部郡县，河南部分郡县也在其掌握之中。

其时，各地的勤王之师尚未赶到，长安守备空虚，关中地区人心惶惶，不可终日。但是安禄山自攻陷洛阳后，便忙于登基称帝的准备，迟迟没有进兵，减弱了攻势，这给唐王廷以喘息的机会。各道勤王之师渐渐云集长安，加强了守备。

叛军进兵如此神速，战局又急转直下，这是玄宗做梦也不曾想到的。他心神不定，曾打算亲征，下令朔方、河西、陇右三镇除留少数人守城，其余皆由节度使率领，限期二十天会师于长安。

十二月十六日，玄宗任命其子永王李璘为山南节度使，以江陵长史源洧为副节度使；永王李璘为剑南节度使，以蜀郡长史崔圆为副节度使。二王虽然名为节度使，但都未出阁，实际是由副使统管。玄宗对此二道是十分关切的，山南道地处长江中游，控制着唐朝的重要财富来源江淮地区。在洛阳陷落后，漕运中断，江淮财富不得不通过长江、汉水运往长安，剑南也尤为富足。显然，玄宗是为了控制财富的来源。

十二月十七日，玄宗下制命太子李亨监国，决意率兵亲征。他对宰相说："朕在位近五十年，倦于忧勤，去秋已欲传位太子，值水旱相继，不想把余灾留给子孙，等待丰年。不料逆胡横发，朕当亲征，使太子监国。事平之日，朕将高枕无为矣。"

玄宗虽然说得娓娓动听，但他未必就有躬临前线的勇气，也未必乐意传位于太子。此前他几次表示欲将朝政交付宰相，边事交付将帅，却从未有一次表示欲传位于太子。

尽管玄宗这些话言不由衷，但却吓坏了杨国忠。原来杨国忠专擅朝政，过去又曾与李林甫一起打击太子亲信；贵妃姊妹也恃宠专横跋扈，不可一世，太子一向对杨氏家族深恶痛绝。

如果一旦太子君临天下，杨氏家族岂不要遭厄运？退朝后，杨国忠匆匆忙忙找贵妃姊韩、虢、秦三夫人商议对策，说："太子素恶吾家专横久矣，若一旦得天下，吾与姊妹并命在旦暮矣！"四人似感到大祸临头，不禁抱头大哭。

最后决定由杨贵妃出面，衔士向玄宗请命，请玄宗收回亲征与太子监国的成命。本来玄宗的决心并不大，现在又见杨贵妃如此，他一时的决心也就冰消瓦解了。

玄宗果真能亲率大军征讨安禄山，必将使朝官振作精神，前线将士也将欢欣鼓舞，有利于动员人民群策群力反击叛军。特别是在叛军立足未稳之时，无疑会加速平叛的进程。

但是玄宗末年政治黑暗，吏治腐败，以致病入膏肓，一妇人的衔士请命，就使他轻易放弃这样一个重大决定，可见玄宗朝政治已堕落到不可救药的地步了。

平原抗战

在叛军气势汹汹焚毁城池，屠戮生灵，官军频频败退之时，各地区广大官民的抗战活动却风起云涌，士气高昂，他们自发地组织起来，在河北各地同叛军进行了英勇顽强斗争。平原郡（治今山东德州）太守颜真卿最早领导了这一地区官民，同叛军进行了艰苦卓绝的斗争。

颜真卿是个著名的书法家，出身于名门望族，是唐初大儒秘书监颜师右的裔孙。他进士及第，又制举及第，由监察御史升为殿中侍御史。他为人正直又有见识，不趋附奸相杨国忠，被排斥出朝廷，由东都采访判官出任平原郡太守。

颜真卿见安禄山图谋不轨，即以霖雨为借口，不断加固城陴，加深护城河，并暗中招募壮丁，增加粮食储备。

为了防止安禄山的怀疑，他每天与文人墨客泛舟外池，饮酒赋诗。安禄山得到密报，却认为颜真卿不过是一介书生，成不了大气候，不必大惊小怪。但谁也不曾想到，当河北诸郡相继陷入叛军之手时，唯独平原郡城守完备，并派司兵参军李平驰报朝廷。

起初，玄宗听说河北诸郡陷落，曾长叹说："河北二十四郡，无一忠臣邪？"当李平赶到时他又笑逐颜开，高兴地对侍臣说："朕不识真卿何如人，所为乃若此！"

平原郡位于河北道东南部，地处偏僻，安禄山起兵后，对这里的情况不甚了解，只是传檄平原，命颜真卿以平原、博平军七千人驻守河津，并命博平太守张献直做他的副手。

颜真卿得到牒令遂将计就计，公开招募勇士，人们纷纷响应，不到一旬，应募者就有万余人，加上原有的三千士兵，共一万三千人，命录事参军李择交统率训练，又命刁万岁，和琳、徐浩、马相如、高抚朗等为部将，分总部伍。颜真卿在城西宴会士卒，说明他立志讨伐安禄山，他慷慨陈词，声泪俱下，将士无不感激涕零。

天宝十四年（755）十二月，叛军攻陷洛阳之后，安禄山命其将段子光持李憕、卢奕和蒋清三人首级巡示河北，胁迫诸郡。

当他到了平原郡时，颜真卿恐动摇军心，便对诸将说："我认识李憕等人，这三个首级是假的。"他设计腰斩段子光示众，暗中收藏好三个首级。过了几天，人心安定，才给三个首级续上用蒲草扎成的肢体，戴上冠饰，棺敛埋葬，祭哭受吊，哭声哀切，人心益服。

这时，安禄山命海运使刘道玄摄景城太守，清池尉贾载与盐山尉穆宁合兵杀死了刘道玄，缴获甲仗五十余船，并提刘道玄首级来见景城长史李昨，李昨即日又将首级传至平原郡。

唐代建筑雄狮驮瓶

颜真卿见他们一心抗敌，便将贾载、穆宁及清河尉张澹请到平原，共议抗敌大计。其他各郡县也开始抗击叛军，饶阳太守卢全诚坚守城池，拒绝叛军新上任的太守就职；河间司法李奂杀死了安禄山任命的长史王怀忠；济南太守李随派游弈将訾嗣贤西渡黄河，袭杀了安禄山任命博平太守马冀。他们各拥兵数千人，多的近万人，共同拥戴颜真卿为盟主，接受他的指挥。

于是，在河北道东南部逐渐形成了一个以平原郡为中心，以颜真卿为盟主的反击叛军的策源地。

常山太守颜杲卿是颜真卿族兄，为了东西联兵抗敌，切断叛军北归之路，以缓和叛军西攻长安，颜真卿派杲卿的外甥卢逖潜入常山，秘密联络。

颜真卿接连擒杀安禄山过往的大将，打开了土门，于是河北诸郡又先后归顺了朝廷。共同推颜真卿为帅，拥兵二十多万，"横绝燕、赵"。颜真卿领导的抵抗叛军的力量有了迅速的发展与壮大，玄宗嘉奖他的功勋，先后授任户部侍郎、河北采访使。

这时，清河郡（治今河北清河）有一青年，名叫李萼，英俊强健，自称受清河郡父老委托，与几位同乡前来借兵。他对颜真卿说："您首唱大义，河北诸郡把您看作抗敌的长城。清河郡与平原相毗邻，而且是江、淮、河南的钱帛集结之地，以供应北方边镇的军需，号称'天下北库'，现在尚存布三百余万匹，帛八十余万匹，钱三十余万缗，粮三十余万斛。过去武后征讨默啜，兵甲皆储藏在清河库。清河现有七万户，十余万人。我估计财富有三个平原之多，兵力二倍于平原之强。如果能允许借兵，据有清河，再以二郡为腹心，其余各郡如同四肢，无不使唤自如。"

起初，颜真卿感到平原兵马是最近刚刚集结在一起的，未加训练，拥兵自保尚感到兵力不足，他又不肯说明借兵的用意，因而面有难色。后来见他说得很有道理，想答应借兵。可是诸将认为他"年少轻虏，徒分兵力，必无所成"，颜真卿不得已，只好推辞。

李萼回到馆舍，给颜真卿写了封书信，信中说："清河去逆效顺，奉粟帛器械以资军，公乃不纳而疑之。仆回辕之后，清河不能孤立，必有所系托，将为公西面之强敌，公能无悔乎？"颜真卿读完他的书信，觉得此事至关重要，立即去馆舍会见他，答应借给他六千人马，还亲自送他到郡界，握手告别，并询问他借兵的用意。

李萼说："听说朝廷派程千里率十万精兵，欲出崞口讨伐叛军，却被魏郡太守袁知泰所阻，现在袭破魏郡，打开崞口，迎接官军，就可以南下攻取汲、邺等郡，与平原、清河会师，合兵十余万，南临孟津，据守要害之处，就能控制叛军归路，与河南义兵相呼应，只要坚壁勿战，不过月余，贼必有内溃相图之变矣。"颜真卿听罢，连声称是。

颜真卿按照约定，命录事参军李择交、平原令范冬馥各率本部兵马，与清河兵四千人、博平兵一千余人会合一起，进军堂邑（今山东聊城西北）。袁知泰派其将白嗣恭率兵二万前来迎战，唐三郡兵士众志成城，奋力拼杀，把魏郡兵打得落花流水，斩首万余人，俘虏千余人，缴获战马千余匹。经过这一战，魏知泰吓破了胆，弃城逃往汲郡，"遂克魏郡，军声大振"。

叛将史思明率兵围攻饶阳郡（治今河北饶阳），担心平原出兵救援，于是派游弈兵前来阻援，前锋已距城十里。颜真卿怕抵敌不住，一面派骁将刁万岁以三千兵迎敌，一面向北海（治今山东潍坊）太守贺兰进明求援。

贺兰进明亲自率五千兵前来助战。贺兰进明所部驻扎在平原城南，暂且休养士马，颜真卿每有军机大事常常咨询他，由他裁决，因此军权渐渐转移到他的手中，而颜真卿豁达大度，以大局为重，不以为嫌。

颜真卿把堂邑之战的功劳推给贺兰进明，他也毫不推辞，在上给玄宗的表奏中任意取舍，把功劳归于自己，因而晋升为河北招讨使，仅给在战斗中出生入死的李择交、范冬馥记一小功，而清河，博平的作战有功人员皆不录进，人有怨言。后在贺兰进明攻打信都时久攻不下，录事参军第五琦劝他以重赏招募勇士，才攻克了信都。

至德元年（756）四月，平卢节度副使吕知诲诱杀了安东副大都护马灵督，平卢游弈使刘客奴、先锋使董秦与安东将领王玄志合谋诛杀吕知诲，并派使者渡海告知颜真卿，请攻取范阳以报效朝廷。

颜真卿即派判官贾载送去了粮食和衣物，鼎力相助。同时，又将自己仅十岁的独生子颜泉明送去做人质，以取得他们的信赖。颜真卿还将此事上报

朝廷，玄宗任命刘客奴为平卢节度使，并赐名正臣；还任命王玄志为安东副大都护，董秦为平卢兵马使。后在袭取范阳的途中，被史思明击溃，刘正臣委弃妻子而逃，战死的士卒有七千余人。

颜真卿领导平原地区的广大官民进行艰苦卓绝的斗争，后来潼关失守，玄宗逃往成都，叛将史思明又

唐明皇幸蜀闻铃处

乘机攻略河北诸郡，饶阳、河间，景城、乐安等郡相继陷落，唯独平原、博平、清河三郡城仍在坚守。

但大势已去，人心动摇，才被迫弃城西入关中。颜真卿在叛军的腹心之地坚持抗战历时半年多，使安禄山如芒在背。

河北告捷

就在顽强以平原郡为中心的河北东南部官民同叛军浴血奋战的时候，常山郡官民与平原郡的抗敌斗争遥相呼应，也与叛军进行了顽强的战斗。

常山郡位置非常重要（治今河北正定）是叛军南北咽喉之地，西南有土门（井陉口）之险，是河东通河北的军事要塞。时颜真卿任常山太守，他性

情刚烈，处事果断，原任范阳户曹参军，经安禄山推荐始任营田判官、摄常山太守。

安禄山起兵南下到了槁城（今河北槁城），颜真卿一时无力抵抗，只好与长史袁履谦前去迎接，安禄山赐予他紫袍，赐袁履谦绯袍，并把他的一个儿子作为人质随军南下。

在返回常山的途中，颜真卿指着所赐章服对袁履谦说："我与你为何穿此服？"袁履谦明白了他的意思，遂秘密准备起兵。颜真卿从此称病不治理郡事，暗中却与袁履谦、真定令贾深、内丘令张通幽谋划方案，又让其子颜泉明往返于各地联络，并与太原尹王承业取得了联系。

天宝十四年（755）十二月，朔方节度使郭子仪奉命率军东下，击败了进犯振武军（今内蒙托克托）的叛军大同军使高秀岩部，又乘胜东进，攻下静边军（今山西右玉）。

郭子仪命左兵马使李光弼、右兵马使高濬、左武锋使仆固怀恩等将击溃了前来进犯的大同兵马使薛忠义部，坑杀其骑兵七千余人。

接着，郭子仪派兵包围了云中（今山西大同），另派将领公孙琼岩率二千骑兵攻克军事要地马邑（今山西朔县东北），又打开了雁门东陉关（在今山西代县）。至此，解除了大同叛军对河东太原的军事威胁，为官军进兵河北扫清了道路。

颜真卿认为起兵时机成熟，既可开井陉口，迎接官军，又可牵制安禄山主力军西攻长安，遂决定起兵。这时安禄山派金吾将军高邈赴幽州征兵，尚未回来，颜真卿以安禄山之命召驻守土门的李钦凑及其将领来常山受犒赏。

十二月二十二日傍晚，当他们来到常山后，先用酒食妓乐盛情招待，乘他们喝得烂醉不省人事时，杀死了李钦凑，捆绑了其将领，并解散了守井陉的兵士。接着又设计于槁城捉住了从幽州征兵回来的高邈，于礼泉驿又生擒从东京来的何千年，并一同押送到常山。

胆小如鼠的何千年向颜真卿献计说："常山郡士兵多是新招募的乌合之众，难以应战，要深沟高垒，勿与敌争锋。待朔方军到，并力齐进，传檄赵、魏，断燕、蓟要膂。现在要扬言李光弼率步骑万余人出井陉，并派人去

劝说围攻饶阳的张献诚，说他部下多团练兵，无坚甲利兵，难以阻挡李光弼劲兵，他必解围逃去。"

颜真卿觉得有理，便按照他的计策去做，果然张献诚撤围而去，其团练兵也多溃散。颜真卿一面派人进入饶阳城慰劳将士，一面让槁城尉崔安石等分别到各郡县宣告说："唐大军已下井陉，早晚即到，将平定河北诸郡，先下者赏；后下来诛！"于是河北诸郡纷纷响应，原来陷落的十七郡又重归顺朝廷，安禄山所能控制的只有范阳、卢龙、密云、渔阳、汲、邺六郡而已。

与此同时，颜真卿又派人秘密地潜入范阳，劝说范阳守将贾循、马燧弃暗投明，反戈一击，以倾覆叛军老巢。贾循虽然答应了，但犹豫不定，没有按时起兵，被别将牛润客察觉，密报给安禄山，安禄山即派他的亲信韩朝阳到了范阳，设计缢杀了贾循，命别将牛廷玠知范阳军事，马燧知道计谋泄露，急忙逃进西山。

虽然颜真卿欲捣毁叛军老巢的计谋未能实现，但是常山起兵曾一度使得河北的抗战形势大有改观，给安禄山增加了后顾之忧。

当时安禄山欲亲自率大军进攻潼关，刚行至新安（今河南新安），听说河北形势骤变，马上退兵回到洛阳。他先曾命史思明、李立节率蕃、汉步骑十万人进攻博陵、常山，这时再派蔡希德率兵十万人，从河内（今河南沁阳）北上，进击常山。

颜真卿起兵仅仅八天，守备尚未完复，史思明，蔡希德率领的大军即兵临城下，城内兵寡粮少，难以抵御，向太原尹王承业求援，但他却见危不救。

原来，颜真卿派使者将李钦凑首级与何千年、高邈二将押送京师途经太原时，王承业窃取他人之功为己有，改换了他的奏表，另派自己的使者送往京师。现在王承业已窃取其功，希望常山陷落，杀人灭口，哪里还肯出一兵一卒？颜真卿孤立无援，又势单力薄，尽管昼夜拒战，终是寡不敌众。至德元年（756）正月八日，粮尽矢绝，城破被俘，叛军屠杀了数万人。

这时，王承业的使者到了京师，玄宗十分高兴，拜王承业为羽林大将军。后来得知颜真卿的功劳，遂拜他为卫尉卿、兼御史大夫，袁履谦为常山太守。但朝命还未到达，常山已经陷落，其他如广平、巨鹿、博陵等郡，也再度陷入叛军之手。

颜真卿被押送到洛阳，安禄山责备他说："我把你从户曹参军举荐为常山太守，为何还反叛我？颜真卿却怒目而视，斥责他说："汝本营州牧羊羯奴，天子擢汝为三道节度使，恩幸无比，何负于汝而反？我世为唐臣，禄位皆唐有，虽为汝所奏，岂从汝反耶！我为国讨贼，恨不斩汝，何谓反也？臊羯狗，何不速杀我？"

颜真卿正气凛然，铁骨铮铮，把安禄山骂得狗血淋头，他又羞又恼，暴跳如雷，立即下令把他与袁履谦绑在天津桥柱子上，一刀一刀地零割碎剐。颜真卿骂不绝口，至死为止。颜氏一家死于刀锯者，竟有三十多人。

常山及河北诸郡县相继失守，安禄山减少了后顾之忧，使他可以全力进攻长安了。在这种情况下，玄宗命郭子仪停止围攻云中，回兵朔方，然后进击东都洛阳；还命他选拔一名良将，分兵出井陉，以平定河北。郭子仪慧眼识英雄，推荐李光弼。李光弼本为契丹族酋长李楷洛之子，从小善于骑射，爱读《汉书》，少年从戎，严毅有大略。

天宝初年，李光弼任左清道率，兼安北都护，补河西王忠嗣府兵马使。王忠嗣欣赏他的才干，常说："光弼必居我位。"玄宗任命李光弼为河东节度使，并分给他十万兵士。

至德元年（756）二月，李光弼率蕃、汉步骑万余人及太原弩手三千人出井陉，兵临常山城下。常山团练兵三千人发动兵变，捆绑了叛将安思义，出城投降。李光弼劝他立功赎罪，询问敌方情况，他说：官军远来疲劳，难以应敌，不如入城加强守备。胡骑虽然迅猛，但不能持重，一旦不胜，则气沮心离，此时方可出击。李光弼觉得有理，亲自为他松绑，照他的方略行事。

史思明、蔡希德正围攻饶阳，听说常山光复，急忙回兵自救。第二天凌晨，其先头部队即飞驰而至，史思明率大军也随后赶到，合兵二万多人，直抵城下。

李光弼欲率兵从东城门出战，叛军堵住城门不退，官军无法出城，他只得命弓弩手于城上万箭齐射，叛军立时后退。李光弼组织了五千人的长枪

队，沿呼沱河两岸布下了阵势。史思明用骑兵冲击，官兵即用箭远射，叛军人马中箭者过半，只好撤退等待步兵。

这时，有人向李光弼报告说叛军步兵五千人从饶阳来这里，一昼夜走了一百七十里，精疲力竭，正在九门以南的逢壁休息。李光弼当即派出二千骑兵，偃旗息鼓，沿河悄悄进发。

到了逢壁，叛军正吃饭，官兵跃马横刀，直冲向叛军，一阵砍杀，五千名叛军步兵个个横尸地上，无一人逃脱。史思明得知此消息后大惊失色，一时锐气顿失，只好退入九门。

李光弼初战告捷，极大地鼓舞了常山地区官民的抗敌斗志，常山郡所属九县，只有槁城、九门仍在叛军手中，其余七县先后回归了朝廷。

李光弼与史思明两军各自坚守城池，相持四十多天，谁也不肯轻易出战。史思明常用奇兵断绝官军的粮道，城中缺乏草料，致使战马以草席草垫充饥。李光弼派出五百辆车夫附近的石邑县取草，驾车者皆披盔戴甲，又派出一千名弓箭手加以保护，结成方阵而行，叛军无可奈何。

史思明命蔡希德率兵进攻石邑，被守城裨将张奉璋击退。但是，因为李光弼孤军深入叛军腹地作战，河北大部分郡县仍在叛军控制之下，粮草运输困难，又面对强敌史思明，一时感到难以决战，便向郭子仪告急。

这年四月，郭子仪率大军出井陉，抵达常山，与李光弼会师，拥有蕃、汉步骑十余万，占有压倒优势，遂主动出战，在九门城南与叛军决一死战，叛军全线崩溃，叛将李立节被射杀，史思明收集残兵败将逃奔赵郡（治今河北赵县），蔡希德逃往巨鹿。

接着，郭子仪、李光弼乘胜追击，兵下赵郡，一天血战，即拿下赵郡城，俘虏四千人，杀死了太守郭献璆。李光弼治军严明，当官军攻下郡城时，他坐在城门，见士卒掠夺的财物，全命他们物归原主，老百姓十分高兴。而叛军却烧杀抢掠，十分残暴，河北人民恨之入骨，常常聚集在一起，多的有二万人，少的也有万余人，各自为营，自动抗击叛军，郭子仪、李光弼率大军一到，又主动与官军联络，配合作战。

史思明从赵郡逃往博陵（治今河北定县），李光弼尾随而至，进而包围了博陵，连续攻打了十来天，没有攻下，粮草又一时接济不上，只得暂时退兵。

郭子仪、李光弼回师常山，史思明收集了数万散兵游勇，紧紧尾随。郭子仪选拔骁骑轮番挑战，持续了三天，叛军疲惫不堪，只好撤退，郭子仪又乘势追杀，大破叛军。

蔡希德从巨鹿赶到洛阳告急，安禄山感到形势危急。河北是叛军的巢穴所在之地，稍有动摇就会军心不稳。于是又

唐代狩猎纹高足银杯

分出二万步骑，让蔡希德率领北上，以支援史思明；同时，又命牛廷蚧从范阳等郡发兵万余人南下助战。这样合兵六万余人，其中同罗、曳罗河居五分之一。史思明一时恢复了元气，又卷土重来。

郭子仪率军进至恒阳（今河北曲阳），史思明率军也随后赶到。郭子仪见叛军来势凶猛，兵锋甚锐，宜徐图之，遂深沟高垒，坚壁以待。他采用灵活机动的战术："贼来则守，去则追之，昼则耀兵，夜斫其营"，闹得叛军不得安宁。

过了几天，郭子仪与李光弼说："叛军已人困马乏，丧失了锐气，可以出战了。"遂全面出击，在嘉山与叛军展开了决战。

官军奋勇冲杀，打得叛军人仰马翻，全线溃败，斩首四万级，俘虏千余人。史思明在混战中跌下马来，枪也折了，丢了头盔，跑丢了皮靴，直到天黑才披散着发髻，光着脚，拄着半截枪，狼狈不堪地逃回军营。

史思明见四面楚歌，不敢久留，随即逃奔博陵。李光弼乘胜追击，再次把博陵围得水泄不通。

嘉山大捷不但消灭了敌人的有生力量，而且沉重地打击了叛军的士气，

使官军重振了声威。

兵阻豫南

唐朝时，江南地区是其重要的财富来源之地，安禄山意欲切断唐廷的经济命脉，在夺得洛阳之后，马上开始向江淮和江汉地区进兵，河南南部的官民同叛军展开了激烈的战斗，力阻叛军南下。

睢阳（今河南商丘南）是南北大运河的枢纽，是进入江淮的重要门户，安禄山占领洛阳不几日，就任命张通儒弟张通晤为睢阳太守，与陈留长史杨朝宗率数千胡骑向东攻城略地。不少郡县官吏望风而逃，只有东平郡太守嗣吴王李祗、济南太守李率起兵抵抗，其他各地的抵抗组织也打起吴王的旗号。单父（今山东单县）尉贾贲挺身而出，率吏民南击睢阳，杀了叛军太守张通晤，使东进的叛军胆战心惊。叛将李庭望受安禄山派遣，正准备东下攻

乾陵

250

略郡县，中途听到张通晤被杀十分震惊，吓得他连忙退兵，不敢出战。

至德元年（756）正月初一，安禄山暗中唆使洛阳耆老、僧道，搞了一场假劝进之后，遂粉墨登场，登上宝位，自称大燕皇帝，改元圣武，并任命达奚珣为侍中，张通儒为中书令，高尚、严庄为中书侍郎，组成了伪朝廷。

安禄山称帝之时，原济南太守李随进至睢阳。玄宗为了加强东南部的抗敌斗争，任命李随为河南节度使，前高要尉许远为睢阳太守兼防御使。濮阳客尚衡也自动组织起来，起兵讨伐安禄山，任命同郡人王栖曜为衙前总管，并攻破了济阴城（今山东定陶西），杀死了安禄山部将邢超然。

二月，玄宗又任命吴王李祗为灵昌太守，河南都知兵马使，在河南北部组织官民抗敌，与南部的李随呈掎角之势。这时，贾贲杀死了张通晤之后，进至雍丘（今河南杞县），拥有二千人马。

投降了安禄山的谯郡太守杨万石逼迫真源令张巡为本郡长史，命他西去迎接叛军。张巡到了真源，率吏民到玄元皇帝庙哭祭，决定起兵讨叛，吏民纷纷响应，很快达到数千人。张巡从其中精选了千余人，遂率领着这支队伍去雍丘与贾贲会师。

张巡从小博览群书，聪颖有才干，读书不过三遍即终身不忘。他善于写文章，从来不打草稿。而且又通晓兵法战阵，文武兼备。他认为雍丘虽小，但地处汴河要冲，是叛军南下江淮的必经之地，因此与贾贲会师后立即加强战备，准备阻击叛军。

不久，叛将令狐潮很快兵临城下。令狐潮原是雍丘令，毫无气节，叛军一到，即举全县之地拱手送与叛军，反过来又充当叛军爪牙，率叛军东击淮阳，俘虏了百余名官兵。他们拒不降敌，令狐潮将他们反绑起来，正要动刑处死，正巧叛将李庭望来到城下，在令狐潮出城会见叛将时，这些淮阳兵自解其缚，一哄而起，杀死了看守，关闭了城门，拒绝令狐潮入城。

正巧贾贲来到这里，即迎入城中主持军事。贾贲杀死令狐潮妻小，并枭首示众。吴王李祗闻知此事，承制拜贾贲为监察御史。令狐潮怨恨贾贲，遂领来叛军围攻雍丘。贾贲率兵出战，进城时不幸被踩死。张巡驰骑出城，与叛军决战，身受数伤，打退了叛军，间道向朝廷奏表，并报告了吴王李祗，

吴王将兖州以东军事委托给张巡主持。

四月，令狐潮又与叛将李怀仙等率四万多叛兵再次兵临雍丘城下。城中只有二千多士兵，敌众我寡，相差十分悬殊，人们多惊恐不安，张巡却泰然自若，并胸有成竹地对诸将说："贼知城中虚实，有轻我心，今出不意，可惊而溃也，乘之，势必折。"

于是，张巡分出一千人守城，把另一千人分成若干队，开门突出，他身先士卒，直冲敌阵。对这突如其来的冲击，叛军一时措手不及，立时溃退下来。

第二天，叛军以人多势众，开始攻城。他们以炮石轰城，城上楼堞皆被击毁。张巡立即让兵士于城上树起木栅，叛军像蚂蚁一样攀附木栅而上；张巡又命兵士捆上一束束蒿草，浇上油脂，点燃后投去，叛军不敢靠前。张巡有时乘敌人松弛之机，主动出战，打他个冷不防。就这样相持了六十多天，大小战斗有三百多次。

张巡仅率二千多名士卒，与二十倍于己的叛军巧妙周旋，他们几乎是穿着盔甲而食，和衣而睡，裹疮而战，最后终于迫使叛军丢下几千具尸体，败阵而归。在叛军撤退时，张巡又乘胜追击，险些活捉了令狐潮。

五月，接连败北的令狐潮再次率兵围攻雍丘。他感到只凭武力并不能使张巡屈服，便想利用与他的一面之交劝他投降。令狐潮一到城下，即甜言蜜语地劝他说："唐廷垂危，王师不能出关，天下大势已去，足下羸兵守城，危若累卵，又忠无所立，何不随我以求富贵呢？"张巡听后轻蔑地笑了笑说："古代臣为君死，在于义而不在于报答。你降敌连累了妻子，又借叛军之势而图富贵，我看你不久将人头高悬通衢，被后世唾骂嗤笑。"令狐潮本意来劝降，不料反被张巡奚落一通，羞愧交加，遂不战而退。

雍丘和朝廷的联系已中断很长时间了，张巡手下有六员大将对他说，我们势孤力单，难以抗敌，而且朝廷存亡不知，不如投降。这六人俱有开府、特进之类的高级爵位，张巡怕他们动摇军心，就假装同意了。第二天，他在堂上挂了天子画像，率军士"朝拜"，人人唏嘘不止。然后召来了六将，当众责备他们意志不坚，欲出降叛军，当场斩首示众，向大家表示了誓死不降

中国著名帝王

唐明皇传

的决心，兵士也同仇敌忾，决心同叛军血战到底。

张巡坚持已久，内无粮草，外无援兵，形势越来越恶化。这时，听说令狐潮押送的盐米船几百艘沿汴水经过这里，张巡乘夜在城南修筑壁垒，令狐潮率军来拒战，在双方打得难解难分时，张巡暗中派遣的勇士奇袭了船队，运走了盐米千余斛，不能运走的即放火烧掉。

城中箭射完了，张巡扎了一千多个草人，穿上黑衣，夜间用绳子吊到城下。黑夜里令狐潮难辨真假，以为官兵偷袭营垒，命军士用箭射敌，轻易地得到了数十万支敌箭。

后来，张巡又夜间缒下五百名敢死队，敌人又以为是草人，怕中计而一箭不发，又不设警备。令狐潮连做梦也不曾想到这次却弄假成真，五百名敢死队霎时冲进敌营，挥刀砍杀，叛军猝不及防，顿时军营大乱，四散溃逃，追杀了十余里才回城。

叛军又气又恼，把雍丘围得水泄不通。城内烧柴用尽，张巡欺骗令狐潮说，我欲引兵退去，请退兵二舍，给我让开出路。叛军不知是计，遂后撤几十里。张巡发动士卒把城四周房屋梁檩拆下，运回城中使用。令狐潮知道上当受骗十分恼火，再次发兵围城。

相持几日，张巡又对令狐潮说："君须此城，归马三十匹，我得马即出奔，请君取城以借口。"令狐潮信以为真，如数送给他战马。张巡把三十匹战马分给骁将，并约定叛军一到各取一将。第二天，令狐潮见张巡迟迟不出城，责备他失信。张巡准备好出城，对他说："吾欲去，将士不从，奈何？"令狐潮知又上当，大怒，欲与张巡决战，还未摆好阵势，三十骑突然冲出，当即擒获了十四名叛将，杀死一百多人，并缴获了不少牛马。张巡与令狐潮巧妙周旋，迫使他逃回陈留，不敢出战。

张巡只有两千兵士扼守睢阳郡雍丘县城，同数十倍于己的叛军斗勇斗智，如中流砥柱，阻止叛军不得越过睢阳南下江淮，使江淮地区免遭叛军蹂躏，保障了唐朝的江淮财富基地，对平定安史之乱有重大的意义。

河南南部的官兵也同叛军进行了艰苦斗争，阻止叛军南下江汉。至德元年（756）正月，玄宗设置了南阳节度使，由南阳太守鲁炅充任，统率岭南、

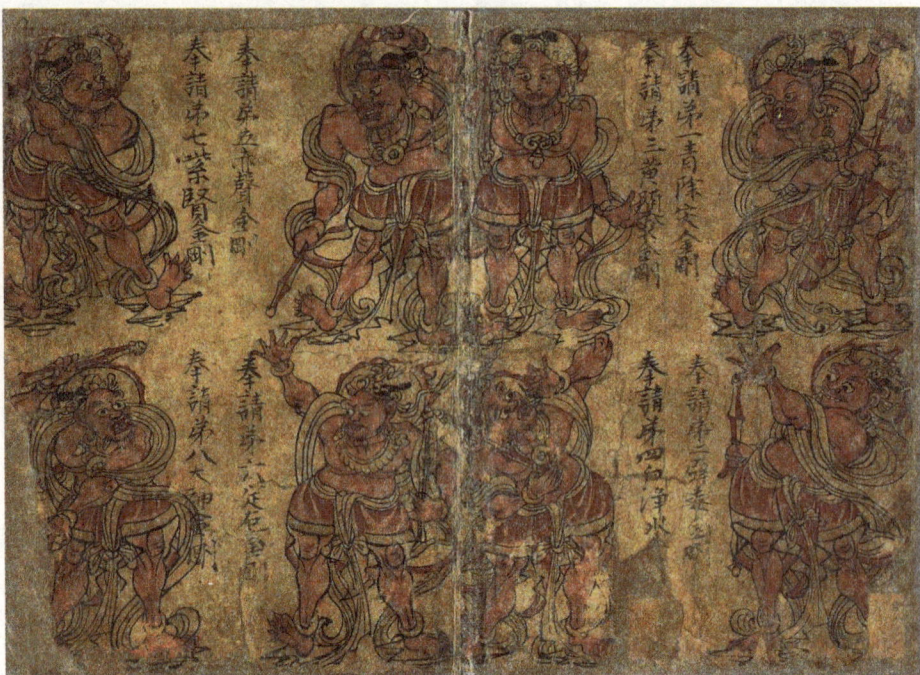

唐代《金刚经》纸本

黔中、襄阳子弟五万人屯兵叶县（今河南叶县）之北。鲁炅上表请薛愿任颍川太守兼防御使，庞坚为副使。四月，玄宗又任命左赞善大夫来瑱为颍川太守，与南阳鲁炅呈犄角之势。

来瑱为将门之子，其父来曜曾任安西四镇节度使，后为右领军大将军，威震西陲。来瑱少年时颇涉书传，慷慨有大志，曾在四镇任职，有胆有识。他上任时，城中储粮很多，他又缮修守备，叛军每到城下他都亲自出战，以箭射敌，无不应声而倒。

叛军使降将毕思琛招降，毕思琛乃其父故将，于城下拜倒泣吊，来瑱不应。前后杀死叛军将士多人，敌军都称他为"来嚼铁"。虽然叛军多次进攻，而颍川郡城始终巍然屹立，成为叛军无法逾越的钢铁长城。

驻守在叶县的南阳节度使鲁炅，在滍水之南树立木栅，还在四周挖了深沟。五月，安禄山命其将武令珣、毕思琛率军南下，进至叶县。官兵将士欲出战击敌，鲁炅不许。

叛军在军营西顺风烧火，滚滚浓烟立时充斥了军营，将士无处藏身，就横着门扇及木板争先出营，叛军箭如雨下，鲁炅与监军薛道挺身出走，退守南阳（今河南南阳），其余将士皆陷于敌军之中。

这时，岭南节度使何履光，黔中节度使赵国珍、襄阳太守徐浩还没赶到，只有各镇裨将及岭南、黔中、荆襄子弟一半在军中，他们多怀揣金宝作为资粮，在溃逃时，军资器械金宝都扔在途中，俯仰即是，也都落入叛军之手。

鲁炅在叶县战败后退到南阳，叛军接着追至，很快把南阳包围起来。在这危急关头，经太常卿张增推荐，玄宗新任命有勇有谋的夷陵太守虢王李巨为陈留、谯郡太守、河南节度使，兼统岭南节度使何履光、黔中节度赵国珍、南阳节度使鲁炅。虢王李巨奉命从兰田出发，直奔南阳。叛军听说来了救兵，遂解围而去。

官军扼守南阳同固守雍丘、睢阳有着同样的意义。洛阳失守，江淮财富只能改由南道汉水北入关中，南阳是保证汉水漕运的屏障。阻止叛军南下江汉，对于保证唐王廷的财富来源也是至关重要的。

潼关失守

在六个多月的反击叛军的斗争中，都是玄宗亲自坐镇指挥的，他调兵遣将，做了许多重要的军事部署。玄宗征调善于野战的蕃、汉骑兵作为抗敌的主力军，还不拘资格，把有勇有略、有魄力的军事家郭子仪、李光弼提拔为节度使，委以重任。

同时，玄宗还根据战场形势的变化不失时机地调整战略部署。各地官民又自发组织起来，主动与官军配合，给叛军以沉重打击，致使叛军陷入了困难境地。至德元年（756）五月，叛军西进不了潼关，东南不过睢阳，南又受阻于南阳，北路又几乎中断，除了其巢穴范阳数郡以外，不过局促于河南西部洛阳一隅之地。

安禄山对眼下的战局感到焦虑，心情非常烦躁。他从范阳起兵南下，在河北势如破竹，如入无人之境；进入河南，也只遇到了轻微的抵抗。他只用

了一个多月的时间，就一鼓作气地攻下了洛阳，不到两个月，就登上了大燕皇帝的宝座，何其惬意！可眼下，他感到日益窘迫，充满了恐惧与不安，于是就召来其主要谋臣高尚、严庄骂道："汝数年教我反，以为万全。今守潼关，数月不能进，北路已绝，诸军四合，吾所有者止汴、郑数州而已，万全何在？汝自今勿来见我！"高尚、严庄挨了一顿臭骂，也只好忍气吞声，他俩害怕安禄山一时发怒，还会要了自己的小命，吓得躲起来，好几天不敢见安禄山的面。

这时，从关下来的田乾真给他们解了围，他劝慰安禄山说，自古帝王经营天下皆有胜负，岂能一蹴而就？现在四方军垒虽多，但都是新招募的乌合之众，未经战阵，岂能抵得住我蓟北劲旅，何必忧愁！高尚、严庄都是佐命元勋，一旦摈弃，诸将谁不寒心？若上下离心，我们也就不战而溃了。

安禄山听了他的话，觉得很有道理，转怒为喜，马上召来高尚、严庄，设酒宴招待，以消除隔阂。之后，安禄山与诸将商议，打算放弃洛阳，逃归范阳，但尚没有做出最后决定。

在这生死存亡的关键时刻，潼关作为京城长安的门户却出人意料地被叛军打开了。潼关的失守，是唐玄宗对镇守潼关的一系列错误决策所造成的，也和将相之间的猜忌有重要关系。

首先是玄宗听信监军边令诚的谗言冤杀了高仙芝与封常清。高仙芝根据战场形势的变化当机立断，与封常清退守潼关，非常及时地阻止了叛军西进。

但监军边令诚因过去常以私事请托高仙芝而多次遭到拒绝，他怀恨在心，不顾大局，欲借洛阳失守，退守潼关一事将高、封二人置于死地。在入朝奏事时，他诬奏高仙芝、封常清逗桡败北之状，以激怒玄宗。还造谣生事地说，封常清以贼势动摇军心，高仙芝丢弃陕郡数百里之地，还减少军士粮赐据为己有。

其实，封常清退至潼关后，曾派使者三次上奏表，详细说明叛军实情，特别说明绝不可轻敌，但玄宗都拒而不见，这时却偏信宦官的一面之词，就怒气冲冲地命边令诚持敕书去杀死高仙芝、封常清二将。

边令诚这个败类接到敕书后，顿时喜上眉梢，匆匆赶到潼关，不由分说，立即杀死了封常清，并暴尸于芦草之上；然后边令诚找来百余名阻刀手做侍卫，见到高仙芝，宣布了敕令。高仙芝愤然不平地说："我遇敌

唐代船舶

而退，死则宜矣。今上戴天，下履地，谓我盗减粮赐则诬也。"士卒也齐声高呼冤枉，喊声震天动地。

但边令诚手拿敕书，当然有恃无恐，不管三七二十一，依然把他处死。昔日威震边陲，今日又统率数万之师的高仙芝、封常清二将竟然成为宦官刀下的冤死鬼，实在令人扼腕叹息。

起用染病在身的河西、陇右节度使哥舒翰，委以重任，是玄宗的第二大失策。哥舒翰虽不失为富有谋略、勇冠三军的将领，但由于他平日恣情声色，性又嗜酒，遂于天宝十四年（755）二月入朝途经土门军，在浴室里得了风疾，昏倒不省人事，过了很久才复苏，从此全身麻木，专在京师养病。

玄宗杀死高仙芝、封常清二将后，欲借他的威名，又知他一向与安禄山不和，决定拜任他为兵马副元帅，出关讨敌。哥舒翰坚决推辞，玄宗执意不从，强行就任。

于是，以田良丘为御史中丞，充行军司马；起居郎萧昕为判官，以王思礼、钳耳大福、李承光等人为将，蕃将火拔归仁、李定武、浑萼等为裨将，统率河西、陇右、朔方、奴刺等十二部兵马共十几万，号称二十万。临行时，玄宗亲临勤政楼送行，并恩准哥舒翰过门不下马，命百官去京郊为他饯

行，还举行了十分隆重的欢送仪式。

哥舒翰进驻潼关，军威虽盛，但他毕竟是一个患有风疾的人，根本无法料理军事，只得把军政大事交给田良丘。田良丘又处事优柔寡断，于是又让王思礼主管骑兵，李承光主管步兵，处于鼎足而立的形势，三人又争权夺利，致使政令不一，兵士懈怠，全有斗志。

至德元年（756）正

唐代瓷器

月，玄宗加授哥舒翰为左仆射、同平章事，其余职务不变，这是自抗击叛军以来第一个兼有宰相职衔的将帅，可见玄宗对他寄予的厚望。哥舒翰如此受到倚重，在强敌面前不是全力以赴对待叛军，而是计较个人恩怨，回头打安思顺的主意。

这年三月，哥舒翰使人诈称安禄山给安思顺送密信，在关门口被擒获，然后送往京师，听从玄宗处理。同时他还上书，列举了安思顺的七条罪状，请求处死。玄宗本来对安思顺就不放心，再加上这些事，也没细察实情，就很快把户部尚书安思顺及其弟太仆卿安元贞处死，家属也被流放到岭南。

哥舒翰谋害安思顺得手后，其将王思礼请他上表诛杀杨国忠。王思礼说，天下都以杨国忠的骄纵招致了安禄山的反叛，对他无不咬牙切齿。安禄山起兵也以讨杨国忠为名，正好因势杀死他，哥舒翰没有同意。王思礼又请求让自己率三十名骑兵，把杨国忠劫持到潼关，然后杀死。哥舒翰更不同意，他说："如此，乃翰反，非禄山也。"

尽管哥舒翰没有谋害杨国忠的意思，但自杀了安思顺兄弟后，杨国忠心里却忐忑不安。这时正巧有人对杨国忠说，现在朝廷重兵皆在哥舒翰掌握之中，一旦他矛头西指，你的处境就十分危险了。杨国忠见哥舒翰屯兵潼关，按兵不进，又听人这么一讲，更是惊疑不定。

杨国忠终于想出了一个办法，上奏玄宗说，潼关大军虽然强盛，但没有后续部队，万一作战失利，京师就危险了。请从监牧中选拔三千青少年在苑中加以训练，以防不测。玄宗不知其中奥妙，便应允了，由剑南军将李福德统领。之后，杨国忠又招募了一万新兵，让他的亲信杜乾运统率，驻扎于灞上，名为御敌，实际上是为了防备哥舒翰。

杨国忠设置的灞上军引起了哥舒翰的戒备，他恐怕遭杨国忠暗算，即上表请将灞上军隶属于潼关，轻而易举地夺取了其指挥权；接着，哥舒翰召杜乾运到关上议事，找个借口把他杀了，还枭首于牙门之上，遂兼并了灞上军。

杨国忠偷鸡不成反蚀把米，更加恐慌，对其子说："吾死无所矣！"从此，对哥舒翰也就更加戒备了。这种将相之间的尔虞我诈，终于成为迫使哥舒翰出关作战失利、潼关失守的根本原因。

玄宗逼令哥舒翰出关作战，是其第三大失策。潼关地势险峻，易守难攻。哥舒翰虽然卧病不起，手下的兵将扼守潼关也不致有多大意外。叛将崔乾祐虽然击败了高仙芝、封常清，却始终未能破关而入。安禄山命其子安庆绪再次来攻，依然被哥舒翰击退。

但在双方相持中，老奸巨猾的崔乾祐把精兵隐藏起来，经常外出的不过几千老弱病残，又给人以毫无戒备的假象。探子误以为真，遂将这一情况报告给玄宗。昏头昏脑的玄宗也不察实情，即诏命哥舒翰出关作战。哥舒翰上书奏明玄宗，说明敌方并不是毫无戒备，而是诱敌之计。可见哥舒翰不愧为经验丰富的将领，他洞察军事形势，真是入木三分，是十分正确的。

此时正在河北大败叛军的郭子仪、李光弼也遥给玄宗建言献策，说："哥舒翰有病且年老，叛军很了解他，诸军也多是乌合之众，战斗力不强。范阳只有少数兵力留守，精兵皆云集在洛阳。我们率军将直捣其巢穴，安禄

山之首指日可致。如果出师潼关，京城生变，将危害社稷。"并极言请求让哥舒翰坚守，万万不可出战。

可是，宰相杨国忠时刻担心哥舒翰图谋自己，他既不懂军事，又不考虑出战的严重后果，只要哥舒翰离京师越远，自己也越安全。于是他喋喋不休地上奏玄宗，极言叛军毫无准备，哥舒翰逗留不进，将会坐失良机。

于是玄宗没有听取哥舒翰、郭子仪的正确意见，而是依从了杨国忠的错误主张，荒唐地下令哥舒翰立即出关作战，进击叛军，而且派往潼关催逼的使者络绎不绝，相望于道。

哥舒翰明知出关凶多吉少，但皇帝之命谁敢抗拒？六月四日，他捶胸痛哭，率军出关。六月七日，官军至灵宝西原，叛将崔乾祐据险而守。这里是一条狭窄的地带，南靠首山，北临黄河，狭隘的道路长达七十余里，崔乾祐在首山险要处已埋伏数千精兵。

六月八日，官军与叛军决战。交战前，哥舒翰与田良丘乘船于黄河中流观察形势，见叛军人数不多，便督促诸军进发。王思礼率五万精兵为前锋，庞忠等人率十万大军继后，哥舒翰率兵三万登上黄河北岸高处督战，并擂鼓助威。

崔乾祐出兵不过万余人，又不成阵列，兵士三三两两，零零散散，有的聚在一起，有的稀疏无人，兵士有往前走的，也有后退的。官军望见，觉得十分可笑。双方刚一交战，叛军即卷起军旗，像要逃跑的样子。官军见此情景，更是麻痹轻敌，放松了戒备。突然伏兵发作，叛军在山上居高临下，檑

唐代高足杯

木炮石冰雹般地砸向官军。

官军伤亡很大，又拥挤在狭隘的道路上，连刀枪都施展不开。哥舒翰命用毡子蒙住马身，上面画着龙虎形状，如同真的一般，然后驾车为前驱，以冲击叛军。可是叛军似看

唐代玉器骆驼

破了伪装，并不害怕。相反，他们利用骤然刮起的东风，驾来几车干草，纵火焚烧。风助火势，立时浓烟滚滚，烈焰腾空，官军遭烟熏火燎，睁不开眼睛，盲目相杀。有人说叛军在烟火中，后边立刻聚集了弓箭手，乱箭齐射。到了傍晚，箭弩用尽，才知道里面并无叛军。

这时，崔乾祐派出的同罗精兵从山南绕过，袭击官军的后部。官军前后受敌，首尾不能相顾，立时队列大乱，有的丢下盔甲，逃向到山谷；有的互相挤撞，被推进黄河溺水而死；有的泅水渡河，正恰遇有百余艘粮船，兵士争抢上船，粮船也相继沉入河中。后军见前军大败而逃，也不战自溃；在河北的官军远远望见河南的官军纷纷四散逃走，也一哄而散。哥舒翰只与麾下数百骑从首山西渡河入关。

原来关外有三道深沟，宽、深各一二丈，由于败逃的官军蜂拥入关，人马相继跌落在里面，不一会儿，三道沟就被填平了，后面人踩着他们进入关里。哥舒翰统率的十七八万人马经过一天大战，几乎损失殆尽，迤逦入关的只有八千余人。

六月九日，崔乾祐率军攻关，官军已丧失了抵抗能力，潼关轻易地陷于叛军之手。哥舒翰退到关西驿，张贴榜文收集溃散士兵，欲克复潼关。蕃将火拔归仁先以百余骑包围了驿站，然后入见哥舒翰说，叛军已到，请快上马。哥舒翰上马出了驿站，不见有叛军，心里正纳闷，火拔归仁等人伏地叩

头，规劝他说，二十万大军，一旦覆灭，有何面目再朝见天子！难道没看见高仙芝、封常清的下场吗？请东降叛军。哥舒翰不同意，正要下马，火拔归仁却用毛绳把他的腿脚捆在马腹上，动弹不得，其他不愿投降的将领，也都被捆绑起来。正巧叛将田乾真率兵赶到，遂一起投降了叛军。

哥舒翰一行被押送到洛阳，安禄山责备他说："你过去小瞧我，如今怎样？"卑躬屈膝的哥舒翰立刻伏地请罪，还奉承安禄山是拨乱之主。并当场表示愿以书信招降李光弼、来瑱、鲁炅等，以效犬马之劳，安禄山即拜他为司空、同中书门下平章事。火拔归仁自以为劝降有功，能捞个一官半职，不料安禄山反说他"背主忘义"，被处以死刑，也是咎由自取。

哥舒翰发出书信招降唐将，但谁也不听他的，得到的却是斥责他不尽死节。安禄山见他没用，又罢免了官职，把他囚禁起来。

叛军攻破了潼关，唐河东、华阴、冯翊、上洛等郡防御使立即放弃了守卫，逃之夭夭，其守兵也一哄而散，都成为一座空城。

潼关的失守，使战场形势急转直下。处于"山重水复疑无路"的叛军得以长驱直入关中，迅速打开了局面，摆脱了困境；而在河北连战告捷的郭子仪不得不撤回河东，河北形势又迅速逆转；而长安以东已无险可守，京城的陷落也就指日可待了。

"一失策成千古恨，再回首已是百年身"。唐玄宗自食苦果，不得不逃窜到西蜀，走上了流亡的道路。关中生灵涂炭，半壁河山坠入血海之中。

第十章 流亡岁月倍凄苦

弃京夜行狼狈南逃

六月九日，当哥舒翰的部下来长安告急时，玄宗赶忙召见，情绪十分紧张，一时手足无措，只能派李福德等将监牧兵赴潼关增援。然而杯水车薪，焉能浇熄叛军熊熊烈焰。到黄昏时分，报平安的信息也未传来。玄宗知道潼关已失，叛军指日便可至长安。这位君临天下四十五年，不知恐惧为何物的皇帝，这下也为自己的安危担忧起来了。

六月十日，玄宗召宰相来商议对策。杨国忠"首唱幸蜀之策"，建议玄宗逃往蜀中避难。这是杨国忠蓄谋已久的安排。还在安禄山起兵叛乱之初，杨国忠即令留守蜀中的剑南节度副使崔圆"阴具储待，以备有急投之"。

杨国忠发迹于四川，自己又曾身领剑南节度使，不仅蜀中的情况熟悉，而且为他的势力所控制。玄宗如逃往蜀中，对巩固他的地位十分有利，甚至还可"挟天子以令天下"。

从军事方面来说，蜀中物产富饶，周围有崇山险关屏障，易守难攻，历来是躲避战乱的安全地带。然而，蜀中远离关中、中原地区，不利于组织领导收复关中、中原的军事反攻。

因此，杨国忠提出的避难蜀中，意味着丧失了反攻的信心，这是一条露骨的逃跑路线。六神无主的玄宗只是想着等逃到了蜀中再做打算，因而同意了杨国忠的主张。杨国忠生怕玄宗变卦，回家后又赶忙要韩国夫人、虢国夫人进宫，劝玄宗入蜀，杨贵妃当然也喜欢幸蜀。

六月十一日，杨国忠召集百官，先是装模作样，"惶遽流涕"，痛哭一场，然后要大家献策救急，这时百官也乱了方寸，"皆唯唯不对"。杨国

263

忠并不透露幸蜀之谋，反而为开脱自己的罪责道"人告禄山反状已十年，上（玄宗）不之信。今日之事，非宰相之过"，将责任推在玄宗身上。

玄宗这时忙于逃亡，对杨国忠的话也无暇追究。罢朝后，百官行至长安街中，见"士民惊扰奔走，不知所之，市里萧条"，一片恐慌景象。

逃跑毕竟不是一件光彩的事，为了掩人耳目，玄宗耍了一些花招。

六月十二日，玄宗御勤政楼，百官上朝者十无一二，朝堂冷清凄凉，玄宗下诏声称要领兵"亲征"。但兵从何来？人们听了没有一个相信。

接着，玄宗命京兆尹魏方进为御史大夫兼置顿使（名义上是为"亲征"做后勤安排），以京兆少尹崔光远为京兆尹，充西京（长安）留守，以宦官边令诚掌管宫闱管钥，还借口剑南节度大使颍王璬将赴镇上任，令剑南道做迎接的准备。

一切匆忙安排停当。夜幕降临，玄宗命长期护卫自己的亲信龙武大将军陈玄礼"整比六军，厚赐钱帛"，还选好了九百余匹良马。这些"外人皆莫之知"，都瞒着百官和宫廷内嫔妃们秘密进行。

六月十三日黎明，玄宗悄悄地与贵妃及其姊妹、皇子、妃嫔、皇孙、杨国忠、韦见素、魏方进、陈玄礼及亲近宦官、宫人，从禁苑的西门延秋门仓皇出走。其他住在别宫的妃嫔、公主、皇孙等，顾不得通知，皆一抛了之。玄宗一行经过左藏库时，杨国忠请放火烧掉，理由是"无为贼守"。玄宗愀然说："贼来不得，必更敛于百姓；不如与之，无重困吾赤子。"史称玄宗在其时犹存怜民之情。其实若大火一起，必惊扰百官及城中百姓，他们怎么能悄悄出逃呢？

待天大亮，人们还不知道这位老皇帝带着一伙人已出走了，有的官员依然按照惯例一早去上朝。进了宫门，仍见"三卫立仗俨然"，还能听见计时用的滴漏器静静的滴漏声。当向阳宫宫门一打开，宫人纷乱拥出，玄宗出走的消息这才四散传开，"中外扰攘"。但是谁也不知道玄宗逃往何方，于是王公、百官及百姓纷纷逃窜山谷。

有些人则趁火打劫，争入宫内及王公第宅搜取金宝，有的甚至骑驴上殿，又焚左藏大盈库，京城中一片混乱。负责留守长安的崔光远和宦官边令诚，则派人东见安禄山，并献出皇宫的管钥。

同日，玄宗放弃长安，离哥舒翰奉诏引军出潼关仅九天时间；而距安禄山的范阳起兵，也只有八个月零四天。由于玄宗主观、轻率的错误决策，他已受到并将继续受到严厉的惩罚。

崔乾祐攻陷潼关时，安禄山令他暂时按兵不动，等待进一步的部署。也许这时安禄山担心关中兵力尚强，也许是因为他对玄宗不免怀有畏惧，也可能是内部的或其他不可言状的原因。但他没有想到玄宗会如此之快地逃离长安，整整过了十日，安禄山才部署妥当，派亲信大将孙孝哲统率叛军进占长安。

任命张通儒为西京留守，崔光远为京兆尹；使部将安忠顺将兵屯苑中，以镇关中。孙孝哲为禄山所宠任，其地位与严庄不相上下，常与严庄争权。孙孝哲奉安禄山命负责统率关中诸将，连张通儒也受他节制。他生活奢侈，杀人成性，又贪权用事，同党中皆"畏之"。

孙孝哲进入长安后，便按安禄山的命令，在长安施行惨无人道的屠杀政策。他派兵搜捕未及出逃的唐廷百官、宦官、嫔妃、公主、宫女等，每抓获百人，即派兵押送洛阳。王侯将相凡随玄宗西逃而家留长安者，皆遭族灭，连婴孩也不放过。

当玄宗的妹妹霍国长公主被搜捕到时，安禄山便令孙孝哲进行残酷的报复。将她及其他王妃、驸马等残杀于崇仁坊，开胸剖心，以祭安禄山的

唐三彩万年罐

儿子安庆宗。杨国忠与高力士的党羽及安禄山过去所憎恶的人统被杀害，共八十三人，有的还被用铁棓揭其脑（指天灵盖），惨不忍睹。又杀死皇孙及郡主、县主二十余人。长安城内血流满街，一片恐怖气氛。

玄宗酷爱音乐舞蹈，当年在长安宫中宴饮时乐舞规模宏大，极尽奢侈，安禄山皆亲身经历，"见而悦之"。所有这些，安禄山都想全部攫获。所以叛军一进入长安，安禄山立即派人搜捕乐工、歌舞宫女，将宫廷中的乐器、舞衣及舞马、犀、象等等皆运至洛阳，供其享用。

在洛阳宫苑中的凝碧池，安禄山大宴群臣，仿效玄宗的排场，盛奏众乐。那些被强押来的梨园弟子，内心仇恨安禄山，在演奏时触景生情，"往往欷歔泣下"。安禄山便派武士拿着兵器，在旁"露刃眄之"，强迫他们演奏。乐工雷海清不胜怨愤，扔下乐器，西向痛哭。结果被安禄山绑在试马殿前，被肢解残杀。

安禄山还命孙孝哲借口宫中财物散失，在长安城中大搜三天，百姓家中财物被掠一空。又令伪郡县官吏借口追赃穷治，"连引搜捕，枝蔓无穷"，百姓们被折腾得不得安宁。

这时，也有一些无耻的唐廷官吏出来投顺安禄山，如曾遭杨国忠排挤的陈希烈和张垍、张均兄弟。张垍娶玄宗爱女宁亲公主，住于宫中，"宠渥无比"，颇受玄宗器重。

当玄宗欲罢陈希烈相职时，曾亲至张垍宅，问他谁可为相。张垍未答，玄宗大笑曰，"无若爱婿"。可是后来由于杨国忠的阻挠，玄宗并未兑现，张垍因此心怀不满。以后又因涉嫌泄露欲任安禄山为宰相的机密，遭杨国忠倾轧而贬官。

玄宗逃出长安时，张垍、张均兄弟及韦述等随房琯一起出城，本想去追赶玄宗的队伍，打算一起护驾入蜀。行至城南十数里的山庙。可能是考虑到不甘受制于杨国忠等原因，张氏兄弟两人便借口家属在城中而半途折返。安禄山见陈希烈、张垍等人来降，便任他们两人为宰相，其余朝士也分别授予伪官，以取得旧官僚集团的支持，借以迅速恢复统治秩序。

安禄山在短时期内轻而易举地夺得长安，军中士气大振。当时，崔乾祐

乘潼关之捷，北攻河东，占领了河东南部的一半地盘；在南面方向，安禄山军队又正围逼南阳，只要得手，便可长驱直下江汉地区；在西面方向，孙孝哲进入关中后，直接威胁着玄宗入蜀人马的后路（孙孝哲率军入关中时，玄宗才离开长安五六天，大约刚过扶风一带）。可是，安禄山自己并没有亲入长安，也没有令孙孝哲发大军乘胜追击玄宗一行。

令人奇怪的是安禄山虽已攻占长安，其本人却直至身死，都没有进入长安。推测其原因，一是可能安禄山认为关中尚有唐军余部，不如洛阳安全，而且洛阳周围聚集着唐朝大量湮仓，粮食布帛等物资比关中殷实，特别是江淮地区未占领，漕运不通，久居长安供给难以保障。

加上洛阳较长安离他的河北后方更近，士卒又多渔阳子弟，未必乐于入关。二则，安禄山虽举兵叛国，但未必有君临天下的远图，在这位胡人的心目中，或许只想能盘踞洛阳、割据中原便心满意足了。

安禄山的亲信部将孙孝哲在统兵进入长安后的表现，颇能反映安禄山的这些思想。史载，"贼将皆粗猛无远略，既克长安，以为得志，日夜纵酒，专以声色宝贿为事，无复西出之意"。

当然，时值六月盛夏，大兵不宜轻动，何况蓟北之兵不习惯于盛暑气候，这可能也是孙孝哲没有率兵穷追玄宗一行的原因。正因为这样，玄宗才得以安全西去，唐朝廷也获得了喘息机会。

八月，长安孙孝哲的军中忽然发生内讧，同罗、突厥部众发生兵变，其首领阿史那从礼率五千骑，偷出宫中厩马二千匹，逃归朔方，企图勾结诸胡盘踞边地，别树一帜。同罗、突厥兵变，一度使"长安大扰，官吏窜匿，狱囚自出"。京兆尹崔光远本是"身在胡营心在汉"，见此情景，"以为贼且遁矣"，便派吏卒围堵孙孝哲的住宅，企图攻杀孙孝哲。孙孝哲一面派人平乱，一面派人急报安禄山。

崔光远知道一时寡不敌众，便与长安县令苏震带领府、县官吏十余人逃出长安。安禄山遂以亲信日乾真为京兆尹。安禄山叛军虽然统治着长安，但他们的残暴肆虐，遂使"民间骚然，益思唐室"。

马嵬哗变割恩悲剧

玄宗一行人马西出长安，往北渡过渭水上的便桥，杨国忠为防叛军追赶，派人焚桥。玄宗制止说："土庶各避贼求生，奈何绝其路"。便要高力士留下，等灭了火再追赶队伍，自己则继续赶路。将至咸阳，玄宗派宦官王洛卿前行，告谕郡县官吏安排膳食。将近中午，到了咸阳，玄宗进入县东的望贤宫等着就餐。

可哪里知道，王洛卿与县令早已逃之夭夭，玄宗派人征召，"吏民莫有应者"。睹此情形，玄宗神色沮丧，坐在树下，"拂然若有弃海内之意"，想要轻生。被高力士察知，抱着玄宗两脚，呜咽劝说，玄宗这才作罢。忽而，玄宗令人杀御马，拆行宫舍木煮食之，众人不忍心下手。

日至正午，玄宗尚未进食。清晨匆匆起程，经过四十里路的奔波，肚中早已空空。这位煊赫一时的大唐皇帝，有生以来还是第一次尝到挨饿的滋味。无奈，杨国忠只好亲自到街上买了胡饼，装在衣袖中送来给玄宗。俗话说，"饥不择食"，玄宗落到这般地步，也只得无可奈何。咸阳百姓见如此情景，这才有人前来献食。玄宗亲自对他们说："卿家有饭否？不择精粗，但且将来。"老幼于是箪食壶浆，争献粝饭（粗粮），饭中还杂以麦豆。六宫及皇孙辈，皆"争以手掬食之，须臾而尽，犹未能饱"。

凡是送来食物的，玄宗皆酬其值，百姓们齐声痛哭，玄宗也掩泣感伤。不久，尚食宦官为玄宗准备的御膳送至，玄宗命先赐随从官员，然后自食。又令随从士卒散至村落民家求食，约好未时（相当于下午三时）集中出发。

从咸阳上路，又走了一百余里，将近夜半，方至金城，即兴平县（今陕西兴平）。当地县令、百姓已逃走一空，但屋中饮食器皿尚在，大家遂得以填饥。食毕将睡，可是驿中馆舍无灯烛，只得长幼贵贱不分，摸黑混在一起，"相枕藉而寝"。玄宗与六宫、皇孙也是靠着月光摸黑进入户庭，熬过了这一夜。

这一天过来，随从人员开小差的不少，连玄宗身边的亲信宦官头目内侍监袁思艺也偷偷逃跑了。而潼关败将王思礼倒赶来了，玄宗这才知道哥舒翰已被擒，遂命王思礼为河西、陇右节度使，令他即日赴镇，收拾散卒，以待东讨。

六月十四日，行至兴平县西郊的马嵬驿。随从护驾的禁军将士经过一天多的劳顿，食不餐，睡不安，饥疲至极，激起了强烈的不满和愤怒。就在这时，六军忽然哄起哗变。

禁军首领龙武大将军陈玄礼，曾带禁军参与玄宗平定武韦之乱和太平公主之乱的政变，为开元功臣之一。他长期在禁军中供职，在禁卫军中颇具威望，也深得玄宗的信任。

他对新贵杨国忠当政以来的跋扈作风本来就看不惯，又见由于杨国忠的乱政误国，致使玄宗播迁流离，落到如此地步，对杨国忠也就更加仇恨了。他认为眼下一切祸难都是杨国忠造成的，在禁军中、在官僚层中都普遍存在这种看法。

当禁军士兵在马嵬驿因饥疲愤怒而驻军不肯再走时，陈玄礼便对士兵们说："今天下崩离，万乘震荡，岂不由杨国忠割剥甿庶，朝野怨咨，以致此耶？若不诛之以谢天下，何以塞四海之怨愤！"众皆曰："念之久矣。"陈玄礼带头发难，迅速得到广大禁卫的支持。一场反杨国忠的兵变开始了。

恰在这时，有吐蕃使者二十余人，因为饥不得食，围住杨国忠的坐骑诉苦。杨国忠还未及答话，禁军士兵突然大呼道："国忠与胡虏谋反！"说着便放箭射中杨国忠的马鞍。杨国忠吓得滚下马来，逃进马嵬驿的西门内，军士们蜂拥而入，将杨国忠乱刀杀死，"屠割肢体"，还用枪挑着他的脑袋挂在驿门外示众。

随之，又杀死杨国忠的儿子户部侍郎杨暄及韩国夫人、秦国夫人。御史大夫魏方进想阻拦，大声叫道："汝曹何敢害宰相！"话未说完，即被禁军士兵杀死。左相韦见素闻乱而出，也被士兵打得头破血流。幸好有人叫道："勿伤韦相公！"这才使他得免一死。

接着，哗变的士兵又包围了玄宗所在的驿舍。玄宗听到喧哗声，不知

出了什么事，便问左右。左右告诉他杨国忠已被军士以谋反罪杀死。玄宗知道问题的严重，但他毕竟是富有政治经验的老手，毅然步出驿门，不但不责怪，反而慰劳军士，认可了他们杀杨国忠的行动，要他们收兵归队。不料，军士不应，依然围驿不退。玄宗便命高力士去问陈玄礼为何。陈玄礼对曰："国忠谋反，贵妃不宜供奉，愿陛下割恩正法。"

对于玄宗来说，杨国忠的被杀并不惋惜，何况对杨国忠他早已有所厌弃，只是碍于各种原因未能断然加以处置。他本想杀了杨国忠可平息众怒，不料军士们还要杀杨贵妃，他怎么舍得呢？杨贵妃十七年来宠逾六宫，在生活上、精神上成了他不可或缺的伴侣，如今落到国破家亡、弃京西逃的地步，政治上的尊严、权力丧失殆尽，难道现在连一个爱妃都保不住吗？

可眼前是一群刀枪出鞘、剑拔弩张的军士，气氛十分紧张，处理稍一不慎，局势就不可收拾。面对着这种形势，玄宗已完全失去控制能力，只好说："朕当自处之。"说完转身入门，倚仗低首，久久而立。这时他内心的矛盾、痛苦已到了极点。

宰相韦见素的儿子京兆司录参军韦谔见玄宗犹豫不决，便上前劝道："今众怒难犯，安危在晷刻，愿陛下速决。"说着叩头流血。玄宗说："贵妃常居深宫，安知国忠谋反？"高力士便接着劝道："贵妃诚无罪，然将士已杀国忠，而贵妃在陛下左右，岂敢自安！愿陛下审思之，将士安则陛下安矣。"

在高力士看来，贵妃一介女子，的确不当为杨国忠的误国而受到牵连。可他毕竟是玄宗的忠实奴仆，他的一切行为都是为玄宗本人而着想的。当初他百般侍候杨贵妃，目的是为了玄宗得以取悦；如今为了保住玄宗的性命，他就建议玄宗牺牲杨贵妃。

向日"不可逆鳞"的唐玄宗，这时不得不低首屈服于自己的卫士。他悲伤地与杨贵妃做了最后诀别。杨贵妃泣涕呜咽，语不胜情，对玄宗说："愿大家（玄宗）好住。妾诚负国恩，死无恨矣。"并恳求临死前让她再拜一下佛。玄宗伤心地答曰："愿妃子善地受生。"遂命高力士带去处置。高力士将杨贵妃带到驿舍内一所佛堂，用帛带缢杀于佛堂前之梨树下。是时，杨贵

杨贵妃墓

妃年三十八岁。据说，杨贵妃刚断气，恰有进贡南方荔枝的快骑到达。玄宗长号叹息，命高力士拿去祭杨贵妃。

高力士用舆轿将杨贵妃的遗体载回，置于驿庭。然后召陈玄礼等进来验看。陈玄礼这才解胄释甲，向玄宗跪下请罪。玄宗慰谕几句之后，令他去晓谕军士。陈玄礼等人高呼万岁，再拜而出。于是，六军士众暂告平息。事后，玄宗又让高力士将杨贵妃的遗体裹以锦衣，胸前放上香囊锦袋，埋葬在驿馆西一里许的一个小山坡下，时称"马嵬坡"，其地正当通往蜀中的大道北侧。

关于这段马嵬驿的悲剧，著名诗人白居易在《长恨歌》中写道："六军不发无奈何，宛转蛾眉马前死！花钿委地无人收，翠翘金雀玉搔头；君王掩面救不得，回看血泪相和流。"可谓极尽当时玄宗伤感痛惜、肝胆欲裂而又无可奈何的可怜相。

其时，杨国忠的妻子裴柔（原蜀中倡优）、幼子杨晞及虢国夫人、儿子

裴徽和一女，闻难急忙逃跑，行至陈仓（今陕西宝鸡市），县令薛景仙率吏士追捕。他们又逃入竹林，落在后面的儿子和女儿先被杀死，裴柔便对虢国夫人说"娘子为我尽命"，遂用剑将虢国夫人刺死，然后自刎，未死，被县吏押回狱中。裴柔犹问狱史说："国家乎？贼乎？"她还不明白追杀她们的究竟是朝廷的官吏，还是反贼。狱吏回答说"互有之"，裴柔听罢便血凝至喉而死，尸体被人抬至城外荒地埋了。

马嵬驿兵变的发难者，表面看来似为龙武大将军陈玄礼，新、旧《唐书》的本纪也是这么说。但是，大量的史料却透露出马嵬驿兵变的真正主谋者乃玄宗的太子李亨。

太子李亨自从在天宝五年（746）遭李林甫打击后，羽翼尽被剪除，极为孤立，默默无闻地忍受着一切。杨国忠上台后，又遭杨国忠的倾轧，而这一切都是按照父皇玄宗旨意安排的。

因此，长期以来太子李亨对杨国忠充满仇恨，对父皇玄宗也极为不满。安禄山叛乱时，玄宗本想传位给太子李亨，由于杨国忠及其姊妹们的反对而未成事实；潼关之战，玄宗听了杨国忠的话，逼哥舒翰出关作战，致使大局不可收拾；之后，又应杨国忠的请求，弃京幸蜀，逼着太子李亨一起西逃。倘若真的到了蜀中，李亨在杨国忠势力的控制下就更无出头之日了。李亨对自己的前途将受到更加严重的威胁，是非常清楚的，因而他与杨国忠之间的矛盾就更尖锐了，与父亲玄宗的隔膜也更深了。

当时，朝野上下皆切齿痛恨杨国忠，欲杀他的也大有人在，潼关守军统帅哥舒翰及其重要将领王思礼即是一例。

陈玄礼还在长安时，即"欲于城中诛杨国忠"，后因故未果。这些社会舆论对太子李亨不能不有极大的触动。从社会原因说，马嵬驿事变是杨国忠积怨的必然结果；而由于太子李亨与杨国忠（也包括他与父亲玄宗）之间矛盾的尖锐化，遂使李亨成了这场事变的主谋。马嵬驿兵变并非陈玄礼单枪匹马主持发动的，而是事先经过与太子李亨密谋策划的。

在太子李亨方面，参与这场密谋策划的还有他的两个儿子广平王俶、建宁王倓和太子妃张良娣。其时，李亨年已四十五岁，广平王俶和建宁王倓皆已长大成人，玄宗西逃，兄弟俩也随太子李亨"典亲兵扈从"。李亨两个儿子既拥有亲兵，本有能力发动兵变，但实力不及禁军，所以必须争取陈玄礼所统六军的支持，这对发动兵变是十分重要的。

陈玄礼并不是太子李亨的私党，他长期护卫玄宗，向以"淳朴自检，宿卫宫禁，志节不衰"，而深得玄宗的信任，是玄宗的心腹禁军将领。他绝不会出卖玄宗而投靠太子李亨，这也是显而易见的。

然而，正因为陈玄礼忠于玄宗，故切齿痛恨乱政误国的杨国忠。在与杨国忠的矛盾上，陈玄礼与太子李亨有着共同的政治要求，故两者有可能结合在一起。而陈玄礼也只有在取得了太子李亨的支持后，才有可能成为兵变的发难者。从政治斗争的角度说，陈玄礼只是一个配角而已。

这一点，玄宗心里也是明白的。正因为如此，当禁军杀死杨国忠，继而围驿逼死杨贵妃，陈玄礼立即向玄宗"顿首请罪"时，玄宗并没有惩罚他，且事后继续由他负责统领禁军，护驾入蜀。如果陈玄礼是兵变主谋的话，那简直是不可设想的。以后事态的发展，也完全证明了这一点。

对于太子李亨来说，除掉了杨国忠，并不是他最终的目的，因为这仅解决了他与杨氏外戚集团之间的矛盾，而他与玄宗父子之间的矛盾并未解决。果然，士兵围驿门刚刚平息，便又发生了百姓"遮道请留"的事件。

六月十五日，天亮时，玄宗准备起驾离开马嵬驿。此时随从的大臣只有韦见素一人了，玄宗以韦谔为御史中丞，充置顿使。刚要起程，六军中有人提出："国忠谋反，其将吏皆在蜀，不可往。"

有的主张去河西、陇右，有的主张去朔方灵武，有的甚至提出回京师。一时间纷纷攘攘，不知所从。玄宗左右几位亲信宦官也是各执其词。

常清说"国忠久在剑南，又诸将吏或有连谋，虑远防微，须深详议"，反对去蜀中。陈全节说"太原城池固莫之比，可以久处，请幸北京（太原）"，主张去太原。郭希则认为"朔方地近，被带山河，镇遏之雄，莫之与比。以巨愚见，不及朔方"，主张去朔方。

玄宗见高力士在旁一言未发，便问他道："以卿之意，何道堪行？"高力士主张仍去蜀中较妥。

高力士说："太原虽固，地与贼邻，本属禄山（安禄山曾兼河东节度使），人心难测。朔方近塞，半是蕃戎，不达朝章，卒难教驭。西凉（案指河西、陇右）悬远，沙漠萧条，大驾顺动，人马非少，先无备拟，必有阙供，贼骑起来，恐见狼狈。剑南虽窄，士富人繁，表里江山，内外险固；以臣所料，蜀道可行。"

玄宗本来就认定蜀中是安全的避难场所，遂决意要去蜀中。然而，眼下众怒难违，所以他只好一语不发，不言所向。后来韦谔提出了一个折中的方案，主张先去扶风，然后再"徐图去就"。这个方案暂时调和了大家的分歧，玄宗也表示同意。

可是走出驿门不远，忽又来了一些老百姓，拦住去路，"遮道请留"。他们对玄宗说："宫阙，陛下家居，陵寝，陛下坟墓，今舍此，欲何之？"显然，百姓对玄宗弃京西逃，不积极组织领导抵御叛军是不满的。

玄宗驻马久之，羞愧难言。便令太子李亨留下安慰父老，自己低头骑马带领禁军先走了。百姓便围住太子李亨说："至尊既不肯留，某等愿率子弟从殿下东破贼，取长安。若殿下与至尊皆入蜀，使中原百姓谁为之主？"随即，围聚的百姓增至数千人。

太子李亨先是装作不敢答应，理由是"至尊远冒险阻，吾岂忍朝夕离左右。且吾尚未面辞，当还自至尊。更禀进止"。说着，挤出两行眼泪，拍马欲走。这时，建宁王俶和李辅国勒住缰绳劝阻说："我等愿合力助太子兴兵讨贼，克复两京，使社稷复安。"广平王俶也劝太子留下。百姓更是团团围住太子李亨的坐骑。太子李亨这才派广平王俶骑马前去禀告玄宗。

玄宗行出一段路，便停下等候太子李亨。见太子久久不至，即派人前去察看。及听到自己的孙子广平王俶的禀报，玄宗只得长叹一声说："天意也！"他知道太子羽翼已丰，又处在这样一种境遇之中，再也无法制约了，只得忍痛分拨后军二千人及最上乘的飞龙厩马给太子，并对将士们说："太子仁孝，可奉宗庙，汝曹善辅佐之。"

玄宗又派人传谕太子亨说："汝勉之，勿以吾为念。西北诸胡，吾抚之素厚，汝必得其用。"还将东宫内人送回，并宣旨欲传位。太子李亨辞不

唐代银鎏金头簪

受，只是"南向号泣而已"。由此，太子李亨便与玄宗分道扬镳了。

这场"遮道请留"的事变，表面看来似是当地父老百姓自发形成的，其实，这正是"驿门之围"事件的继续，操纵这场事变的真正策划者，仍是太子李亨。

太子李亨与玄宗的隔阂由来已久，他早就想摆脱父皇的控制。而西逃途中，玄宗众叛亲离，随从将士又三心二意，这就造成了极好的机会，他当然要充分加以利用了。蜀中乃杨国忠势力的基地，太子李亨一开始就不愿去蜀中。

杨国忠被杀后，李亨自然更"不敢西行"。这是十分明显的事实，连一般将士都懂得"国忠反叛，不可更往蜀川"，何况预谋诛杀杨国忠的太子李亨及其集团。

"驿门之围"后，玄宗一行人马是在马嵬驿过夜的。在这一夜，太子李亨绝不会安分守己错过良机，他有足够的时间策划和布置新的行动。可是，百姓"遮道请留"时，玄宗拍马先行，留太子李亨在后，而张良娣则随侍玄宗一行，并不在太子李亨身边。显然，从时间上看，所谓"（张）良娣赞成之"，正是她在事件发生之前和李亨在一起时表的态。

《旧唐书·李辅国传》说得更明白："至马嵬，诛杨国忠，辅国献计太子，请分玄宗麾下兵，北趋朔方，以图兴复。"《旧唐书·承天皇帝倓传》也说，在马嵬驿"（建宁王）倓于行宫谓太子曰：'殿下宜购募豪杰，暂往河西。收拾戎马谋为兴复，计之上也。'广平王亦赞成之，于是令李辅国奏闻"。

史书记载尽管略有出入，但有一点十分明白，积极策动太子李亨与玄宗分道扬镳的正是他的儿子建宁王倓、广平王俶和妻子张良娣以及亲信宦官李靖忠等，而这一切又是在事件发生之前已预谋好了。从驿门之围到"遮道请留"，前后两天，可谓紧锣密鼓，如果没有事先预谋，那是不可想象的。

同时，当时民心迫切希望朝廷重整旗鼓，光复社稷，不满于消极的逃跑，随行军士也是不甘心西行蜀中，这些，都是太子李亨亲眼所见的。因此，他巧妙地利用了民众的情绪，实现了他摆脱玄宗钳制的目的，并且迈出了他向玄宗分割皇权的重要一步。

之后，太子李亨选择了北上的路线，挑起了领导全国抗击叛军的重任。马嵬驿之变，本质上说，乃是天宝朝廷统治集团内部（太子李亨与杨国忠及与玄宗之间）矛盾激化的结果，是一场上层集团争夺政治权力的政变。

但由于太子李亨之杀杨国忠，顺应了民意，以后的分兵北上，又摈弃了消极逃跑的路线，这就使他得到了民众的拥护，也得到了官僚集团大部分势力的支持，因而他的政治势力也很快发展起来。而唐玄宗，也就从此开始在事实上失去了统治朝政的能力。

落魄天子成都避难

玄宗在马嵬驿与太子李亨分兵之后，孤苦伶仃，心中满怀惆怅，失魂落魄般无精打采地骑在马上，缓缓前行。随行大臣仅韦见素、韦谔父子两人，此外，就是一些妃嫔、皇子、皇孙，以及宦官高力士和以陈玄礼为首的随行卫队。

六月十七日，行至岐山县（今陕西岐山），还未住下，忽闻传言，说安禄山的前锋部队即将追及。玄宗遂马不停蹄地穿过岐山县，往西北跑到扶风郡（治今陕西凤翔），在扶风郡下宿，后来才知道只是一场虚惊。这时，禁卫士卒苦于奔波，牢骚满腹。

原来他们大多是长安市井子弟，离京越远，思家之念愈切，于是"各怀去就，往往流言不逊"，连陈玄礼也制止不了。玄宗担心军士们又会闹出什么乱子来，正在发愁不知所措时，成都献的春绵十余万匹，运至扶风。

玄宗使命将春绵全部放置庭中，将禁军将士全部召入，扶着轩栏无可奈何地对他们说："朕比来衰耄，托任失人，致逆胡乱常，须远避其锋。知卿等皆仓促从朕，不得别父母妻子，跋涉至此，劳苦至矣，朕甚愧之。蜀路阻长，郡县偏小，人马众多，或不能供，今听卿等各还家；朕独与子、孙、中官前行入蜀，亦足自达。今日与卿等诀别，可共分此彩以备资粮。若归，见父母及长安父老，为朕致意，各好自爱也！"

玄宗话说至此，好不伤心，泪下沾襟。众军士还是第一次见到玄宗如此屈己自责，如此地伤感绝望，不免怜悯起这个落魄天子来，一个个表示："臣等死生从陛下，不敢有贰心！"玄宗抽泣良久，又说："去留听卿。"由是军中"流言始息"。

六月十八日，玄宗命剑南节度留后崔圆为剑南节度等副大使，令他做好迎驾的准备。第二天，玄宗一行离开扶风，行至陈仓下宿。二十日，玄宗至陈仓西南的散关。散关在终南山脉的西端，过了散关，便进入汉中地区，随即便可沿嘉陵江上游南下，直抵四川的门户剑州了。

于是，玄宗分护驾的禁军将士为六军，派儿子颍王璬先入剑南，寿王瑁等率领大军随后。六月二十四日，玄宗行至汉中的河池郡（凤州，治今陕西凤县东北），崔圆已等候迎驾。崔圆告诉玄宗"蜀中车稔，甲兵全盛"。

玄宗大悦，这是他离京以来首次听到的好消息，很是高兴，当即擢升崔圆为中书侍郎、同平章事。又以宁王宪的次子陇西公璃为汉中王、梁州都督、山南西道采访防御使。

这时，去平凉的王思礼因河西诸胡变乱，退回，赴至河池郡，玄宗便将

他留在身边，任为行在都知兵马使。

另外，原辅佐哥舒翰守潼关的监察御史高适，兵败后也从骆谷翻山越岭，赶至河池郡。他见到玄宗，痛陈潼关兵败的原因，并说："臣与杨国忠争，终不见纳。陛下因此履巴山、剑阁之险，西幸蜀中，避其蚕毒，未足为耻也。"玄宗听了也感到的确是杨国忠的失策误国，对高适的前来颇为高兴，故擢升他为传御史。

七月十三日，玄宗一行终于翻过四川东北角的大剑山。通过剑门关，行至剑州的普安郡（治今四川剑阁），遇到刑部侍郎房琯从长安只身赶来。

当初玄宗离开长安时，群臣大都不知道，行至咸阳时，玄宗曾问高力士："朝臣谁当来，谁不来？"高力士回答说："张均、张洎父子受陛下恩最深，且连戚里，是必先来。时论皆谓房琯宜为相，而陛下不用，又禄山尝荐之，恐或不来。"玄宗说："事未可知。"

及等到琯来，玄宗便问他张均兄弟为何未来，房琯回奏道："臣帅与偕来，逗留不进；观其意，似有所蓄而不能言也。"玄宗转身对高力士说："朕固知之矣。"当天，玄宗又擢升房琯为文部（吏部）侍郎、同平章事。

剑门关乃四川部的重要门户，形势十分险峻。过了剑门关，进入四川也就到了安全地带。此时玄宗如释重负，心情顿感轻松。

七月十六日，玄宗在政治上又耍了一次新花招，下诏告天下：以太子亨充天下兵马元帅，领朔方、河东、河北、平卢节度都使，南取长安、洛阳；以永王璘充山南东道、岭南、黔中、江南西道节度都使；以盛王琦充广陵大都督，领江南东路及淮南、河南等路节度都使，以丰王珙充武威都督，仍领河西、陇右、安西、北庭等路节度都使。应领士马、甲仗、粮赐等，并于当路自供。其诸路本节度使虢伟王巨等并依前充使。其署置官属及本路都县官，并任自行简择。

玄宗这一发往全国的诏书，其目的，一方面在告谕天下自己离开长安后的下落；另一方面，说明朝廷权力中心仍在自己一边，马嵬驿分兵后的太子，其地位仍仅仅是太子，自己并没有将最高统治权交给他。这纸诏文的内容，玄宗是经过反复考虑的。从诏文的内容看来，玄宗似乎在分派诸皇子领兵各道，对安禄山形成围讨的形势，但实际上是针对太子而发的。

因为太子李亨早在半年前（天宝十四年十二月），已被任命为天下兵马元帅，以哥舒翰为副帅东讨。天下兵马元帅也者，乃全国所有军队之最高统帅，而现在虽名义上仍为天下兵马元帅，实际上却反以储君之尊只领调朔方、河东、河北、平卢节度都使，对其权力做了具体的限制。

就当时形势来说，玄宗自己既已退往蜀中避难，太子李亨自马嵬驿分兵北上，处在斗争的前线。李亨身为朝廷储君，天下军国要务理应委其具体主持，为何反而抑其权而与诸王平分秋色呢？

显然，这是玄宗对马嵬驿兵变一事进行的报复。这反映了他到达四川，安全感上升以后，便又不甘心拱手将皇权让给太子李亨了。于是，玄宗便想出这套太子与诸王分镇天下的办法，借以培植诸王牵制太子势力的发展，这是他与太子李亨之间矛盾的又一深刻发展。

七月十九日，玄宗进入巴西郡（治今四川绵阳东北），太守崔涣前来迎接。崔涣乃当年翻中宗复辟的五王之一崔玄暐的孙子。玄宗见了很高兴，房琯又荐其有才，玄宗便擢升他为门下侍郎、同平章事，又以韦见素为左相。

据说，玄宗刚入斜谷，天色尚早，浓雾未散，给事中韦倜在馆舍中得新熟酒一壶，乘兴跪献于玄宗马前。玄宗并不接杯。韦倜以为玄宗怀疑酒中有毒，便倒入另一酒杯，自己先饮。玄宗见了便说："卿以我为疑也。始吾御宇之初，尝大醉，损一人，吾悼之，因以为戒。迨四十年矣，未尝甘酒味。"又指高力士等人为证说："此皆知之，非给卿也。"

原来，玄宗在开元四年（716）时，因嗜酒大醉怒杀一人，第二天不记得，还派人召他来。左右告诉他后，他悔恨不已，从此戒酒。进入巴西都后，因蜀中气候温湿，多瘴气，宰相要高力士等劝玄宗宜喝些酒，但玄宗仍坚持不喝。

经过四十六天的长途艰难跋涉，七月庚辰二十九日，玄宗终于到达成都（又名金堤城）。其时，随从官员及六军将士，也只不过一千三百多人。

第十一章　太子即位平反叛

灵武即位

玄宗与太子李亨在马嵬驿分道西行后，太子李亨别无选择，只有北上。所谓北上，就是或去河西、陇右，或去朔方。可是，究竟如何选择，直至天色将晚，李亨仍犹豫不决。

李亨在开元十五年（727）时，就曾兼任过朔方节度大使、单于大都护。虽然他未出阁赴镇，但将吏每年都要向他上书致意，有些人的名字还熟记于心，名义上仍是他的属下。

何况在西北边镇中李亨曾安插过亲信，培植过自己的势力。如皇甫惟明担任过河西、陇右节度使；王忠嗣也做过朔方、河东节度使，继又兼河西、陇右节度使。

虽然皇甫惟明、王忠嗣在天宝五年、六年时遭李林甫打击而被削职，但他俩在这些节镇地区威望甚高，许多部将都是他们培养提拔的。如哥舒翰即是王忠嗣擢拔的，对王忠嗣感情颇深。李光弼也曾随王忠嗣征战，对王忠嗣很尊重。此外，郭子仪也是朔方军出身的边帅。

由于王忠嗣、皇甫惟明的影响，太子李亨在西北节镇地区拥有潜在的势力。不过，朔方与河西、陇右比较起来，河西、陇右更为偏远、荒凉，且随哥舒翰守潼关的河西、陇右蕃军有不少人因兵败而降敌，有其人心不稳的一面，只有留守河西的兵马使裴冕出身名门，尚可信赖；而朔方距离马嵬驿较近，现存的兵力也较雄厚。

所以，建宁王倓对父亲说："殿下昔尝为期方节度大使，将吏岁时致启，倓略识其姓名。今河西、陇右之众皆败降贼，父兄子弟多在贼中，或生异图。朔方道近，士马全盛，裴冕衣冠名族，必无二心。乘此速往就之，徐图大举，此上策也。"于是，太子李亨决定北上。

马嵬驿的北面有一条东西向的河，名叫成国第，是渭水的支流。时值盛夏雨季，河水暴涨，又无舟楫，只有往东方向有一座简易桥。可是，这时往东走是十分冒险的，因为随时都可能遇上前来追击的敌军（当时并不了解安禄山叛军尚未入长安）。

当李亨一行人马走至渭北某地打算过桥时见桥已断，但又不便久留。于是，太子李亨下令在一处河宽水浅的地段骑马强渡。在河滨地区，李亨又招募了三千余百姓同行。

刚要渡河，忽有一支人马从东而来，慌乱中分辨不清，以为是来袭的安禄山叛军，便混战起来，后来才发现原来是从潼关退下来的唐军溃兵。一场虚惊后，太子李亨赶紧组织渡河，有马的骑马涉水，无马的多"涕泣而返"。

等李亨踏上北岸，发现不少人被溺死，过得河来的才二千人。李亨心寒之余不禁暗自庆幸，以为是上天保佑了自己。

继而，太子李亨从奉天县（今陕西乾县）北上，天黑时行至永寿县（今陕西永寿）稍事休息，吃罢晚饭，便又连夜赶路三百里，直至第二天凌晨，行至新平郡（治今陕西彬县）。一路上由于急行军，"士卒、器械失亡过半，所存之众不过数百"。

六月十七日，又至安定郡（今甘肃径川北）。新平郡、安定郡的太守因弃都逃走，皆被太子李亨抓来处死。六月十八日，行至乌氏驿，才遇能有地方官员彭原郡（治今甘肃庆阳西南）太守李遵，率领士兵并带了衣物及粮食前来迎接。至彭原郡协又募得士卒数百人。接着，太子李亨折向西行，于六月十九日到达平凉郡（治今甘肃平凉）。平凉城虽不大，但这里蓄有监牧马数万匹，又募得士兵五百余人，才使军势稍振。这时，太子李亨才感到摆脱了危险，加上平凉距朔方、河西、陇右较近，于是在平凉暂时驻下。

后来，太子李亨治兵平凉的消息传到长安，三辅百姓皆曰："吾太子大军即至。"初进入长安的叛军一时不知太子李亨的虚实，见城外西北尘起，

惊得四处奔走。与此同时，叛军只派了一个薛总为宣慰使，带了二百余人，出城西来，占领了扶风郡。

六月二十六日，扶风豪民康景龙等自发组织起来，杀死薛总等二百人。随即，陈仓令薛景仙也杀死敌军守将，收复扶风郡。这时，玄宗早已离开扶风八九天，到达汉中地区的河池郡，太子李亨也已北上，所以都没有受到叛军的追击或骚扰。

太子李亨一行在平凉停留了将近二十天，目睹平凉地处褊狭散地，"非屯兵之所"，正在考虑下一步行动计划时，朔方地区派人来平凉，迎接太子李亨去灵武（今宁夏灵武西南）。

原来，朔方留后杜鸿渐、六城水陆运使魏少游、节度判官崔漪，支度判官卢简金、盐池判官李涵等人，闻得太子李亨在平凉的消息，便聚在一起商量。他们认为"平凉散地，非屯兵之所，灵武兵食完富，若迎太子至此，北收诸城兵，西发河、陇劲骑，南向以定中原，此万世一时也"。

当即，杜鸿渐草拟信笺，"具陈兵马招集之势"，并详列朔方士马、甲兵、谷帛、军需总数，共推李涵奉笺前去平凉。杜鸿渐乃旧相杜暹的族子，李涵则是宗室后裔，太子李亨见到李涵来十分高兴。因为灵武是朔方节度使的治所，不仅兵食完富，而且在地理位置上十分优越。

从北面可以招集边塞的守军，从西面可以调发河西、陇右的劲兵，往南可下关中，往东则可入河北、定内原。总之，这是一个军事上积蓄力量，进行战略反攻的理想基地。

恰在这时，河西兵马使裴冕也来平凉见太子李亨，"具陈事势"，劝他赶快移驻朔方灵武。太子李亨当即采纳北上灵武的建议，并立即从平凉起程。杜鸿渐留下魏少游在灵武准备食宿，自己与崔漪亲至平凉北境的白草顿率迎。

杜鸿渐晋见太子李亨，分析形势说："朔方天下劲兵，灵州用武之处。今回纥请和，吐蕃内附，天下郡邑，人皆坚守，以待制命。其中虽为贼所据，亦望不日收复。殿下整理军戎，长驱一举，则逆胡不足灭也。"七月十日将至灵武境，魏少游"整骑卒千余，干戈耀日"，在灵武南界的鸣沙县

（今宁夏吴忠县西南）接迎，"备威仪振旅而入"，场面颇为威武。

进入灵武一切安排就绪后，裴冕、杜鸿渐和崔漪等人，劝太子李亨登基称帝，以归中外之望。李亨照例推辞不允。裴冕等对他说：随从将士多为关中子弟，日夜思归，所以不辞艰辛远涉过塞，是因为对殿下抱有莫大希望，若一旦失望离散，则不可复集。并反复五次上笺，劝他"勉徇众心，为社稷计"。七月十三日，李亨终于在灵武城南楼称帝即位，是为唐肃宗。并遥尊玄宗为"上皇天帝"，改元至德元年。

这一天，玄宗刚行至剑州的普安郡。四天后，玄宗关于分诸王节镇天下的诏令就是在不知李亨已即位称帝的情况下颁发的。

由于朔方及河西军镇将士和地主官僚集团的支持，太子李亨在灵武很快就站稳了脚跟。杜鸿渐、崔漪、李涵及裴冕等人，本是一班不起眼的小人物，他们之拥戴支持李亨在灵武即位，似具有很大的偶然因素。

但可以说，这也是太子李亨长期间接或直接经营西北军镇地区的必然结果。他在马嵬驿确定北上，是有意识、有目的的，表明他对这一地区抱有厚望。因此，他的"如愿以偿"也就绝非偶然了。

李亨的灵武即位，又可以说是马嵬驿之变的继续，本质上是一场争夺皇位的政变，对毫无思想准备的玄宗来说更是一场突然袭击式的政变。

不过，在当时玄宗弃京西逃、朝廷处于分崩离析的逆境下，李亨的重振朝廷，意味着担负起抗击叛军、光复两京的领导重任，这在政治上具有号令全国、激励斗志的巨大作用。加上灵武所处的位置，足以表明李亨对战争采取进攻的积极姿态，这对人们的鼓舞就更大了。

因此，李亨的灵武即位，尽管是子夺父位，难免有不孝之嫌，但在那样一种特殊的危难时刻，人们翘首期待的不是一个弃战逃跑的皇上，正是一个敢于挑起抗战重任的君主，至于这位君主是父亲还是儿子倒是次要的事。

正是由于太子李亨顺应了民意，李亨以太子继承父位也是名正言顺，理所当然，故灵武即位不仅没有遭到任何谴责（包括玄宗在内），相反地很快得到全国各方面的支持和拥护。

肃宗政权草创时，条件十分艰苦。文臣武将不满三十人，"披草莱，立

朝廷"，多非堪称大用之才。朝臣中武将特别傲慢，不遵守朝章约束，如大将管崇嗣在朝堂上，居然"背阙而坐，言笑自若"。

虽然如此，但总算是建立了一个新朝廷，竖起了抗击安禄山叛军的大旗。当时，北边塞上的精兵皆征入灵武（唯留老弱守边），其人数包括李亨北上时沿途招募的士众也不过数千人。

在这种情况下，肃宗初时尚能励精图治。如他初入灵武时，见魏少游为他所安排的极其铺张，"（住处）帷帐皆仿禁中，饮膳备水陆"。李亨当即命全部撤去，说："我至此本欲成大事，安用此为！"即位时，杜鸿渐安排的典礼设有一坛场，李亨说"寇逆未平，宜罢坛场"，遂一切从简。肃宗的妃子张良娣初时也能勤勉地帮助丈夫，如她至灵武分娩，产后三日，便起床"缝战士衣"。肃宗加以劝阻，她说："此非妾自养之时，须办大家事。""大家"，是妃嫔们对皇帝的称呼。

七月下旬，李亨以皇帝的命令从河西征召节度副使李嗣业将兵五千至灵武，又从安西征得精兵七千。

同时，又将朔方节度使郭子仪和河北节度使李光弼从河北前线召回。正暂守晋阳的郭子仪、李光弼，听得李亨灵武即位的消息，并接到新皇帝要他们班师灵武的诏令，便遵命率领五万人马于七月底赶赴灵武。

其时，灵武朝廷刚建立，将寡兵弱，及郭子仪、李光弼大军至，灵武军威始盛，"人有兴复之望矣"。

八月一日，肃宗诏以郭子仪为兵部尚书、同中书门下平章事，仍为灵武长史、朔方节度使；任命李光弼为户部尚书、同中书门下平章事，并兼北都（太原）留守。

肃宗又命李光弼率河北景城、河间兵五千人马赴太原镇守，以防河北敌军西来。而郭子仪及朔方军则全部留在灵武，作为主力待命。接着，肃宗又以长子广平王俶为天下兵马元帅，请将皆归其节制。建立了一套新的军事指挥系统。

与此同时，肃宗又派人至河南颍阳，将正在隐居的李泌召至灵武。李泌从小与李亨游处，李亨为太子时，又与其为布衣交，感情甚笃，称之为"先生"。李泌来到灵武，使肃宗大为高兴，欲任命他担任右相，李泌以山野之人自居，坚辞不从，要求肃宗不以君臣而以宾友相待。

肃宗视李泌为智囊，军国大政请其参决，虽不担任宰相，但仍与当年为太子时一样"出则联辔，寝则对榻"，"事无大小皆咨之，言无不从，至于进退将相亦与之议"。

有一次，肃宗与李泌同至军中巡视，军士在背后指指点点，窃窃私语曰："衣黄者，圣人也；衣白者，山人也。"肃宗听到，便劝李泌"且衣紫袍以绝群疑"，李泌不得已而穿上紫袍官服。

这时肃宗大笑曰："既服此，岂可无名称！"说着从怀中取出诏敕，授李泌为侍谋军国、元帅行军长史。李泌坚辞，肃宗说道："朕非敢逼先生为相，只望先生助朕以济艰难，俟平定贼乱，任先生远走高飞。"李泌

唐代青瓷

这才接受了。

肃宗设立元帅府于禁中，李泌与广平王俶轮流坐镇，禁门钥契，皆委李泌与广平天俶执掌。四方奏报，先送元帅府，由李泌拆封先阅，除十万火急者可即"隔门通进"直呈肃宗，其余则由李泌与广平王俶商议处理，然后呈奏肃宗，所以李泌乃事实上的宰相。

李泌是肃宗政权中的重要人物，他头脑冷静，富于韬略，为肃宗出了不少好主意，尤其在调整上层统治集团内部的关系、缓和统治集团内部矛盾方面，起了很大的作用。

如建宁王倓，"性英果，有才略"，李亨从马嵬驿北上，一路上都是他亲自领兵打头阵，捍卫李亨的，故在军中颇有威望。肃宗即位后，曾想以建宁王倓为天下兵马元帅。然而，他是肃宗的第三子，广平王俶则是长子，按照封建正统的承继法，广平王俶是未来的太子，这样就可能在兄弟之间酿成致命的矛盾。李泌看到了这一点，于是劝肃宗道："广平王尚未正位东宫，而今天下艰难，众心所属在于元帅，一旦建宁王军功告成，太子储君就不好安排了。"

李泌又引太宗、太上皇（玄宗）的事例为教训。肃宗这才同意改任广平王俶为天下兵马元帅。事后，建宁王倓也深明大义，两兄弟间的关系也较和睦，这是李泌进行积极调整的结果。

肃宗曾深受李林甫的陷害，对其恨之入骨，他对李泌说，准备下一诏敕，将来克复长安时，"发其墓，焚骨扬灰"，以泄其恨。李泌却劝慰说："陛下方定天下，奈何仇死者。且方今从贼者皆陛下之仇也，若闻此举，恐阻其自新之心。"肃宗又答道："此贼（指李林甫）昔日百方危朕，当是时，朕弗保朝夕。朕之全，特天幸耳。林甫亦恶卿，但未及害卿而死耳，奈何矜之！"李泌又说："太上皇春秋高，闻陛下此敕，必内惭不怿，万一感愤成疾，是陛下以天下之大不能安君亲。"

言未毕，肃宗泪如雨下，仰天拜曰："是天使先生言之也。"未几，肃宗又想立张良娣为皇后。张良娣的祖母乃玄宗生母昭成皇后的妹妹，当年昭成皇后被武则天杀死，七岁的李隆基以良娣祖母为养母，"鞠爱备笃"，深

得其恩。李泌劝肃宗，既然如此，何不等上皇玄宗亲自册封呢。

李泌这样做的目的，对内是想缓和肃宗与玄宗父子之间及张良娣与玄宗翁媳之间的矛盾，以争取统治阶级中绝大多数人的支持；对外则意在推行"宽大为怀"的政策，便于分化瓦解异己力量，以扩大灵武政权的社会基础。

广平王俶与建宁王倓皆非张良娣所生，张良娣既然迟早要立为皇后，因此不可避免地要与广平王俶、建宁王倓发生矛盾。其时，在马嵬驿之变中立有大功的宦官李辅国，也受到重用。

李辅国见张良娣得宠，便"阴附会之"。这两人在政治上都具有很大的野心。他（她）们见李泌在左右朝政，又与广平王俶、建宁王倓关系密切，便视为眼中钉，想方设法陷害李泌。

建宁王倓闻知，便对李泌说："请为先生除害。"李泌担心朝廷内部发生冲突，于全局不利，当即劝阻说："此非人子所言，愿王姑置之，勿以为先。"后来，张良娣与李辅国又设法离间李泌与广平王倓的关系，未成。建宁王倓忍不住，看不惯，便多次跑到肃宗面前弹劾张良娣与李辅国的罪状。张良娣、李辅国联合起来诬陷："倓恨不得为元帅，谋害广平王。"肃宗不加分辨，即将建宁王赐死。建宁王倓一死，便危及李泌、广平王俶。

广平王俶见事急，遂图谋除掉李辅国与张良娣，李泌知道肃宗此时正偏袒他们两人，便劝道："不可，王不见建宁之祸乎？"并说："泌与主上有约矣。俟平京师，则去还山，庶免于患。"广平王俶说："先生去，则俶愈危矣。"李泌告诉他："王但尽人子之孝。良娣妇人，王委曲顺之，亦何能为！"由于李泌的妥善处置，终于暂时避免了灵武朝廷内部的一场内乱，并使广平王俶也得以安然无事。

天下大势

自从李亨离马嵬驿北上那时起，民间就相传太子将率军要来收复长安，其时，京畿豪杰也纷纷无可奈何地武装起来，杀伪官吏，遥应官军。长安以

外的京畿道及北面的鄜州（治今陕西富县）、坊州（治今陕西黄陵东南），乃至西面的岐州（扶风郡）、陇川（治今陕西陇县），皆起而附之。

他们分散行动，此起彼伏，坐镇长安的伪将孙孝哲对此无可奈何，特别是长安西门以外地区，到处是豪杰武装的营垒，叛军更不敢轻易出城。因而，孙学哲的叛军虽占领了长安，也只能在"南不出武关，北不过云阳，西不过武功"的范围内活动。

在关东的大部分地区，初时由于交通阻断，人们对李亨灵武即位的消息并不完全知道，或者虽知而不详。后来，平原颜真卿知道肃宗已即位，便以蜡丸封表，派人奉达灵武，肃宗亦以蜡丸封诏书，送达平原。

于是，颜真卿派人将灵武朝廷的诏书，四出颁布，由是关东诸道皆知李亨即位为新皇帝，"徇国之心益坚矣"。不久，江淮地区派人至灵武，奏请有关输运江淮物资的问题。他们选择的路线是从襄阳（今湖北襄樊市）西沿汉水经汉中，再走斜褒古道，沿汉水支流褒水北溯，翻过终南山至关中，再沿渭水支流斜谷水至扶风，然后北可达灵武，西可入蜀中成都。这给肃宗在经济上以巨大的支持。

当时灵武的军队除湖方军五万以外，加上河西、陇右等地的征兵，总数不过六七万人马，肃宗感到实力还不够强，便想借助西北少数民族的兵力来增强自己的军事实力。

于是，命豳王守礼的儿子承案为敦煌王，派他与朔方部将仆国怀恩一起出使回纥，请他们出兵帮助唐经收复长安。又派人征召西域拔汗那等部族的少数族军队，随安西兵同来支援。

这时，李泌建议肃宗离开灵武，南迁彭原，俟西北少数民族援兵队至，再南下扶风，其时江淮的物资估计也可到达，可解决赡军的急需。因为古代运输，水路比陆路省便得多，而扶风至灵武既无直达水系，路途相隔又远，所以李泌这一南下扶风集师的建议是十分高明的。

九月十七日，肃宗大阅诸军，进离灵武南下。丙子（二十五日），抵达顺化（治今甘肃庆阳），遇见了韦见素、房琯等人自成都而来。原来，七月十三日李亨灵武即位后，便派人赴蜀中呈报玄宗，因为路途险阻，直至八月十二日将近一个月才到达成都。玄宗见事既已如此，无可挽回，再说自己偏处成都，早已心灰意懒，且年事已高，无法再亲自操劳军国重务，便强露笑颜说："吾儿应天顺人，吾复何忧！"

玄宗才下制曰："自今改制敕为诰，表疏称太上皇。四海军国事，皆先取皇帝（指肃宗）进止，仍奏朕知；俟克复上京，朕不复预事。"又过了两天，才派韦见素、房琯、崔涣带着传国宝玉册，去灵武例行传位的手续和仪式，并令他们辅弼肃宗。

韦见素等星夜兼程，也走了一个月才遇到肃宗。肃宗因韦见素曾依附过杨国忠，所以对他十分冷淡。而房琯本是当时名士，当年又与李适之、韦坚相善，后因太子私党案受牵连而遭坐贬，所以肃宗对他颇为信任。加上房琯言论时事，辞情慷慨，肃宗更为高兴。由是军国重事，肃宗多谋于房琯，其他人皆拱手避之。

十月一日，肃宗自顺化起程，十月三日至彭原。这时第五琦至彭原朝见。他在这之前的八月曾至蜀中谒见玄宗，面奏玄宗说："今方用兵，财赋为急，财赋所产，江淮居多，乞假臣一职，可使军无乏用。"玄宗便命他为监察御史、江淮租庸使。

这时他又来彭原见肃宗，建议将江淮租庸转易轻货，沿长江、汉水入汉中，再运入关中扶风。肃宗欣然采纳，并加第五琦为山南等五道度支使。第五琦是个很有才能的理财家，由于他的努力，使肃宗朝廷在经济上获得极大支持。

肃宗至彭原没几日，房琯毛遂自荐，上疏愿带兵收复两京。其实，房琯是个书生，根本不懂军事，从未带过兵打过仗。其时郭子仪正在灵武北方的天德军发兵抵御闹事骚扰朔方的同罗请胡，并未随肃宗下彭原；去回纥求援的使者又尚无消息，江淮漕运也未至扶风。

总之，出兵的条件无论从哪一方面来说都不成熟。然而，这时的肃宗急于想早日克复京师长安，居然答应了房琯的请求。遂加授房琯使持节、招讨西京兼防御蒲潼两关兵马节度等使。

房琯又请自选佐僚，挑了御史中丞邓景山为招讨副使，户部侍郎李揖

唐代建筑彩绘

为行军司马，给事中刘秩为参谋。李揖、刘秩都是书生，"不闲军旅"。后来虽补充了老将兵部尚书王思礼为副使，可房琯仍将军务悉委李揖、刘秩执掌。房还对人夸口说："贼曳落河虽多，安能敌我刘秩！"

房琯分大军为三路：南军自宜寿（今陕西周至）东进，由种将杨希文率领；中路军自武功（今陕西武功西北）东进，由刘贵哲率领；北军自奉天东进，由李光弼的弟弟李光进率领。并以中军、北军为前锋，房琯自随南军押后。十月二十日，进至长安西北的西渭桥（便桥）。十月二十一日，中军与北军便在咸阳县东的陈涛斜（原名陈涛泽）与敌将安守忠交战。

房琯搬出古兵书上的车战法，以牛车二千乘，夹以马步兵，摆开阵势。不料敌军顺风鼓噪，牛皆闻声惊骇，随之敌军又纵火焚烧，唐军人畜大乱，死伤四万余人，存者数千而已。十月二十三日，房琯又亲领南军出战，复遭大败。南军、中军的主要将领杨希文、刘贵哲皆临阵缴械投敌。

房琯败归，肃宗大怒，差一点要治他以败军之罪。加上肃宗了解到当初玄宗在蜀中搞的"诸王分领诸道节制"的名堂，正是房琯出的主意，这使肃宗很恼火。从此，肃宗对房琯就冷淡了。

房琯之败，对在军事上刚刚振兴起来的肃宗朝廷是个很大的打击，同时表明安禄山叛军的力量尚很强，非可等闲视之。这次反攻的失败，迫使肃宗君臣必须对战场形势做出全面的认识和决策。

肃宗问李泌："今强敌如此，何时可定？"李泌思考一下从容分析说：

臣观贼所获子女金帛，皆输之范阳，此岂有雄据四海之志邪！今独虏将或为之用，中国之人惟高尚等数人，自余皆胁从耳。以臣料之，不过二年，天下无寇矣。

肃宗又问曰："何故？"李泌对答道：

贼之骁将，不过史思明、安守忠、田乾真、张忠志、阿史那承庆等数人而已。今若令李光弼而自太原出井陉，郭子仪自冯翊入河东，则思明、忠志不敢离范阳、常山，守忠、乾真不敢离长安，是以两军系其四将也，从禄山者，独承庆耳。愿敕子仪勿取华阴，使两京之道常通，陛下以所征之兵军于扶风，与子仪、光弼互出击之，彼救首则击其尾，救尾则击其首，使贼往来数千里，疲于奔命，我常以逸待劳，贼至则避其锋，去则乘其弊，不攻城，不遏路。来春复命建宁为范阳节度大使，并塞北出，与光弼南北掎角以取范阳，覆其巢穴，贼退则无所归，留则不获安，然后大军四合而攻之，必成擒矣。

李泌这一对形势的看法是近于客观实际的，是十分精辟的。

从潼关失守，郭子仪、李光弼军退入井陉后，不数月，河北诸郡常山、饶阳、河间、景城、乐安、平原、清河、博平、信都等，皆被史思明攻占。

信都太守乌承恩降敌，河间李奂、景城李暐、饶阳李系和裨将张兴或被残杀，或投水投火自尽。

平原颜真卿亦被迫弃郡渡河南走，绕道来奔肃宗朝廷。

史思明从三千人马发展到数万之多，每郡置三千士卒镇守，叛军河北后方大为巩固。

在南路，安禄山攻占了两京，政治上造成了极大影响。中原粮储尽为其有，而军队消耗又不大，所以叛军可说是兵精粮足，发展顺利。

尽管安禄山叛军在河南东路（攻雍丘）及南路（攻南阳）进展不顺利，但唐军只能固守，无力出击，所以一时影响不了大局。

而在唐军方面，则处于明显的劣势。肃宗所拥有的兵力较为正规的仅郭子仪、李光弼所部朔方劲兵等五万。河西、陇右的士众大多在潼关一战中溃散，可以征召的所剩无几。军事上的失利，战场上的全面撤退以及长安的陷落，玄宗的西逃，更使士气遭到极大挫伤。

彭原、灵武一线后方虽尚稳固，但毕竟地处荒塞，大军的粮饷还需从江淮地区远途绕道运来。这一切，决定了唐军暂时只能处于守势。

不过，叛军也具有致命的弱点，一是失民心；二是无远谋。安禄山叛军所至，烧杀掳掠，无恶不作。每破一城，"城中衣服、财贿、妇人皆为所掠。男子，壮者使之负担，羸、病、老、弱皆以刀槊戏杀之"。

沦陷区的百姓恨之入骨，人心思唐，"衣冠士庶归顺于灵武者，继于道路"。沦陷郡县的百姓，敌军至则为敌守，敌军才去"则相共杀贼归国"，反复十数次，甚至城邑化为废墟，"而人心不改"。安禄山本人及其部将，军事上虽骁勇善战，政治上却是鼠目寸光。

安禄山本人始终不入长安，在两京劫得珍宝、财物，又皆运回范阳老巢，他似乎压根儿就没有坐天下的远图。总之，安禄山的反动腐朽本性决定了他必然失败的可悲下场。只是这种失败，不会来得很快，潼关一战，由于玄宗、杨国忠指挥决策的错误，造成了双方力量对比的悬殊，这就决定了下一阶段的战争必然是长期的、艰苦的。

李泌的战略战术思想，就是基于这一客观形势做出的。他反对急于收复长安和洛阳，而主张应以消耗敌军有生力量为主，逐步促成双方实力对比的转化。必要的时候，先取敌军后路范阳，覆其巢穴，促使叛军前线发生动摇，最后达到克复两京的目的。否则的话，即使收复了两京，敌军退回河北，仍有可能卷土重来。

在战术上，李泌反对轻率地以自己有限的兵力去与强大的敌军进行决战，主张采取"以逸待劳""避其锋""乘其弊"的方针，不要盲目出击，以免消耗、分散自己的兵力。

按照李泌的分析，安禄山手下主要有五员大将，即史思明、安守忠、田乾真、张忠志、阿史那承庆。安禄山的部署是：史思明、张忠志守河北，安守忠、田乾真守长安，阿史那承庆则跟随安禄山。

因此，要想击败叛军，首先要牵制、消耗其中几支主力叛军的兵力。按照李泌的战略部署，是将唐军分作三路。北路由李光弼从太原出井陉，入河北，牵制和削弱史思明、张忠志部，使其不敢离范阳；中路由郭子仪出冯翊（今陕西大荔），入河东（指蒲州，今山西永济县蒲州镇），威胁潼关，使安守忠、田乾真都不敢离长安。

此即所谓"以两军牵制其四将也"。南路由肃宗自领屯于扶风，从西面威逼长安。三路轮番出击，互为呼应，北路犹如去其尾，中路犹如击其身，南路犹如击其首，使其首尾无法相顾。

李泌还特别强调中路的郭子仪"勿取华阴，使两京之道常通"，以放开大路，任叛军互相救援，往返数千里，疲于奔命，消耗力量。然后，再派一军从塞北南下，与李光弼军南北合击安禄山巢穴范阳，从而促使叛军进退失据，全线崩溃。

李泌这一战略战术方针是完全切实可行的，如按照这一策略进行，唐军光复社稷为期不会很远。遗憾的是，肃宗在认识上虽已看到这一战略方针的正确性，但在实践方面却由于政治上的原因未能加以采纳。

在肃宗的思想上，收复两京，始终占据着首要地位。他这样做，也有其

政治上的客观原因。因为长安是唐王朝的京师，乃全国政治心脏之所在，其得失的影响是非常巨大的。何况肃宗虽在灵武即位称帝，但毕竟未在京师长安举行过朝祭宗庙的隆重大典，换句话说，没有按照封建礼仪得到列祖列宗的承认，这对新皇帝来说是不能等闲视之的。

当然，更为重要的现实原因，是当时玄宗在蜀还掌握有相当一部分力量，在全国的政治活动中还有一定的号召力，尤其是发出了"诸王分镇节制"的诏令，万一哪个宗室王捷足先登，领兵攻入长安，肃宗岂不只能当一个"流亡天子"了吗？

在江陵（今湖北江陵）的永王璘，颇有政治野心，接到玄宗的诏书后，便公开招兵买马，招募勇士数万人，日费巨万。江陵乃江南财富集聚地之一，极为富庶。

永王璘的儿子瑒"有勇力，好兵"，他与谋士薛镠等人，皆认为"天下大乱，准南方完富"，劝永王璘盘踞金陵（今江苏南京市），保有江南，以仿效东晋司马睿（元帝）割据江南。

肃宗灵武即位后，曾下诏劝永王璘归蜀中成都，但他拒不从命，这就表明他已蓄有与肃宗分庭抗礼的打算了。于是在这一年的十二月，肃宗专门设立了淮南节度使，领广陵等十二郡，以高适为使，又设立淮南西道节度使，领汝南等五郡，以来瑱为之。并令他们与江东节度使韦陟，共同监视、防备永王璘。

十二月，永王璘擅自引兵东巡，沿江而下，军容甚盛，不过尚未公开打出割据的旗号。吴郡太守兼江南东路采访使李希言，写信责问永王璘擅自引兵东下用意何在？永王璘大怒，当即派兵攻袭吴郡（今江苏苏州市）和广陵（今江苏扬州市），随即又攻下当涂（今安徽当涂），由此江淮大震，永王璘与肃宗朝廷公开对抗了。高适、来瑱、韦陟奉命会于安陆，誓师讨伐永王璘。

至第二年（至德二年）二月，永王璘因部将逃离，兵败而死，结束了这场变乱。李亨在当时虽已称帝，其地位并不稳固，这种局面的出现和造成，玄宗是直接负有重大责任的。

两京光复

在肃宗准备重新聚兵进攻长安时，洛阳城的叛军内部发生了严重的内讧，安禄山被他的儿子安庆绪、亲信严庄等人杀死了。

安禄山本患眼疾，自起兵后视力日退，进入洛阳后渐至双目失明，又患"疽病"（疑是丹毒），性情更加暴躁。左右侍候，稍不如意，即加箠挞，甚至随意残杀。

安禄山称帝后深居宫中，大臣们难见其面，一切军国之事皆由严庄处理。严庄虽如此贵宠，也难免被其箠挞。又安禄山的嬖妾段氏特受宠爱，安禄山欲以段氏所生子安庆恩代长子安庆绪为皇嗣，安庆绪因而惶恐不安，父子间的矛盾尖锐激化起来。

居心叵测的严庄见安禄山既已眼睛病废，知其不可能再有所作为，便找安庆绪密谋，劝他乘此良机，杀父夺位。他们找到安禄山的贴身宦官李猪儿，劝他说："汝前后受挞，宁有数乎！不行大事，死无日矣。"

李猪儿原是契丹人，年十余岁起即侍候安禄山，深得其宠信。安禄山腹大，每次穿衣，总是由李猪儿用头顶其大腹，帮其系衣带。然而，正是最为亲近贴身的李猪儿，遭安禄山箠挞的次数最多，所以严庄、安庆绪利用他去当杀手。

至德二年（757）正月初五日夜，安禄山仰面入睡。严庄、安庆绪各执兵器来到安禄山的寝室外，李猪儿手持大刀直入帐下，照着安禄山的大腹便砍。

安禄山床头备有佩刀，当他挨了一刀猛然惊醒，伸手便摸佩刀，无奈两眼一摸黑，遍摸不获，原来刀早已被李猪儿藏匿。安禄山只得手撼帐竿绝叫："必家贼也！"须臾，安禄山肠已流出数斗，一命呜呼。严庄等人便在床下掘坑数尺，以毡裹其尸偷偷埋了。

次日，由严庄宣布安禄山病危，传旨立安庆绪为太子，随即又即位称

帝，尊安禄山为太上皇。然后才为安禄山发丧。安庆绪性昏懦，语无伦次，更是一个无能之辈。严庄恐其不能服众，不让他出朝接见文武大臣，朝政事无大小，皆由他一手包办。安庆绪也乐得在后宫纵酒为乐。这场政变，使叛军内部的上层集团之间从此产生了重大裂隙。

在安禄山被杀后的几天，肃宗闻知安西、北庭及西域拔汗那、大食诸国兵，已来至凉州（今甘肃武威）、鄯州（今甘肃乐都），便于正月十五日，启驾南下凤翔（扶风郡，今陕西凤翔）。初至保定（安定郡，今甘肃径川北）。二月戊子，至凤翔。在此之前，于阗王胜也亲自将兵五千来援。

在此同时，河北叛军史思明、蔡希德、高秀岩、牛廷玠等将领，分别从博陵、太行、大同、范阳，率十万大军来攻太原。当时李光弼手下精兵皆留在朔方，只有河北兵五千，加上素之训练的团练之众也不满万人。情势颇危。万一太原失守，敌军便可长驱直下朔方、河西、陇右。李光弼先令士卒及城内百姓在城外掘壕自固。又令大家制作土坯数十万。大家初不知作何用，及叛军来攻城，李光弼便令将士加固城墙，哪里城坏，即用于堵上。史思明派人到河北去取攻城器械，以蕃兵三千护送。途中被李光弼部将堵击，尽歼。

史思明围攻太原月余不下。便在太原城四周布置了骁骑游兵，想搞声东击西的战术，伺隙而战。但李光弼军中戒备森严，史思明无懈可击。李光弼又派人挖地道，通至城外，敌军在城下叫骂挑战，常冷不防被唐军拖入地道。吓得敌军胆战心惊，走路时人人小心翼翼，低头看路，唯恐哪里有地道暗口。

史思明又派人筑土山，以便能居高临下攻城。唐军便在城下先挖好地道，叛军的土山刚刚堆好就塌陷了。

李光弼又做大炮，飞以巨石，一石可击毙敌军二十余人。史思明无可奈何，只好退营数十步外，严加围困。李光弼担心时间久了城中粮食难济，便施计派人至敌营约期出降。

另一方面，他派人掘地道直至敌军营下，先以撑木支顶。到时，李光

唐三彩钱柜

弥勒兵在城上，派部将带数千人出城伪降。敌军不知有诈，正得意地在军营中等候着，忽然营中地陷，死伤千余人，叛军士众惊乱。李光弼遂挥军鼓噪冲来，俘斩万计。

正在这时，安禄山的死讯传至，安庆绪命史思明归守范阳，史思明只好撤兵而去，留下蔡希德等继续围困太原。二月，李光弼派兵出击，大败蔡军，斩首七万余级，蔡希德带着残兵败将遁走，太原之围终于被解。

当李光弼坚守太原时，郭子仪带着朔方军进兵河东（蒲州）了。郭子仪是在平定河曲同罗之乱后，于至德元年（756）十一月，还军南下至鄜州洛交郡（治今陕西富县）的。

李光弼先派人潜入河东，与陷在叛军中的唐将领联络，要他们做内应。至德二年（757）二月，差不多是在肃宗到达凤翔的同时，郭子仪分兵攻取同州冯翊（今陕西大荔），然后直入河东。河东城地处河东道西南角的黄河东岸，南临潼关，隔河西与同州交界。

己丑夜，郭子仪渡河至河东城下，河东司崔乾祐等翻城迎接唐军，杀敌近千人。守河东的叛将崔乾祐率军抵抗，被郭子仪军击败。崔乾祐被迫撤兵东逃，郭军乘胜追击，杀敌四千，俘虏五千。崔乾祐逃至安邑（今山西运城东北）城下叫门，城门一开，叛军蜂拥而入，刚进了一半，门闸突然落下，进入城内的敌兵皆被杀死。

原来安邑城早已暗中反正，回归唐廷了。崔乾祐亏得未入城，遂又匆匆往安邑西南的白迳岭逃去，河东遂平。

郭子仪取河东，看似在按李泌的战略方针行事，其实不然，在郭子仪的思想中认为"河东居两京之间，得河东则两京可图"。换言之，他的军事目标，是在按肃宗的意图进取两京，而不是在施行李泌"勿取华阴（潼关）"以使敌疲于奔命的方针。

果然，郭子仪取得河东后，即派儿子郭旰及兵马使李昭光、大将王祚等人渡河，进攻潼关。洛阳安庆绪派兵援救，郭旰等遭惨败，损失人马万余人，李昭光、王祚力战阵亡，大将仆固怀恩狼狈地抱着马首，渡渭水逃回河东。三月，长安的安守志又率叛军二万人马进攻河东，被郭子仪军击退。

二月丁酉，肃宗王凤翔十天，陇右、河西、西域之兵皆会凤翔，其时江淮物资亦已运至洋川、汉中。从凤翔通过散关而至成都的信使道路亦畅通无阻。长安百姓闻得肃宗已至凤翔的消息纷纷而至，日夜不绝。

这时，李泌建议肃宗按照原先提出的战略方针，派西北诸军自归州和檀州（治今河北密云）南取范阳。肃宗不解道："今大军已集，庸调亦至，当乘兵锋直捣两京，何故反而引兵东北数千里，先取范阳，岂不迂乎？"李泌回答说："今以此大军直取两京，固必得之，然贼必再强，我必又困，非久安之策。"然而，肃宗不从唐廷的长远前途考虑，犯了急于收复两京以图速效的战略错误。因此，唐王朝又一次失去了一个良好的战略时机，这对当时及以后的历史进程带来了极大的消极影响。

其时，肃宗派关内节度使王思礼军武功（今陕西武功西北），兵马使郭英乂军东原（位于武功东），王难得军西原（位于武功西）。二月丁酉，长

唐代银鎏金

安叛军安守忠部来攻，郭英乂交战失利，被敌箭射中面颊，王思礼与诸军只好退守扶风县（今陕西扶风）。敌游兵进至大和关，去凤翔仅五十里，肃宗大骇。立时戒严。后安守忠引兵去救河东，敌情才得以缓和。

四月，就在郭子仪击退安守忠军不久，郭子仪接到肃宗诏命，任他为天下兵马副元帅，并率兵赴凤翔待命。回军途中，郭子仪在三原（今陕西三原东北）北遇到敌将李归仁铁骑兵的阻击，郭子仪部将其击退，并南下插至长安的西面，在西渭桥（便桥）与王思礼军会师，进屯潏水西岸，紧逼长安。安守忠、李归仁则率叛军屯于长安西门外的清渠。

两军相峙七日，互不交战。五月癸丑，安守忠诈退，郭子仪全军追击。不料，安守忠以骁骑九千摆成长蛇阵，唐军刚追上，叛军忽然转身，其阵首尾变成两翼，包抄夹击而来，唐军顿时大溃，判官、监军都被敌俘虏，军资器械尽弃。郭子仪军只好退保武功（后武功亦失陷），自己只身赴凤翔请罪。

肃宗正当用兵之际，自然未给郭子仪任何处分。但清渠之战大败，对唐军打击颇大。约经过四个月的准备，至闰八月底，肃宗才重新令天下兵马元帅广平王俶与副帅郭子仪发兵攻长安。肃宗对郭子仪语重心长地说："事之济否，在此行也！"郭子仪深感此战的重要，也豁出去了，答道："此行不捷，臣必死之。"闰八月二十三日，郭子仪先出凤翔屯扶风。

在此之前，回纥曾因肃宗之请发兵来援，随郭子仪征战河曲，平定同罗之乱。郭子仪深知回纥兵精，清渠之败后，便建议肃宗请回纥再增兵来援。这时，回纥怀仁可汗遣其子叶护将军帝德亲率四千精兵赶至凤翔，肃宗大喜。特设宴酬劳，并赐予珍宝。他为了能速得长安，对叶护许约："克城之日，土地、土庶归唐，金帛、子女归回纥。"随后，叶护与大元帅广平王俶相见，两人相约为兄弟，叶护大悦，称俶为兄。九月丁亥（十二日）广平王俶发朔方等军及回纥、西域之众十五万，号称二十万，离凤翔东征。

第二天至扶风，大将军郭子仪要留宴三日，叶护道："国家有急，远来相助，何以食焉！"随即带领所部，奔赴前线。回纥援军所到之处，受到灾难深重的中原地区人民的热情款待。

在此之前的闰八月底，御史大夫崔光远在骆谷（今陕西周至西南），击败敌守军。崔光远的行军司马王伯伦、判官李椿将兵二千直捣咸阳之南的中渭桥，杀守桥敌军千人，乘胜攻至长安城北的苑门。后屯守武功的叛军闻讯奔归，将王伯伦、李椿战败。但敌军由此也放弃了武功。

九月二十五日，广平王俶与郭子仪所率大军俱发。九月二十七日，进至长安城西，然后循终南山绕至长安之西南，阵于香积寺（位于今陕西长安县南）北的沣水之东。沣水源于终南山，北入渭水。

郭子仪鉴于前次清渠之败的教训，遂在这里利用北倾的地势。背倚终南山而布阵，横亘三十里。由李嗣业为前军，郭子仪随广平王俶在中军，王思礼为后军。长安叛军出兵十万，阵于其北。

战幕揭开，颇为激烈。敌将李归仁先出兵挑战，唐军逐之，逼至其阵，敌军蜂拥齐进抗击，唐军阻拦不住，退却，为敌所乘，致使士众惊乱，初战失利。大将李嗣业吼道："今日不以身饵贼，军无噍遗矣。"遂脱下战袍，肉袒，执长刀，立于阵前，大呼奋击，杀敌数十人，唐军阵脚遂被稳定。

于是，李嗣业率前军士卒各执长刀，如墙而进，身先士卒，所向披靡。都知兵马使王难得被敌射中眉骨，眼皮垂下挡住眼睛，他用手拔下箭头，扯下眼皮，血流被面，坚执奋战，极大地鼓舞了士气。

敌军伏精骑于阵东，打算偷袭后军后路，被唐兵侦知，朔方左厢兵马使仆固怀恩便率回纥兵将其歼灭。这时，郭子仪乘机派回纥精骑出奇不意地袭击敌军阵后，与李嗣业紧密配合前后夹击，敌军顿时大溃。这场战斗自午至酉，大约五六个小时，唐军杀敌六万，大获全胜。残敌逃入长安城内。叛军守将安守忠、李归仁、张通儒、田乾真当夜便弃长安城逃往陕郡。

战罢，仆固怀恩侦知叛军"器声不止"，匆匆溃逃，请示广平王俶曰："贼弃城走矣，请以二百骑追之，缚取安守忠、李归仁等。"但李俶不同意，说："将军战亦疲矣，且休息。俟明旦图之。"怀恩回答说："归仁、守忠，贼之骁将，骤胜而败，此天赐我也，奈何纵之！使复得众，还为我患，悔之无及！战尚神速，何明旦也！"但广平王俶坚决不同意。回营后，仆固怀恩一夜间四五次反复请求，均未获批准。待天明，才知安守忠等果如

唐代女性服饰

仆固怀恩所料，早已远遁。唐军失去了一次追歼残敌败将的有利战机。

九月二十八日，广平王俶整军入长安，京城百姓男女老幼近百万，夹道欢呼，涕泣而曰："不图今日复见官军。"

初时，回纥叶护欲如前约掠城，广平王俶拜于叶护马前说："今始得西京，若遽俘掠，则东京之人皆为贼固守，不可复取矣，愿至东京乃如约。"叶护赶快下马答拜，遂与仆固怀恩引回纥、西域之兵自城南过，扎营于城外。

广平王俶在长安整军三日，又率师东进。郭子仪军攻下潼关，杀敌五千，克复华阴，并乘胜出关，攻克弘农（今河南灵宝）。十月壬子，王难得领兴平军攻破武关（在今陕西丹凤东南），克复上洛郡（治今陕西商县）。

居于洛阳的安庆绪闻得长安被唐军光复，悉发洛阳叛军，倾巢而出，使严庄为帅，行至陕郡，与从长安溃退下来的张通儒等残军会合，步骑犹有十五万，共拒唐军。

十月己未，广平王俶、郭子仪率军从弘农进至弘农县东十几里的曲沃

城。接着，郭子仪便在陕郡城西的新店，与敌军摆开了决战的阵势。叛军出城依山而阵；郭子仪先令回纥骑兵沿南山潜插新店之南，伏于山岭之北，自己则率军从正面与敌交锋。

初战，唐军不利，敌军居高临下，乘势下山追击。这时，回纥骑兵从南山突然插入敌阵之后，在灰雾中连发十余矢。敌军回头大惊，呼曰："回纥至矣！"全军溃乱。

原来，敌军对回纥骑兵已畏之如虎。这时郭子仪又挥军与回纥骑兵前后夹击，叛军惨败，尸横蔽野。

唐代神鸟雕刻

严庄、张通儒等叛军弃陕东走，广平王俶与郭子仪入陕，大将仆固怀恩等则率军分道追击逃敌。从陕郡至洛阳将近三百里，敌军沿途丢盔弃甲，望风逃窜。

严庄先入洛阳，急告安庆绪。洛阳城内早无大军可以守御，安庆绪急忙与叛军头目从洛阳苑门遁出，直往河北而逃。临走时，将被俘唐将哥舒翰、程千里等三十余人残杀了。十月壬戌日，广平王俶与郭子仪率军进入了东都洛阳。投降叛军的伪官陈希烈、张暐等三百余人，皆出城素服迎降。

长安香积寺和陕郡新店二战，郭子仪利用回纥骑兵袭击敌阵背后，收到了奇效，终于在短短的三十五天时间里收复了两京。此时，距安禄山范阳起兵叛乱，则整整两年了。

十月乙丑，郭子仪乘胜派遣左兵马使张用济、右武锋使浑释之将兵东徇河阳（今河南孟县南）和河内（今河南沁县）二郡，严庄目睹叛军大势已去，逆转而降唐。这时，东部的陈留（今河南开封东南）民众杀死敌将尹子奇，举郡归唐。正在围攻颖川（今河南许昌市）来瑱的敌将田承嗣，也派人前来联系投降事。郭子仪未及收降，田承嗣又与正在攻南阳的敌将武令珣一起逃往河北。

最为遗憾的是唐军克复洛阳的前九天，坚守睢阳已十月的唐将张巡、许远，由于孤立无援，粮尽矢绝，终被敌将尹子奇攻破，壮烈殉难。睢阳即宋城，地处漕渠汴河要冲。

张巡率领数量不多的士众，顽强抵御敌军大小四百余次的围攻，使敌久攻不下，损兵十二万人。并进而牵制了叛军大量兵力，使叛军始终不敢南下侵扰江淮。同时应当说，睢阳保卫战尽管失败了，但仍未失时机地给了唐军光复两京的战斗以极为有力地配合。

肃宗于九月二十九日在凤翔接到长安光复的捷报，顿时悲喜交加，泪流满腮。当即派宦官啖庭瑶（一作谈庭瑶）入蜀奏呈上皇玄宗。十月癸亥，肃宗已得知唐军陕郡大捷，预计东都洛阳指日可下（其实府军已于前一日入东都），遂启驾发凤翔东行，同时派韦见素入蜀奉迎上皇玄宗还京。

肃宗一行进至咸阳望贤宫时，得闻东都奏捷。当肃宗到达长安时，百姓出国门奉迎，人群二十里不绝，百姓高兴地说："不图复见吾君！"

十月癸酉，回纥叶护自洛阳抵长安，肃宗为表彰其功绩，命百官出城至长乐驿迎接，又在宣政殿设宴款待。宴后叶护留回纥兵于冯翊，自己告辞北归。

十一月，河南、河东诸郡除北海（治今山东益都）、大同外，皆已光复，广平王俶和郭子仪也凯旋回京。虽然叛乱尚未彻底平定，可此时也可算是告一段落，故肃宗十分感激地对郭子仪说："吾之家国，由卿再造。"

两京既复，肃宗就等着太上皇玄宗返归长安了。

第十二章　夕阳残照话悲凉

风烛残年抱恨终天

两京光复以后，肃宗立即派太监啖庭瑶赴成都迎太上皇还都。他对李泌说："朕已表请上皇东归，朕当还东宫修臣子之职。"李泌说："表可追乎？"肃宗说："已远矣。"李泌说："太上皇不来矣。"肃宗惊问其故，李泌说："理势自然，今请更为群臣贺表，言自马嵬请留、灵武劝进，及今成功，圣上思念晨昏，请速还京以尽孝养之意，则可矣。"肃宗令李泌立即草表，然后派人把贺表送到成都。

事情果然如李泌所料，太上皇看了啖庭瑶送来的表以后彷徨不安，饮食难进。并说："当与我剑南一道自奉，不复东矣！"但接到群臣贺表以后马上高兴起来，决定准备返京。

去成都送表的宦官回到扶风（今陕西凤翔）以后，报告了太上皇的情况，肃宗得知太上皇决定返京以后非常感激李泌。在肃宗离开扶风之日，正是太上皇从成都出发返京之时。这天，太上皇与陈玄礼、高力士、部分皇子、皇孙及禁军六百余人，沿着原来的路线返回长安。

太上皇在成都住了十四个月，虽然没有建树，仍给剑南留下较好印象。他走以后，蜀人把他的行宫改为道观，给他铸了铜像，顶礼膜拜。

太上皇一行过剑门、汉中、散关，经历三十天，于十一月到达扶风。在这里，发生一件不愉快的事。时肃宗从长安派三千精骑到扶风"迎卫"，把太上皇的禁军缴了械，将缴下来的"甲兵"存放在扶风武器库里。据说此事是宦官李辅国出的主意，经肃宗认可后办理的。

扶风缴械事件暴露了肃宗与太上皇之间的相互猜忌，一年半以前马嵬驿太子与陈玄礼发动的兵变，缢死杨贵妃，带走两千禁军自己称帝。太上皇在始安郡发布诏令，分割太子兵权，也反映了父子之间的矛盾。这次太上皇带六百禁军准备返京，肃宗不放心，因此以三千精骑保卫太上皇，解散其禁军，说明肃宗仍然存有戒心。

太上皇在扶风七八天，然后返京。十二月初，到达咸阳望贤宫。肃宗亲自迎接，据说他未穿黄袍，穿的是紫袍，拜舞于望贤宫下。当时"上皇下楼，上（肃宗）匍匐捧上皇足，涕泣呜咽，不能自胜"。接着，太上皇把黄袍给肃宗穿上，当时肃宗叫一千余官民，拜见太上皇。官民们说："臣等今日复睹二圣相见，死无恨矣。"接着，肃宗请太上皇登正殿，晚间在望贤宫过夜。

第二天，太上皇在肃宗陪同下返京，从长安西北的开远门到大明宫，一路上站满了欢迎的群众。太上皇到含元殿接见文武百官，礼毕，到长生殿拜九庙神主。然后，太上皇在陈玄礼、高力士陪同下，回到居住多年的兴庆宫。

过了两天，肃宗又提出自己让位之事，太上皇坚决不同意，并说："吾为天子五十年，未为贵，今为天子父，乃贵耳！"半月以后，太上皇到宣政殿把传国玉玺亲手交给肃宗，此后肃宗再不提让位问题了。

乾元元年（758）正月，太

唐后行从图

上皇在宣政殿给肃宗加"光天文武大圣孝感皇帝"称号，肃宗请去"大圣"二字，太上皇不同意。与此同时，肃宗尊太上皇为"太上至道圣皇天帝"。

太上皇重新住进兴庆宫以后，往日的繁华热闹景象一去不复返了，他经常怀念旧人旧事，包括杨贵妃。但杨贵妃已死，不会复活。而梨园子弟，可能还有一些。于是令高力士各处寻找，果然找到一些梨园故人。

夜晚，太上皇、高力士，乘月夜登勤政楼，引梨园故人唱《凉州词》，太上皇吹笛伴奏，曲罢相视，无不掩泣。

乾元元年（758）十月，太上皇到华清宫避寒，当地百姓纷纷出来迎接，都想看看阔别多年的老君主。在华清宫，他召见了著名女伶谢阿蛮。她善演《凌波曲》，过去常入宫，杨贵妃和她交好。

文苑图（局部）

太上皇弃京南逃以后，阿蛮便回家乡去了。太上皇回到华清宫，又见谢阿蛮献舞，却不见杨贵妃，真是百感交集。舞毕，谢阿蛮拿出了"金栗装臂环"给太上皇观看，原来这是杨贵妃给的。太上皇"持之出涕，左右莫不呜咽"。这次太上皇在华清池住了二十多天，于十一月返京。

由于太上皇思念杨贵妃不已，因此准备改葬杨贵妃。所谓改葬，不仅要把杨贵妃坟墓移到适当地方，而且涉及杨贵妃正名问题，肃宗最初表示同意，后来遭礼部侍郎李揆的反对，礼部侍

306

郎李揆曰："龙武将士诛国忠，以其负国兆乱。今改葬故妃，恐将士疑惧，葬礼未可行。"由此可见，如果改葬杨贵妃，等于否定马嵬驿兵变，实际上也就是否定唐肃宗、陈玄礼，等于给杨贵妃、杨国忠平反昭雪，因此作罢。最后决定用棺椁盛尸体，埋葬另一墓地，但未举行安葬大礼。

太上皇回京以后住在兴庆宫，约两年半时间，生活悠闲，行动自由。但是，随着时间的推移，肃宗与父亲的关系渐渐冷淡。他认为太上皇住兴庆宫与外界接触频繁，对自己不利。

宦官李辅国说："太上皇居兴庆宫，日与外人交往，陈玄礼、高力士谋不利于陛下。今六军将士尽灵武勋臣，皆反仄不安。臣晓谕不能解，不敢不以闻。"建议太上皇迁居西内太极宫。

李辅国的主意完全符合肃宗的想法。在肃宗的同意下，李辅国首先削减太上皇御马，从三百匹缩减为十匹，这是上元元年（760）六月的事。

七月，李辅国"矫称"圣旨，迎太上皇游幸西内太极宫，太上皇走到睿武门时，李辅国率五百射生手突然出现，手持兵器拦住太上皇去路说："皇帝以兴庆宫湫隘，迎上皇迁居大内。"原来的游幸变成"迁居"，李辅国要了一个阴谋。

太上皇见了寒光闪闪的兵器逼来，吓了一跳，几乎从马上掉下来。高力士大喝一声："李辅国休得无礼！"叱令下马，李辅国不得不收敛一点儿。高力士代替太上皇要将士安分，指示他们不许以武力干扰銮驾。将士皆收起兵器，再拜，呼"万岁"！力士还让李辅国拉着太上皇的马来到太极宫。

太上皇迁到西内以后，原来侍奉太上皇的陈玄礼、高力士等人都不准留在左右，另外派几十名老兵护卫，从此把太上皇幽禁起来。

过了几天，李辅国宣肃宗旨意："（高）力士潜通逆党，曲附凶徒，隐怀枭獍之心，合就鲸鲵之戮。以其久侍帷幄，颇效勤劳，目舍殊死，可除名，长流巫州。"陈玄礼被迫"致仕"，肃宗另选一百余名宫女负责西内洒扫，命太上皇两个女儿万安公主、咸宜公主侍候服膳。

肃宗幽禁太上皇，首先出于政局的变化。乾元元年（758）六月，史思明杀了朝廷在范阳的代表，重新叛唐。第二年九月，叛军第二次攻占东都，使

肃宗深感不安，当时肃宗的处境和两年前太上皇处境相似，他怕太上皇乘机夺权，从而把他父亲隔离起来。

第二，在改葬杨贵妃问题方面，肃宗父子间矛盾扩大，联系其他事把关系复杂化。太上皇在兴庆宫，有时被行路百姓朝拜，还有人喊"万岁"。太上皇有时在兴庆宫宴请长安父老。在战局紧张以后便引起肃宗的猜疑，特别是与羽林大将军郭英乂的来往，更引起肃宗关切。

上元元年（760）四月，郭英乂被调离长安，出任陕西潼关节度防御使，很可能与太上皇有关。

由于肃宗与太上皇矛盾的明朗化，宦官李辅国建议迁太上皇于西内，把太上皇幽禁起来。

太上皇被幽禁以后，受到沉重打击，从此他"日以不怿"，按道教"辟谷"方式"不茹荤"，不吃五谷，以致患了大病。

最初，肃宗有时到西内问安，后来他自己也得病了，改派别人问安。病发以后，再也不亲探望父亲。年迈的太上皇在西内孤独凄凉地住了一年零八个月，于宝应元年（762）四月五日，在神龙殿离开人世，享年七十八岁。

唐泰陵

明皇业绩光耀千古

唐玄宗是唐代二十一位皇帝中的佼佼者，他是一个非同一般的历史人物，要正确评价唐玄宗，必须以准确把握他所生活的那个时代的特点为前提，把唐玄宗的夺权和他执政时期的主要政策及个人的主要活动放回到那个特定的历史背景中去全面衡量、深刻分析，这样才可能得出较为合适的结论。

在开元元年（713）以前，韦武集团垄断朝政，排斥了一切希望发展自救阶层和力量，官僚贪污腐化、贿赂公行，政治上腐败透顶；他们为维持封建国家机器的运转加税逆征，聚敛钱粮，支撑欲倾颓的韦武氏小朝廷。

当时各阶层人民在天灾人祸中苦苦挣扎，被榨干了血汗。他们对韦武执掌的朝廷早已失掉信赖，"时日盍丧，予偕汝皆亡"便是他们对韦武政权的唯一心愿。

一言以蔽之，当时韦武执政的唐王朝，统治阶级已不能按原样统治下去，人民群众也已不能照原样生活下去了，韦武集团的灭亡仅仅是个时间问题。

从开元以前全国政治状况看来，消灭韦武集团只有两种势力，一是大型农民起义；二是地主阶级内部的复唐势力。在开元元年（713）以前，全国尚未出现有力推翻韦武朝廷的大型农民起义。也就是说，第一种反韦势力尚未集结起来。

当时只有依靠复唐分子组织反韦斗争，而复唐反韦的首领就是临淄王李隆基。以临淄王为首的反韦集团，不仅具有政治远见，而且有丰富的武装斗争经验、很强的实力以及卓越的组织才能。

景云元年（710）六月，临淄王机智果断地发动政变，一举消灭了韦后反动腐朽集团。

先天元年（712）七月，又粉碎了太平公主集团。

临淄王李隆基成功地铲除韦武集团，实际上是割掉唐朝封建国家的毒瘤，也是扫除了历史前进的绊脚石。假若韦武集团继续统治中国，假若临淄王打倒韦武集团政变失败，唐朝历史必将停滞、倒退几十年，也可能倒退百年以上。

正是由于临淄王领导唐军打倒韦武集团的统治，中国才出现大唐盛世，这是临淄王伟大的历史性业绩。玄宗取得政权以后并未止步，而是拨乱反正，进行政治改革，推动社会前进。他擢同州刺史姚崇为相，姚崇提出《十事要说》，唐玄宗基本采纳。

开元四年（716），姚崇罢相以后，玄宗又重用宰相宋璟，宋璟善择人才，赏罚严明，又敢于直谏。当时赋役宽平、刑罚轻省，天下富庶。此后所用诸相张嘉贞、张说、韩休及张九龄皆堪称贤良，各有所长。

玄宗开元初年提倡节俭、毁乘舆服玩，沙汰僧尼，禁民间铸佛写经，选京官有才识者出任地方都督刺史，以后又适应时代的变化，在行政、军事、财政上进行了一系列改革。

玄宗的改革，为社会安定经济发展创造了条件，促进了生产发展，社会繁荣。开元年间，土地垦辟，很多"高山绝壑，耒耜亦满"。玄宗执政时粮食布帛产量丰富，物价低廉，商业繁盛，道路畅通，行旅安全。天宝十四年（755），全国民户八百九十余万，比唐初户口增加两倍以上。

国力强盛是玄宗执政的另一业绩，武周中宗时期，吐蕃强大，威胁河西陇右。后突厥复兴于漠北，契丹崛起于东北，又造成东北局势紧张，贞观、永徽时期归属唐朝地区重又脱离控制。

开元年间，整顿军旅，加强边防，开立屯田，收复陷于契丹二十一年的辽西十二州，于营州（今辽宁朝阳）重置营州都督府；漠北的同罗、拔也古等都重新归顺唐朝；后突厥与唐之间的战争也逐渐停止而代之以友好往来；唐又在西域设置安西四镇节度经略使，阻止吐蕃势力北上；在陇右、河西之西设军镇，巩固河西走廊的安定，保证了中国与中亚、西亚的交通顺畅。当时唐朝声威远达亚洲各国，外国使者和商人往来不绝。

自开元末期，玄宗在长期升平殷富的盛世中逐渐发生变化。在政治上，他认为天下无复可忧，便深居禁中，怠于政事。

自开元二十二年（734）起，奸臣李林甫专权达十九年之久，宦官高力士也日渐被重用。

对边区各族，由于玄宗热衷于开边，对吐蕃、契丹、南诏不断发动战争，不仅恶化了民族关系，而且也虚耗财帛，于是玄宗又任用王铁等聚敛之臣，对人民加紧搜刮；同时又扩充边军，导致军事布局上的外重内轻，中央集权被削弱；在个人生活上，他专以声色为娱，天宝二年（743）之后，他专宠杨贵妃，放纵杨氏姐妹穷奢极欲，浊乱朝政。

李林甫死后，杨贵妃从兄杨国忠又成了专权的朝臣。玄宗在腐化的道路上越走越远，政治上一再受李林甫、杨国忠、安禄山的蒙蔽，终于在天宝十四年（755）酿成了安史之乱，玄宗被迫退位。

唐朝职官表

重臣	官名	品级	备注
三师	太师、太傅、太保	正一品	地位很高的虚衔,无实职,不常设
三公	太尉、司徒、司空	正一品	同上
尚书省	尚书令	正二品	尚书省令因李世民曾任此职,不设。尚书省负责执行中书、门下发出的诏令、决策等
	尚书左仆射(一人)	从二品	
	尚书右仆射(一人)	从二品	
	六部尚书(各一人)	正三品	
	六部侍郎	正四品上	
	尚书左丞(一人)	正四品上	
	尚书右丞(一人)	正四品下	
门下省	侍中(二人)	正二品	负责封驳审义中书省的诏令、决策等
	门下侍郎(二人)	正二品	
	给事中(四人)	正五品上	
中书省	中书令(二人)	正二品	负责草拟皇帝诏令、决策等
	中书侍郎(二人)	正二品	
	中书舍人(六人)	正五品上	
御史台	御史大夫(一人)	正三品	全国最高监察机关
	御史中丞(二人)	正五品上	
州	刺史(每州一人)	三品至四品	一方面要负责刑狱治安,征敛赋役;另一方面要宣扬德化,劝课农桑
	别驾(每州一人)	四品至五品	
	长史(每州一人)	五品至六品	
	司马(每州一人)	五品至六品	
县	县令	五品至七品	同上
	县丞	七品至九品	
	主簿	八品至九品	
	尉	八品至九品	

唐朝职官表

313

唐朝重臣表

张说	进士出身，开元元年(713)七月到十二月担任宰相。开元九年(721)九月到开元十四年(726)四月又担任宰相，共四年多。张说才兼文武，明皇根据他的这个特点，在开元九年九月到开元十一年二月，让他担任副宰相，作为正宰相张嘉贞的助手，主要负责军事和边防。开元十一年(723)二月到开元十四年四月，明皇提升张说做正宰相，负责全面工作，主要偏重于政治和文化方面。果然，张说没辜负明皇的期望，做出了重大的贡献
张九龄	进士出身，开元二十一年(733)十二月到开元二十四年(736)十一月担任宰相，共三年。张九龄的特点是刚直不阿，这一点和宋璟不相上下。因此司马光评价他"尚直"；《新唐书》表扬他"议论必极言得失，所推引皆正人"；《旧唐书》称赞他"文学、政事，咸(都)有所称，一时之选也"
裴耀卿	童子科举(十岁以下)出身，开元二十一年(733)十二月到开元二十四年(736)十一月担任宰相，共三年。他在担任宰相期间，能够和张九龄很好地合作，经常向明皇直言谏诤，勇敢地和李林甫作斗争。裴耀卿工作努力，兢兢业业，白天办公，晚上看文件。裴耀卿的勤奋工作，得到了当时人的赞扬。他在任相期间，最大的贡献是：成功地领导了黄河粮食运输的重大改革。裴耀卿的运输改革，大大节约了人力、物力、财力，缩短了运输时间，增加了运输量，对于关中地区的粮食供应，甚至对唐朝的强盛都有重大的意义
李元纮	开元十四年(726)四月到开元十七年(729)六月担任宰相，共三年。中宗时，他曾担任过雍州(治所在今陕西西安)司户参军(专员助理)。他坚持正义、不屈服任何压力，窦怀贞也没有办法。后来他担任好畤(治所在今陕西乾县西北)令，税役公平，不严而治，名声大振。开元初年，他升任京兆尹，一生清俭，自己的住宅从来不因为升官而更换，车马破旧了也不修饰，得到的赏赐，都分给亲友，家里没有储蓄。所以他受到了宋璟的赞赏。他在担任宰相期间，不让想靠请客送礼等歪门邪道求官的人当官，这些小人都很怕他
杜暹明	科举出身，开元十四年(726)九月到开元十七年(729)六月担任宰相，共三年。他和李元纮、卢怀慎一样，也是一生清俭。他少年时就发誓不收亲友礼物，后来一直到死，都遵守誓言。开元四年(716)，他升任监察御史，奉命到突骑施(当时我国北方地区一个少数民族)境内去办事。突骑施人送他金子，他坚决不收。突骑施人非常感动，特地渡过大沙漠向东追他，没有追上。他死后，明皇非常悲伤，派使者去他家慰问，而且赐他三百匹绢
源乾曜	进士出身，曾在开元四年(716)十一月到闰十二月、开元八年(720)正月到开元十七年六月担任宰相，将近十年。源乾曜在担任宰相期间，主动请求派二人去当外官。明皇就把他的长子源弼(河南府参军)派出去当绛州(治所在今山西新绛)司功参军，次子太祝(管理拜神佛事务的长官)源洁派出去做郑县(今陕西华县东)尉。明皇因此特别下令表扬源乾曜，号召百官向他学习，而且规定文武官员中凡是有父子兄弟三个人同时担任京官的，自己商量好，一个人出去担任外官。结果有一百多名京官出去担任外官

唐朝世袭表

(1)高祖李渊 (618-626) → (2)太宗李世民 (626-649) → (3)高宗李治 (649-683)

(6)周武则天 (684-704)

(4、7)中宗李显 (683-684);(705-710)

(8)殇帝李重茂 (710)

(5、9)睿宗李旦 (684;710-712)

(10)玄宗李隆基 (712-756)

(11)肃宗李亨 (756-762)

(12)代宗李豫 (762-779)

(13)德宗李适 (779-805)

(14)顺宗李诵 (805)

(15)宪宗李纯 (805-820) → (16)穆宗李恒 (820-824)

(17)敬宗李湛 (824-826)

(18)文宗李昂 (826-840)

(19)武宗李炎 (840-846)

(20)宣宗李忱 (846-859)

(22)信宗李儇 (873-888)

(21)懿宗李漼 (859-873)

(23)昭宗李晔 (888-904) → (24)哀帝李柷 (904-907)

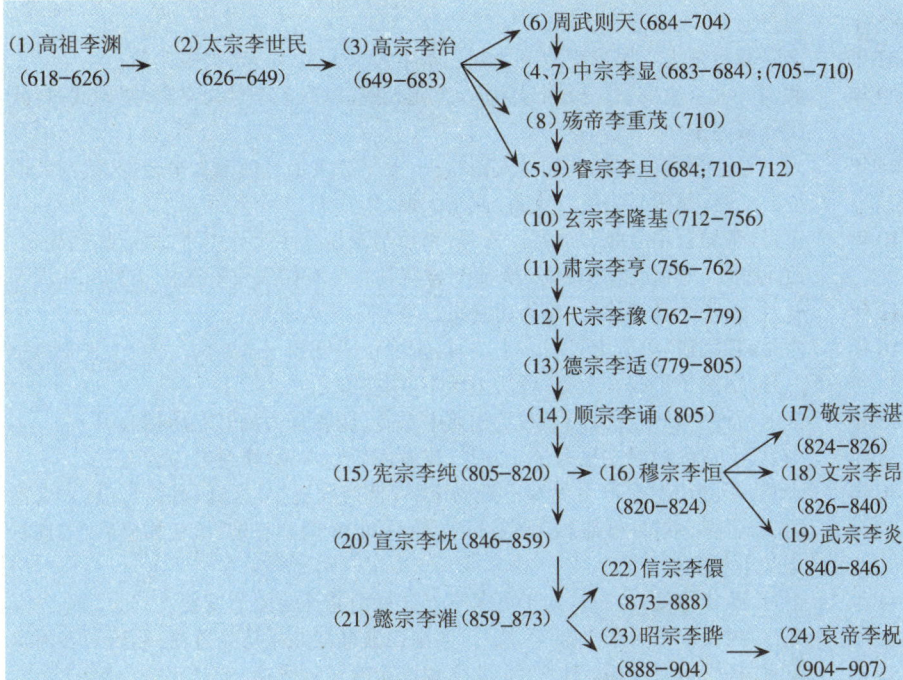

唐玄宗子嗣表

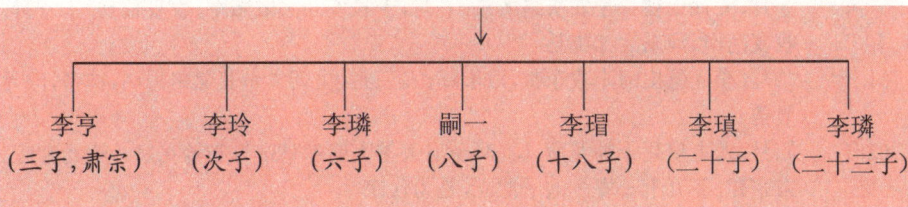

| 李亨 (三子,肃宗) | 李玲 (次子) | 李璘 (六子) | 嗣一 (八子) | 李瑁 (十八子) | 李瑱 (二十子) | 李璘 (二十三子) |

唐玄宗大事年表

685 年　八月五日，李隆基生于洛阳

687 年　李隆基封楚王。罢御史监军之制。本年天下大饥，山东、关中尤甚

690 年　武则天大杀唐宗室。改国号为周，改元天授，以豫王李旦为皇嗣，赐姓武，封武氏外戚为王

705 年　太子显即皇帝位。相王加号安国相王，太平公主加号镇国太平公主，武则天退位。二月，复国号为唐。十月，武则天崩，年八十二

710 年　正月，金城公主赴吐蕃成亲。六月，韦后与安乐公主毒死中宗，韦后临朝称制，改元唐隆。李重茂即皇帝位。庚子夜，李隆基起兵杀韦后、安乐公主、宗楚客、韦温等

712 年　八月，太子李隆基称帝，是为唐玄宗。尊睿宗为太上皇

716 年　六月，睿宗崩，年五十五岁。十二月，宋璟正式任相

724 年　三月，实测子午线。十月，废后王氏卒，明皇悔之

725 年　泰山封禅。以张说为尚书右丞相兼中书令，源乾曜为尚书左丞相兼中

738 年　七月，于宣政殿册立皇太子。九月，皮罗阁统一六诏，唐封之为云南王

740 年　十月，于骊山温泉宫召见寿王妃杨玉环，使为女冠，号太真，潜纳宫中，太真艳丽、善音律、歌舞，性聪颖，承迎上意，数月间，宠爱如惠妃，仪礼如皇后。太真时年二十二岁

744 年　正月，改年称载。二月，太子更名亨。安禄山兼任范阳节度使

750 年　五月，封安禄山为东平郡王。八月，安禄山兼任河北采访处置使。赐杨钊名国忠

753 年　正月，杨国忠召左相。十二月，鉴真和尚东渡日本成功

756 年　（至德元年）正月，安禄山在东都自称大燕皇帝。六月九日潼关失守。六月十三日，玄宗仓皇弃京南逃。六月十四日，马嵬驿兵变杀杨国忠，缢死杨贵妃。七月，太子至灵武，即皇帝位，是为肃宗，尊玄宗为太上皇，改元至德

757 年　正月，安禄山被长子安庆绪所杀。九月，于长安西大败叛军，收复长安。十一月，收复河南、河东大部郡县

761 年　二月，李光弼出河阳攻东都，败于邙山。三月，史朝义杀其父史思明，称帝，改元显圣

762 年　四月，太上皇死于神龙殿，谥曰"至道大圣大明孝皇帝"，庙号玄宗。改元宝应。肃宗死，年五十二岁。太子豫立，是为代宗